CORAZONES ROTOS

Amy Chan

CORAZONES ROTOS

MANUAL DE ENTRENAMIENTO PARA SUPERAR LA RUPTURA

OCEANO

Cambié los nombres y los rasgos de identificación de algunas de las personas que se presentan en este libro, incluidas todas las participantes de Renew, para proteger su privacidad. Algunas de las personas de las que hablo son una mezcla compuesta de varias participantes de Renew.

Aun cuando investigué a fondo la información contenida en este libro, el material es sólo para fines educativos generales y no debe considerarse un sustituto del tratamiento médico, la psicoterapia o el consejo de un profesional de salud mental. Si estás experimentando depresión, abuso, adicción o cualquier otra enfermedad emocional grave busca ayuda profesional de inmediato.

CORAZONES ROTOS
Manual de entrenamiento para superar la ruptura

Título original: BREAKUP BOOTCAMP. The Science of Rewiring Your Heart

© 2020, Amy Chan

Traducción: Marcelo Andrés Manuel Bellon

D. R. © 2021, Editorial Océano de México, S.A. de C.V.
Guillermo Barroso 17-5, Col. Industrial Las Armas
Tlalnepantla de Baz, 54080, Estado de México
info@oceano.com.mx

Primera edición: 2021

ISBN: 978-607-557-366-3

Impreso en México / Printed in Mexico

A mi familia:
Mee Ping, Kay Mau, Alice, Anita y Paul

Índice

Índice

Introducción

Justo en ese instante en que la oruga pensó que el mundo había
llegado a su fin, se convirtió en mariposa.
PROVERBIO

Después de nueve meses de salir juntos, Adam me dijo por primera
vez que me amaba.

Después de dieciocho meses de salir juntos, Adam y yo acorda-
mos que me mudaría a su departamento tras perder mi trabajo de
manera repentina.

Después de veinticuatro meses de salir juntos, Adam me engañó.

Acabábamos de regresar de unas vacaciones románticas por Europa y él saldría a cenar con los chicos. Pero cuando llegó la media-
noche sin tener señales de él, comencé a preocuparme. Le envié un
mensaje de texto y llamé, sin obtener respuesta. Mi angustia se in-
tensificaba con cada hora que pasaba y, cuando por fin llegó a casa,
a las cuatro de la mañana, estaba lívida. Llorando histéricamente,
interrogué a Adam sobre su paradero.

"Estás actuando como loca", me increpó. Explicó que había estado con amigos y potenciales inversionistas, tomando unos tragos y
charlando de negocios. No quería ser *esa* chica loca, así que me fui a
la cama hecha un mar de lágrimas. Pero al día siguiente no pude evitar pedir más claridad sobre lo que había sucedido la noche anterior.

"¿Podemos simplemente repasar lo que sucedió, para que realmente pueda olvidarlo y no sentir la necesidad de volver a mencionarlo en el futuro?", pregunté.

Pero cuando Adam relató lo ocurrido, noté que algunos de los detalles habían cambiado. La historia no coincidía con la de la noche anterior. Cuando comencé a presionarlo, se puso a la defensiva. Entró furioso a nuestro dormitorio y se volvió a dormir. Yo sabía que algo estaba mal. Y así, por primera vez, hice lo que hacen las "chicas locas": revisé su teléfono. No fue necesario ver mucho para darme cuenta de que no había estado con los inversionistas hasta las cuatro de la mañana. Había estado con otra mujer.

Caí al suelo, me acurruqué en posición fetal y lloré. No pude moverme durante horas. Me sentía muerta por dentro.

Una serie de preguntas recorrían mi cerebro sin cesar:

¿Pensaba que ella era más guapa que yo? ¿Le parecía que era más sexy que yo? ¿Era ella mejor que yo? ¿Qué hice para merecer esto? ¿Qué hice mal?

No lo sabía todavía, pero esta traición había abierto una profunda herida emocional de la niñez que yo ni siquiera sabía que existía. Y muy pronto, la respuesta a esas preguntas salió a la luz, trayendo consigo todo el dolor que había sentido de niña:

No soy suficiente.

Apenas dos días antes estaba viviendo la vida de mis sueños, saliendo con un hombre con el que pensé que me casaría, discutiendo cómo criaríamos a nuestros hijos. Adam era un empresario; yo trabajaba para una empresa más pequeña y el plan era quedarme en casa después de convertirme en madre. Había dejado de postularme para los ascensos en el trabajo porque ¿para qué molestarme? Quería un horario de trabajo flexible y fácil para ir con Adam cuando viajaba por negocios. Cuando me despidieron, aumenté mis habilidades en el manejo del hogar: aprendí a cocinar fastuosas comidas, preparaba su almuerzo. Yo era la novia perfecta del director ejecutivo y me estaba preparando para ser la esposa perfecta. Salir con Adam me dio un propósito.

Y entonces pasé de ser una mujer de carrera, segura de sí misma, con un plan de vida perfecto, un departamento de diseño y un novio, a estar sin trabajo, sin hogar y sin novio. Todo sobre lo que había construido mi identidad: estatus, carrera, un buen sueldo, relación, desapareció.

No sólo estaba viviendo el duelo por el final de mi relación, sino también por la muerte de mi identidad y de un hermoso futuro que nunca llegaría.

Demasiado avergonzada como para mudarme con mi madre, me quedé en casa de unos amigos durante meses, mientras Adam intentaba recuperarme con flores y propuestas de remordimiento y cariño. Era claro que él quería reconciliarse, pero la infidelidad era una línea inamovible que yo había trazado en nuestra relación. Cuando se dio cuenta de que no había posibilidad de que volviéramos a estar juntos, algo se rompió. El hombre al que había amado y llamado mi mejor amigo pasó de pedir disculpas y demostrar su cariño a ser una persona fría como una piedra. Aunque yo no quería que estuviéramos juntos otra vez, él era la persona a la que solía acudir en busca de consuelo. Eso es lo demente de esta situación: querer que la persona que te lastimó te brinde alivio. Pero Adam ya había tenido suficiente; dejó de contestar mis llamadas y me bloqueó de su vida.

Aunque de modo racional yo sabía que habíamos terminado, todavía lo añoraba. Lo odiaba, pero lo quería, ¡qué locura! Una noche descubrí que él había cancelado las entradas para un concierto al que habíamos planeado ir juntos, y simplemente ya no pude asistir. El concierto se convirtió en una cosa más que él me había "quitado" y eso me llevó al límite.

Cegada por la tristeza y la derrota, comencé a sentirme ansiosa ante la idea de que nunca me sentiría bien. Esto pronto se convirtió en un ataque de pánico. Intenté calmarme tomando un baño, y cuando mis esfuerzos para tomar aire empezaron a bajar de nivel, mi angustia se convirtió en otra cosa: apatía. Entonces, los pensamientos que recorrían mi cerebro se volvieron algo mucho más oscuro. Quizá la única forma de acabar con el dolor era terminar con mi vida. Pasé directamente a planear cómo lo llevaría a cabo.

¿Sería posible morir por suicidio de tal manera que no traumatizara a la persona que encontrara mi cuerpo? Bueno, no sería justo si la limpiadora de la casa me encontrara, dado que ella es una extraña. No puedo dejar que mi amiga que me prestó su casa me encuentre... fue tan amable al permitir que me quedara.

Sin importar qué escenario se me ocurriera, no encontraba la manera de hacerlo sin dañar a una persona inocente. ¿Quién hubiera pensado que mis buenos modales me salvarían?

Claramente, ya había tocado fondo.

Al día siguiente, me desperté haciéndome estas preguntas:

¿Cómo llegué aquí?

¿Por qué me ocurrió esto a mí?

¿A dónde voy ahora?

Había llegado a un punto en el que necesitaba tomar una decisión. Podría seguir cayendo en espiral o luchar para levantarme.

Mi dolor se transformó en ira. Más tarde, me enteré de que, en las etapas del duelo, pasar de la tristeza al enojo era una señal positiva: energía en movimiento. Había terminado de sufrir. Hice un plan de acción para recuperarme y, durante un tiempo, funcionó. Pero luego, cualquier cosa que me recordara a Adam me llevaba de regreso a la espiral y terminaba en el suelo, llorando de nuevo.

Quizá con el paso del tiempo el llanto se volvió menos frecuente, pero actuar con amargura y resentimiento se convirtió en la norma. Caminaba con un letrero invisible que decía: ESTE CORAZÓN ESTÁ CERRADO AL PÚBLICO. Los amigos que me visitaban eran rehenes de un espectáculo de autocompasión, protagonizado por mí.

Decidida a entrar en la siguiente etapa de mi vida, busqué deses-peradamente un lugar seguro donde pudiera recibir la sanación que tanto necesitaba. Probé de todo: terapia, acupuntura, reiki, medita-ción, limpieza de chakras, lecturas psíquicas... lo que quieras. Entre los sanadores fabulosos que me aconsejaban que repitiera mantras positivos y los terapeutas que me recordaban lo desordenada que había sido mi infancia, no tenía idea de si algo estaba funcionando. Fui a México a un retiro de yoga y, aunque fue divertido activar mi *om*, en el momento en que regresé a casa me enfrenté a los mismos sentimientos que tenía antes de irme. No estaba mejorando, sólo estaba procrastinando.

Un día, mientras le repetía mi historia por centésima vez a un amigo que no había visto desde la ruptura, algo cambió. Había ejer-cido tanta energía en despreciar a Adam y en intentar que otros hicieran lo mismo que estaba exhausta. Me vi lanzando culpas y calumnias contra todos y contra todo, y entonces me di cuenta de algo:

Tal vez no puedo cambiar los hechos de mi historia, pero *puedo* cambiar la historia que me vincula a esos hechos.

Yo había estado eligiendo una historia que no me servía. Mi rabia y mi dolor me mantuvieron concentrada en que me habían hecho daño. Necesitaba replantear mi relación en mi historia. Necesitaba ver mi tiempo con Adam como un puente hacia algo mejor, no como un destino al que ya nunca llegaría. Sin embargo, la única forma de cruzar el puente era canalizar la energía que había desperdiciado en odiar a Adam hacia algo que me fortaleciera.

Quería aprender todo lo que pudiera sobre la ciencia, la psico-logía y la espiritualidad de los desamores y las relaciones. Quería ayudar a los demás. Porque si lograba ayudar a otra persona con el corazón roto a sentirse un poco menos sola y un poco más esperan-zada, tal vez mi dolor habría valido la pena. Este trabajo le dio un nuevo propósito a mi vida.

Al tomar lo que aprendí durante mi viaje hacia la aceptación y la curación, decidí que ayudaría a otras mujeres creando para ellas lo que no había existido para mí: un campo de entrenamiento para la ruptura, de modo que ellas no tuvieran que sufrir y superar su angustia solas.

En 2017, Renew Breakup Bootcamp se convirtió en una realidad.

Cada campo de entrenamiento tiene un equipo formado por lo que llamo "hackers del corazón": más de una docena de expertos, desde psicólogos hasta hipnotizadores y sanadores energéticos, que están ahí para ayudar a las mujeres a procesar su dolor con el fin de sanar, reconfigurar sus patrones subconscientes y cambiar sus creencias limitantes. Una cantidad innumerable de mujeres ha podido transformar su vida después de haber participado en Renew, las mismas que alguna vez estuvieron atrapadas sintiéndose "locas" y lamentándose:

"Es como si me hubieran quitado el piso."

"Tengo miedo de no encontrar a nadie más."

"Le di los mejores años de mi vida."

En un año, este retiro de varios días apareció en la portada del diario *The New York Times*, en segmentos en *Nightline*, *Good Morning America* y *The Doctors*, y en publicaciones nacionales como *Fortune*, *Glamour* y *Marie Claire*, entre otras.

"El campo de entrenamiento de ruptura ahora existe", escribió *Vogue*, y recalcó el aspecto lujoso del "fin de semana relajante". CNN se centró en el aspecto de desintoxicación digital del retiro, un lugar donde "no se permiten teléfonos", y *The New York Times* lo llamó una "escapada para aquellas que simplemente no podemos superarlo", destacando el rango de expertos que va de lo científico a lo metafísico. El campo de entrenamiento comenzó a recibir atención internacional por su enfoque holístico para curar la angustia; y cada detalle había sido diseñado de manera deliberada, desde la terapia grupal hasta la comida nutritiva y el ambiente lujoso entre la naturaleza.

Yo estaba muy emocionada. Todo esto significaba que mi corazonada había sido correcta y que otras mujeres también necesitaban lo que yo había estado buscando.

Tomé diez años para la investigación, escritura, ensayo y error en mi proceso para crear una mejor versión de mí misma con el fin de elaborar el plan de estudios definitivo que ayudara a las mujeres a superar su proceso de angustia. El diseño del programa se basa en todo lo que deseaba que hubiera existido para mí. Quería darles a mis clientas el lujo de un hermoso escenario de retiro y comida deliciosa, y también armarlas con herramientas para que salieran del retiro más fuertes, transformadas. Después de un fin de semana en el campo de entrenamiento quería que tuvieran una nueva historia de su pasado, presente y futuro; un nuevo plan; una nueva inspiración. Trabajé con psicólogos, neurocientíficos, científicos del comportamiento, coaches, educadores sexuales y sanadores espirituales para desarrollar la programación. Funcionó. Sigue funcionando.

Ahora comparto contigo, querida lectora, todo lo que he aprendido de mis clientas, de los expertos, de la investigación y de mi propio proceso. No es el típico libro de relaciones, de ninguna manera. No es una guía de citas. Es una guía de vida y de aprendizaje, amorosa. Es un libro sobre cómo vivir mejor, aprender más y amarte a ti misma, de manera que prospere tu próxima relación.

UNA CARTA DE AMOR

Aquí estamos, dos extrañas conectadas por una experiencia en común: el corazón roto. Nos sentimos decepcionadas del amor, agotadas por el sufrimiento. ¿Por dónde empezar cuando el dolor parece haber invadido cada célula de tu cuerpo? ¿Cómo logras tener la esperanza de que esto haya sucedido "por una razón", cuando ni siquiera puedes ver una razón para levantarte de la cama?

Sí, puede doler mucho.

TAL VEZ NO PUEDAS CAMBIAR LOS HECHOS DE TU HISTORIA, PERO PUEDES ELEGIR CAMBIAR LA HISTORIA QUE VINCULAS A ESOS HECHOS.

Lo entiendo. A mí también solía abrumarme ese dolor. Me seguía como un fantasma del que no conseguía escapar, ni siquiera mientras dormía, porque en ese momento era perseguida por mis pesadillas. Solía odiar ese dolor. Solía llorar por la injusticia de lo que había sucedido. Cuestioné el karma y la humanidad, dudé de si alguna vez volvería a sentirme feliz.

Estoy aquí para contarte un secreto: el dolor no desaparece. Se transforma. Pasa por un proceso alquímico para convertirse en algo hermoso. Se transfigura en parte de tu profundidad, de tu compasión, de tu empatía; como cuando te encuentras con otra mujer que también está sufriendo esa angustia y, con una mirada, la ayudas a sentirse un poco menos sola. Esa humanidad compartida, esa compasión ante el hecho de que todos somos humanos imperfectos encontrando nuestro camino, esa conexión, todo eso es amor.

No estoy aquí para quitarte el dolor ni para sanarte. No te voy a ofrecer una píldora mágica que evite tu dolor. Estoy aquí para proporcionarte herramientas probadas y verdaderas que te ayudarán a superar el dolor y construir un nuevo camino para seguir adelante. Estoy aquí para darte permiso de que vivas el duelo, para que llores, para dejarte experimentar todos los sentimientos, y asegurarte que no tienes que ceñirte a una línea de tiempo para "superarlo". Estoy aquí para poner énfasis en que ese proceso de caída, de levantarte y aprender *es* tu poder.

La fortaleza es la práctica de abrir el corazón, incluso cuando duele, sobre todo cuando duele. Es enfrentar el dolor con compasión y curiosidad, incluso cuando resultaría mucho más fácil evadir, distraerte o reprimir. La fortaleza consiste en permitir que los sentimientos —los buenos, los malos y los feos— amplíen tu rango emocional. Estás en el ciclo natural de la vida y el final de un ciclo indica el inicio de uno nuevo.

No estás rota; sólo estás magullada. No estás destrozada; sólo estás cambiando de forma. Esta reorganización es simplemente un motor para que cambies la dirección de tu vida. Confía en el desarrollo, conságrate a él. Eres la autora de tu propia historia; cada elección que tomas son las palabras escritas en una página en blanco que hablan de tu próximo capítulo.

¿Qué historia quieres contar?

Tu dolor es un catalizador para el cambio. Juntas, nos embarcaremos en una aventura para diseccionar el pasado con el fin de construir un futuro inspirador y transformador.

¿Estás lista para renovarte?

1

Nunca se trata sólo de tu ex

Nada hay nada más fuerte que una mujer rota que se ha
reconstruido a sí misma.
HANNAH GADSBY

Nunca se trata de tu ex.

Siempre se trata de un dolor reciclado. Comúnmente recreamos la experiencia emocional de cómo fuimos heridas cuando éramos niñas. Si no sanamos la fuente original de nuestras heridas continuaremos repitiendo la misma experiencia emocional... con diferentes personas.

La mayoría de las personas con las que salimos no serán nuestro destino. Estaban destinadas a ser puentes; cada relación es una oportunidad para aprender una lección, para no seguir repitiendo un mismo patrón, cruzando el mismo puente una y otra vez. Cada vez que cruzamos un puente tenemos la oportunidad de convertirnos en una versión más fuerte y sabia de nosotras mismas.

Incluso las relaciones más dolorosas revelan información crítica sobre hábitos profundamente arraigados en nuestro inconsciente. Si no nos detenemos a evaluar las lecciones, si no aprovechamos la sabiduría que el proceso estaba destinado a proporcionarnos, entonces nos quedaremos ahí atascadas.

A medida que exponemos nuestras heridas, creencias y patrones que definen cómo nos comportamos en nuestras relaciones íntimas y aprendemos cómo reemplazar los viejos hábitos por otros más saludables, cambiamos de dirección poco a poco hasta que por fin nos encontramos en un nuevo destino.

Pero hay algo que he estado esperando decirte: ese destino no es una relación de *vivieron felices para siempre*. Viene de tu interior.

Después de cruzar más que suficientes puentes, nos damos cuenta de que el destino nunca tiene que ver con otra persona, sino con el amor propio. Ésta es la base necesaria, antes de tener una relación de pareja saludable con otra persona. Pero, para llegar allí, necesitamos ver el puente y entender lo que es.

Y comienza por un ex a la vez.

Una de las mejores guías sobre cómo amarnos es darnos el amor que soñamos recibir de los demás. Hubo un tiempo en que me sentí mal por mi cuerpo de más de cuarenta años, me veía demasiado gorda, demasiado esto o demasiado aquello. Sin embargo, fantaseaba con encontrar un amante que me diera el regalo de ser amada tal como soy. Es una tontería, ¿no te parece?, soñar con que alguien más me ofreciera la aceptación y la afirmación que yo me negaba a mí misma.

BELL HOOKS, *Todo sobre el amor*

UN DÍA EN BREAKUP BOOTCAMP

"No hay una salida fácil a esta maraña de odio —le digo al último grupo de mujeres que ha venido al Renew Bootcamp Breakup—. No estamos aquí para encontrar más razones para odiar a tu ex. Las preguntas que vamos a explorar son: ¿por qué te atrajo esta persona, en primer lugar? ¿Ignoraste las banderas rojas? ¿Le entregaste tu poder y tu sentido de autoestima a otra persona? ¿Por qué?"

LA MAYORÍA DE LAS PERSONAS
CON LAS QUE SALIMOS NO
SERÁN NUESTRO DESTINO.
ESTABAN DESTINADAS A SER
PUENTES; CADA RELACIÓN
ES UNA OPORTUNIDAD PARA
APRENDER UNA LECCIÓN, PARA
NO SEGUIR REPITIENDO UN
MISMO PATRÓN, CRUZANDO
EL MISMO PUENTE UNA Y
OTRA VEZ. CADA VEZ QUE
CRUZAMOS UN PUENTE
TENEMOS LA OPORTUNIDAD
DE CONVERTIRNOS EN UNA
VERSIÓN MÁS FUERTE Y SABIA
DE NOSOTRAS MISMAS.

Cada vez que una participante de Renew manifiesta lo sorpresiva que fue su ruptura, infidelidad o separación —si profundizamos—, descubrimos que en realidad no fue tan impactante. Había señales, ya tenía el presentimiento de que algo no andaba bien. Hubo una disminución gradual de la autoestima, el traspaso de límites o una cantidad innumerable de banderas rojas ignoradas. Podemos estar tan sumidas en nuestras relaciones que ni siquiera nos damos cuenta de que nos estamos perdiendo en ellas, y sólo cuando la relación se rompe recibimos finalmente el mensaje de que algo no estaba funcionando.

Al haber hablado con cientos de mujeres acerca de sus preocupaciones, me he dado cuenta de que generalmente caen en un puñado de categorías; por supuesto, no todo el mundo cabe en una pequeña caja ordenada.

La aplicada: sobresale en su carrera y, cuando era joven, adoptó una mentalidad de "haz más, obtén más". Esta creencia fundamental proviene de "No soy suficiente", comúnmente desde su infancia, cuando aprendió que recibiría amor o validación sólo si se lo ganaba. El mecanismo de afrontamiento hace maravillas para obtener altas calificaciones y ascensos, pero no se traduce en relaciones románticas saludables. Estas mujeres suelen ser las más duras consigo mismas. Cuando se trata de su sanación, se frustran porque simplemente no pueden hacer que el dolor desaparezca de inmediato. Albergan una capa extra de vergüenza porque ven su sufrimiento como una debilidad de la que no pueden deshacerse.

La superhumana: similar a la aplicada, la superhumana es la mujer que se enorgullece de hacerlo todo. Exige la perfección en sí misma y en los demás. Se está arreglando constantemente, aprendiendo las últimas técnicas y métodos para tener lo que desea. Sin darse cuenta, aborda las relaciones como si se tratara de obtener una calificación sobresaliente en la escuela. En ocasiones, esta mujer está tan metida en su cabeza que se desconecta de su cuerpo. Su enfoque en *hacer* le ha impedido simplemente *ser*. Le resulta difícil quedarse quieta. Su juicio sobre que los otros no cumplen con sus estándares de perfección refleja su propio parecer y su falta de aceptación de sí misma. Su creencia fundamental es "No soy digna de ser amada" y se ha adaptado a ser útil con el fin de ser amada.

La complaciente: ella hace todo lo posible por su relación pero, al final, se siente abandonada, despreciada y necesitada de más amor e inversión de su pareja. Su creencia fundamental es "No soy digna de amor". Ella suele convertirse en un tapete. Prioriza las necesidades de los demás por encima de las suyas porque, en el fondo, no se siente digna de que sus necesidades sean satisfechas. Se siente petrificada ante la posibilidad de ser rechazada o abandonada si expresa sus necesidades.

La ansiosa: cuando entabla una relación, se siente más cómoda si puede fusionarse por completo con su pareja y poner su relación en el centro de su mundo. Su vida, identidad y prioridades giran en torno a la relación. Tiene dificultades con los límites. Su creencia fundamental es "No estoy a salvo/bien sola". Su pareja se convierte en la base sobre la que se apoya, la única persona que puede hacerla sentir bien, y cuando la relación se torna turbulenta o termina, siente como si le hubieran movido el piso.

La de corazón cerrado: la han lastimado tanto que nunca se ha recuperado por completo del trauma. Incluso si en un nivel cognitivo está por encima de su ex, su inconsciente todavía asocia el amor con el dolor. Su creencia es que no puede confiar y, por lo tanto, no es seguro abrir su corazón. O deja de salir por completo o sale con personas de las que sabe que no se enamorará o con las que nunca será verdaderamente vulnerable. Incluso puede establecer relación con personas que viven en una ciudad/país diferente o persiguen una relación de fantasía porque, de manera inconsciente, sabe que nunca llegarán a convertirse en algo real. Su corazón está encerrado detrás de una puerta, y la gente necesita demostrar su valía implacablemente para lograr que se abra.

La hastiada: se ha sentido decepcionada tantas veces que se deja llevar por el escepticismo y el cinismo. Sus creencias son que no hay hombres buenos, ella es demasiado [inserte autocrítica aquí] para tener una cita, y tener citas en su ciudad apesta (o cualquier excusa que pueda inventar) para explicar por qué sigue soltera. Es difícil de reparar el corazón que fue herido, rechazado y traicionado en el pasado. Emite una agresiva energía de "no te metas conmigo" para mostrar cuán segura e intocable es, aunque por dentro se siente insegura y asustada.

La adicta: incapaz de reconfortarse a sí misma, usa la validación de los hombres como su vicio. Tiene la creencia de que el amor es caótico. Se siente frenética en una oleada de lujuria y creará drama para mantener cualquier conflicto en marcha. Evita la verdadera intimidad al deleitarse con la fantasía y perseguir altibajos, y opera en los extremos.

Independientemente de la categoría en la que caigan estas mujeres y de lo poderosas que puedan parecer por fuera, todas luchan por sentirse empoderadas en sus relaciones románticas.

Sentadas en círculo, las participantes revelan, una por una, lo que las trajo aquí (se han cambiado todos los nombres y detalles identificativos).

"Sé que merezco algo mejor —dice Leila, una magnífica y poderosa profesional recién divorciada que ha conquistado el mundo empresarial, pero no puede deshacerse de los patrones tóxicos de una relación—. Seguimos rompiendo y volviendo a estar juntos. Sé que merezco algo mejor, pero mi autoestima está tan rota. Parece que no puedo dejarlo ir."

Tenía veintinueve años cuando conoció a Mike, un carismático inversor de capital de riesgo que vivía en Nueva York. El comienzo de su relación fue estimulante. Mike la cortejó con grandes gestos románticos y escapadas de fin de semana. Con el paso del tiempo, Leila planeó su vida alrededor de Mike y, sin darse cuenta, su valor personal comenzó a basarse por completo en la atención de Mike. Pero nunca era suficiente. Ella quería más de todo: más tiempo, más compromiso, más conexión. Él empezó a distanciarse. Leila reorganizó su agenda para adaptarse a la de él y dar más y más, poniendo sus necesidades en segundo lugar y a la espera de que su devoción hiciera que Mike la amara.

En vez de eso, fue abandonada.

"Ya no me siento enamorado", decía el mensaje de Mike.

No hizo falta buscar mucho en Instagram para descubrir que había conocido a otra persona.

Las mujeres abren sus corazones con una historia tras otra, pidiendo disculpas por sus lágrimas. Incluso en medio de su dolor, muchas se sienten culpables, como si sus emociones fueran una carga para el grupo.

Jenny estaba en una relación intermitente con un adicto. Ella sabía que, lógicamente, la relación no era saludable, pero no podía resistirse a volver con él cada vez que reaparecía. Esto duró ocho años.

El primer marido de Cindy abusó físicamente de ella. Su siguiente novio era emocionalmente abusivo y la vigilaba todo el tiempo, acusándola de ser infiel cuando no lo era. Ella seguía esperando que él cambiara, pero nunca sucedió. No fue hasta que amenazó con matarla que ella se dio cuenta de que él era, en realidad, tan peligroso como su exmarido, si no es que más.

Teresa deseaba tanto un marido y una familia que estaba dispuesta a conformarse con cualquiera que pareciera agradable y estable. Debido a que se ponía ansiosa cuando salía con los hombres que le gustaban, se conformó con un novio con el que no tenía química, con la esperanza de que la atracción creciera, pero nunca pasó.

Karolina tenía relaciones falsas. Ella le daba al chico que le gustaba la experiencia de comportarse como su novia sin que él se comprometiera a ser su novio. Ella seguía dando y dando con la esperanza de un compromiso que nunca llegó.

Todas estas relaciones eran poco saludables pero, aun así, cada una de las mujeres estaba devastada por su ruptura. ¿Por qué?

Independientemente de la situación, la edad o los antecedentes, todas tenían una cosa en común. En su mente, habían adoptado un modelo de relación lineal que progresaba de la siguiente manera: salir, mudarse juntos, casarse, tener hijos, estar juntos para siempre. Ese plan indicaba "éxito", al menos a los ojos de la sociedad en general. Harían todo lo posible para mantener ese plan intacto, incluso si eso significaba soportar el abuso y sacrificar sus propias necesidades.

Después de otras exploraciones con cada una de las participantes de Renew, resultó evidente que la mayor fuente del dolor en torno a sus rupturas no era el ex y ni siquiera la relación: era la destrucción de su plan sagrado.

Yo no era diferente. Estudiaba a cualquier chico que me gustara para ver si podría convertirse en un potencial novio/esposo/padre. En el modo de conquista, nunca estuve por completo presente, porque siempre me encontraba ansiosa por dar el siguiente paso en la progresión de mi plan. Me "enamoraba" rápidamente, antes de conocer en verdad a alguien (más tarde aprendería que eso era obsesión o enamoramiento de revista, pero no amor). Colocaba al chico en cuestión en el plan que tenía en mente, sin ponerlo al tanto, por supuesto. La mitad de las veces, ni siquiera me gustaba el chico, sólo la idea de él. La fantasía en verdad puede confundirte.

Cada vez que mi "felices para siempre" se derrumbaba, me sentía devastada. ¿Estaba "rota" porque había perdido a mi Príncipe Azul? No, lo estaba porque mi identidad giraba en torno a la relación y al plan al que me aferraba con vehemencia.

Cuando estamos atadas a un plan no tenemos la flexibilidad para adaptarnos y nos podemos romper. Uno de los primeros pasos para recuperarse de una ruptura es aceptar que el plan que tienes para tu vida puede cambiar y cambiará, y que debes estar dispuesta a adaptarte.

Para ayudar a las participantes de Renew a comprender esta noción, las mujeres deben seguir un programa que comienza desde las 8:30 de la mañana y se extiende hasta las 11:00 de la noche, como si fuera un campo de entrenamiento. Este programa intensivo está diseñado para ir más allá de los límites de la comodidad y crear la sacudida emocional necesaria para implantar nuevas ideas. Después de todo, estamos lidiando con décadas de patrones destructivos. Muchas de las mujeres que vienen a Renew, como yo, lo han intentado todo. Renew Breakup Bootcamp es su último recurso.

Debido a que la verdadera sanación requiere un enfoque por completo holístico, que abarque la mente, el cuerpo y el espíritu, en Renew una psicóloga aborda a profundidad la regulación emocional, las creencias cambiantes, la autocompasión y las herramientas de la terapia cognitiva conductual. Una experta en ansiedad enseña conocidas y comprobadas prácticas diseñadas para calmar el sistema nervioso, y una coach de citas explica la adicción al amor y cómo romper el ciclo. Una maestra de programación neurolingüística e hipnotista conduce a las mujeres hacia un viaje meditativo para acceder a su niña interior. A nivel somático, una mediadora utiliza técnicas africanas sagradas y seculares para ayudar a las mujeres a procesar la ira y la ansiedad a través y fuera del cuerpo. Una doctora especializada en medicina holística les imparte una serie de ejercicios de respiración para ayudarlas a liberar el trauma almacenado y los bloqueos energéticos en el cuerpo. Una educadora sexual enseña ejercicios de movimiento para activar su energía sensual y reconectarse con su cuerpo. El punto culminante del fin de semana llega el domingo, cuando una *dominatrix* profesional enseña la psicología de la dinámica del poder. También se ofrecen sesiones privadas con sanadoras de energía, coaches de vida y médiums intuitivas. La experiencia del campo de entrenamiento está diseñada de manera meticulosa para guiar a las asistentes a través del proceso de aceptación, olvido, perdón y gratitud: todos los elementos importantes del cierre.

Es posible que no puedas asistir a un retiro físico, pero considera este libro como la biblia del campo de entrenamiento. Se han extraído todos los métodos comprobados, las mejores prácticas y herramientas para ayudarte a experimentarlo desde la comodidad de tu hogar.

Y una nota para todas las lectoras: aun cuando este libro está escrito como si se dirigiera sólo a una audiencia femenina, la información se aplica a cualquier persona que haya sufrido alguna vez un dolor y quiera derrumbar patrones inútiles, sin importar la identidad de género u orientación sexual.

> Cuando una puerta se cierra, otra se abre; pero solemos mirar durante tanto tiempo y con tanto pesar la puerta cerrada que no vemos las que se abren para nosotros.
>
> ALEXANDER GRAHAM BELL

Antes de comenzar el proceso, necesitamos lamentar y llorar el pasado de manera adecuada. Para lograrlo, es útil comprender en qué etapa de duelo te encuentras.

ETAPAS DE SEPARACIÓN

El duelo por la pérdida de una relación puede parecerse mucho al luto por alguien que ha fallecido.

El duelo tiene seis etapas, sin importar cuál sea la fuente de ese dolor. Recuerda, la línea de tiempo para superar el duelo no siempre es lineal. Habrá días en los que sientas que ya superaste el dolor y estás lista para abrazar tu nueva vida, sólo para encontrarte catatónica y afectada por algún factor desencadenante al día siguiente. Esto puede parecer un revés, pero es una parte natural del proceso. Aquí están las seis etapas del duelo o, en este contexto, de la separación.

Conmoción: ésta tiene lugar tanto a nivel físico como psicológico. Físicamente, una oleada de adrenalina recorre el cuerpo, lo que puede hacer que te sientas nerviosa, mareada y fuera de ti.[1] Psicológicamente, puedes sentirte perdida, aterrorizada, abrumada e inundada de emociones intensas. Ésta es la protección natural que tu cuerpo activa contra el dolor. Tu cuerpo no se ha adaptado todavía a una nueva realidad sin tu pareja. Una vez que comienzas a procesar lo que sucedió, llegas a la siguiente etapa: la negación.

Negación: en esencia, se trata de un rechazo hacia la realidad. Cuanto antes aceptes la realidad —que la relación terminó—, comenzarás el proceso de sanación más pronto.

Depresión: el primer paso para la sanación es la depresión. Te sientes triste, apática y torpe. Todo te recuerda a tu ex y los momentos que compartieron. En esta etapa, tu inclinación natural puede ser aislarte, pero ahora es importante que aceptes el apoyo de tus seres queridos.

Ira: la vida te parece injusta y abusiva. Te preguntas por qué te está pasando esto y tal vez incluso te moleste que tu ex no parezca estar pasando por tanto dolor. La ira indica que la energía se está moviendo, lo que puede motivarte a realizar cambios proactivamente.

Negociación: tu cerebro no quiere aceptar que terminó y comienza a idear estrategias para recuperar a tu ex o arreglar la relación. Durante esta etapa, es posible que reflexiones sobre lo que deberías haber hecho diferente o "mejor". Incluso podrías inventar excusas para ver a tu ex. Puedes recaer durante esta etapa y reconectar con tu ex, sólo para que vuelvan a separarse. Es posible que se necesiten varios ciclos de juntos-separados antes de que llegues a un punto de inflexión y aceptes que el mismo comportamiento seguirá produciendo los mismos resultados. Es importante durante esta etapa no perder de vista la realidad de que su relación terminó por una razón y que ambas personas fueron responsables de su final.

Aceptación: en esta etapa aceptas la realidad de la situación y comienzas a tomar decisiones que te ayudan a seguir adelante. Ahora minimizas las declaraciones catastróficas como "Nunca volveré a amar a nadie" y "Siempre estaré sola". Ves esperanza en tu futuro y estás lista para cerrar el capítulo y empezar el siguiente.

Es importante reconocer que, para llegar a la etapa de aceptación, necesitas pasar por las etapas previas. Quizá te sientas atrapada en una etapa durante más tiempo que en otra; en ocasiones, ésa es una forma de aferrarnos a la relación. Porque aunque estés separada, si todavía estás enojada con tu ex, negociando para volver a estar juntos u obsesionada con todos los detalles de lo que salió mal, entonces aún mantienes una relación con esa persona.

No hay una medida única para todas en términos del tiempo que llevará superar una ruptura, aunque muchas tienden a sobreestimarlo y creen que el dolor durará mucho más de lo que persiste en realidad.[2] La psicóloga clínica Ramani Durvasula sugiere que, después

de una ruptura, para muchas personas toma alrededor de seis semanas comenzar a adaptarse a la vida sin su ex.[3] Otro estudio publicado en *The Journal of Positive Psychology* encontró que las personas se
sentían mejor once semanas después de su ruptura.[4] No te castigues
si tu línea de tiempo es única. Confía en que hay un final para el sufrimiento, incluso si no puedes imaginarlo en este momento.

Las mujeres que vienen a Renew se encuentran en diferentes
etapas. Algunas están en medio de la agonía de la pérdida, ya que se
separaron apenas unas semanas antes; algunas todavía están en una
relación intermitente de la que parece que no pueden salir; otras
ya llevan algunos años divorciadas, pero están teniendo dificultades para seguir adelante y ni qué decir de salir con alguien; unas ni
siquiera están lidiando con una ruptura, pero están frustradas con
sus vidas románticas y quieren cambiar sus patrones. Resulta útil
que todas estas mujeres brinden sus testimonios. Aun cuando se encuentran en diferentes etapas del ciclo, todas están allí por la misma
razón: quieren tener la oportunidad de construir un amor saludable.

EL CORAZÓN ROTO EN EL CEREBRO

Comprender lo que sucede en el cerebro durante una ruptura es
un elemento clave para superarlo. Es natural sentir una montaña
rusa de emociones después de una ruptura. La misma avalancha
de sustancias químicas que te hace sentir feliz en la lujuria, durante las etapas iniciales del amor, también te hace sufrir cuando éste
termina.

Durante la primera etapa de las citas, estos químicos están di-
señados para hacer que tú y tu pareja procreen. La euforia, los pensamientos constantes sobre tu nuevo ser amado y las sensaciones
de mariposas en el estómago son el resultado del sistema de motivación: el impulso de apareamiento que es parte del sistema de
recompensa en el cerebro. Examinaremos en detalle las sustancias

químicas presentes durante la fase de lujuria en capítulos posteriores, pero lo que es importante notar ahora es que, durante una ruptura, tu cerebro está experimentando exactamente las mismas reacciones químicas, pero al revés.

Las investigaciones han revelado que los solteros con rupturas recientes muestran actividad en la misma parte del cerebro que un consumidor de drogas desesperado por recibir su siguiente dosis.[5] El cerebro está literalmente en abstinencia. La parte del cerebro afectada, el área segmentaria ventral, está asociada con la motivación, el comportamiento orientado a objetivos y el sistema de recompensa, responsable de la liberación de dopamina. La dopamina es esa sustancia química que te hace sentir bien y te deja con el deseo de recibir más de cualquier estímulo que te haya dado la recompensa en primer lugar, ya sea cocaína, chocolate o una caricia de tu pareja.[6] Los antojos de dopamina te *motivan*, te animan a que actúes para obtener más de lo que sea que necesitas y, en el caso del romance, esa necesidad es tu ser amado. El cerebro espera que llegue la recompensa (validación de un compañero, devolución del afecto, contacto físico); sin embargo, después de una ruptura, la recompensa se retrasa o no llega. Aunque a nivel cognitivo sabes que la relación ha terminado, las neuronas de tu cerebro que esperan una recompensa no dejan de activarse, manteniéndote inconscientemente "enamorado" y adicto a tu ex para conseguir tu dosis.[7]

Durante una relación, miles de circuitos neuronales en tu cerebro están dedicados a tu pareja. El psicólogo Phillip Shaver sostiene que, durante la separación, "cada [circuito neuronal] debe ser desarrollado y reconstruido para tener en cuenta la ausencia de la persona".[8] Pienso en esto como si tu cerebro requiriera una remodelación importante.

Tu cerebro está acostumbrado a recibir dosis de dopamina a partir de las interacciones con tu pareja. Después de la pérdida de esa persona, tu cerebro no olvida de manera inmediata la sensación de esa dopamina y necesita aprender a vivir sin ella. Esto lleva tiempo y, cuando estableces contacto, miras mensajes antiguos o te obsesionas con su actividad en las redes sociales, estás activando esos viejos circuitos y conexiones neuronales. Esto sólo prolonga tu apego a tu ex. En un proceso llamado "poda sináptica", las conexiones neuronales que ya no se utilizan son eliminadas y el cerebro puede entonces concentrarse en hacer otras nuevas.[9] Por lo tanto, si dejas de tener contacto, con el tiempo esas vías neuronales comenzarán a debilitarse. ¡Aleluya por la plasticidad del cerebro!

ADULTOS EMOCIONALES

Una ruptura genera muchas emociones. No sólo estás lidiando con la separación y el dolor que conlleva el final de la pareja, sino también con las emociones reprimidas y no resueltas que persisten de tu pasado. Entonces, en lugar de agregar más emociones reprimidas o inexploradas, ¡vamos a enfrentarlas, de una vez por todas!

Necesitamos limpiar nuestra deuda emocional y vivir una vida en la que podamos procesar correctamente nuestros sentimientos, para no terminar en la indigencia emocional. Existen muchas formas disfuncionales en las que manejamos las emociones, incluyendo evitarlas, exagerarlas o transformarlas en algo socialmente aceptable.

LA ÚNICA SALIDA ES A TRAVÉS DE SENTIR TUS SENTIMIENTOS

Vivimos en una sociedad en la que se nos enseña a distraernos, anestesiarnos y ocultar nuestro dolor. En una cultura de "sólo supéralo", comúnmente dejamos de lado que las emociones tienen un ciclo de vida y necesitan la oportunidad de ser sentidas y procesadas. Pero si evadimos nuestras emociones, éstas se acercarán sigilosamente en algún momento. Sólo se necesita una decepción, crítica o rechazo, y la bomba de tiempo emocional estalla. De repente, te abruman no sólo los sentimientos de abandono del último novio, sino también los del anterior e incluso los de tu novio de la secundaria. Es como un efecto dominó que agrava el trauma. Si no conoces la verdadera fuente de tu intenso dolor, te resultará más fácil señalar a la persona o relación en cuestión. Pero el dolor siempre proviene de algo más profundo.

La sanación comienza cuando podemos enfrentar nuestras emociones a medida que surgen, y el primer paso es hacer una pausa cuando percibimos ese sentimiento incómodo. Por lo general, actuamos con rapidez para dejar de sentirnos incómodos porque así es como estamos programados culturalmente. Etiquetamos los sentimientos como "buenos" o "malos" y nos juzgamos por sentir, en lugar de aceptar que somos seres humanos teniendo una experiencia humana.

Hay otra forma en que evadimos nuestras emociones, y es un comportamiento que he presenciado en la mayoría de las mujeres que asisten a Renew. Está relacionado con ser cuidadoras de todos menos de nosotras mismas.

Tracy, de cuarenta y un años, era madre soltera. Dos años después de su divorcio, conoció a alguien nuevo, se enamoró locamente y se comprometió. Su prometido era rico y encantador, y la cortejaba con romántica intensidad. Junto con su título de supermamá, después de salir con su nuevo Príncipe Azul, Tracy retomó un papel que sabía interpretar: la futura superesposa. Se ajustó a la agenda de su prometido y dónde quería vivir (incluso cuando eso significaba desarraigarse de la ciudad en la que había estado durante una década) y atendió sus necesidades como una ajetreada emprendedora. Cuando no estaba al pendiente de su hombre, dedicaba cada minuto a darle a su hija una vida perfecta. Incluso en momentos de angustia, cuando su tanque estaba casi vacío, ella otorgaba su última pizca de energía a las personas que amaba.

"Es lo único que sé hacer", refirió durante una sesión de grupo.

Tracy, igual que muchas mujeres, fue condicionada para cuidar y atender las necesidades de los demás desde su niñez. Crecemos pensando que dar sin parar nos convierte en una gran novia, esposa o madre. Incluso cuando estamos padeciendo nuestro último aliento, primero les ponemos la máscara de oxígeno a los demás. Pero mientras intentamos ganar la insignia honorífica de mártir, no nos damos cuenta de que simplemente estamos evitando lidiar con nuestras propias cosas.

Verás, cuando estás ocupándote de las emociones de los demás de manera constante, no tienes que enfrentarte a las tuyas. ¡Qué conveniente!

Éste no es un tipo saludable de dar o cuidar. Viene de la intención malsana (así seas consciente de ello o no) de evitar la incomodidad de tus sentimientos. Cuidar a los demás como una forma de evasión puede ser tan adictivo como beber alcohol o alguna otra sustancia.

Tienes que sentir las emociones para procesarlas. En este proceso de sentir, aceptar y reflexionar aprendes lecciones críticas necesarias para tu crecimiento y para dejar ir.

EJERCICIO: Identifica tu reacción emocional
En el momento en que sientes una emoción incómoda (tristeza, ira, anhelo o algo similar), ¿qué haces?, ¿cómo reaccionas al impulso?, ¿te automedicas buscando alcohol, drogas, comida o la validación de los otros?, ¿reprimes tus sentimientos y te distraes con el trabajo?, ¿exageras la emoción con un pensamiento catastrófico, enalteciendo los elementos negativos y minimizando los positivos? Anota a continuación cómo evades o te distraes de sentir y procesar tus emociones:

_____

_____

_____

PELIGRO
NO ALIMENTE AL
MONSTRUO EMOCIONAL

NO ALIMENTES A TU MONSTRUO EMOCIONAL

Hay una diferencia entre sentir las emociones y alimentarlas. Lo primero significa estar presente con lo que estás sintiendo, aceptarlo y dejarlo pasar. Lo último requiere entregar más de aquello que quiere la emoción para que crezca. La emoción quiere crecer en intensidad, tamaño y frecuencia, y su alimento preferido son tus pensamientos, lenguaje corporal y acciones. No es tu yo sensato el que repite una canción melancólica de Coldplay mientras lloriqueas en posición fetal. No, ¡ése es tu hambriento monstruo emocional!

La vida fisiológica de una emoción en el cuerpo y el cerebro es de noventa segundos, según una investigación de la neurocientífica Jill Bolte Taylor.[10] Así es, el incremento de adrenalina, el calor en el rostro, la opresión en el pecho, los latidos rápidos del corazón, todas esas sensaciones naturalmente se elevarán, alcanzarán su punto máximo y se disiparán en sólo un minuto y medio. Entonces, ¿qué hace que las emociones permanezcan?

La historia que unen.

En lugar de tener conciencia de que las sensaciones de emoción desaparecerán naturalmente en cuestión de minutos, nos identificamos con el sentimiento y nos quedamos atascados en cómo la persona o situación que lo causó está mal y cómo *debería* ser, en lugar de aceptar lo que es. Los seres humanos tenemos una tendencia a vincular historias con emociones porque, desde una perspectiva evolutiva, las historias sirvieron como señales de alerta para evitar amenazas peligrosas, lo que ayudó a mantener vivos a nuestros antepasados. Cuando estamos predispuestos a sentir emociones negativas (tristeza, ansiedad, vergüenza, culpa o enojo), las vías neuronales correspondientes se vuelven más fuertes y, por lo tanto, es más fácil desencadenar esas emociones y las historias correlativas.

La caída emocional empeora cuando repetimos esa historia una y otra vez, caminando, o corriendo, en un círculo vicioso que no va a ninguna parte. Ésta es la trampa mental de los pensamientos obsesivos: la historia se vuelve borrosa, sin principio ni final.

Por ejemplo, después de mi ruptura, me sentía de mal humor después de las inquietas noches de insomnio. Mi cuerpo no se encontraba en un estado saludable, y mi mente tampoco, lo que me volvía propensa a una extorsión emocional. Un día me sentía particularmente sola y comencé a ver las redes sociales de mi ex. Vi una foto donde él estaba en una fiesta, sonriendo con sus amigos, bebida en mano. Parecía que la estaba pasando en grande. Sentí una oleada de ira. De repente, mi mente comenzó a correr...

¿Conoció a alguien más?

¿Cómo se atreve a estar pasando un buen rato, como si nada hubiera sucedido? ¡Él no siente dolor alguno, mientras yo estoy aquí, sola, deprimida y sufriendo!

¡Lo odio!

Y entonces lo pinté como una persona terrible, elaborando historia tras historia que confirmaban cuán injusta era mi situación. Me hice un ovillo, bajé la cabeza y me cubrí la cara con las manos. Pero seguí mirando más fotos, las fotos de sus amigos. Me fui sumergiendo en la ira. Mi ansiedad aumentó. Pronto, estaba experimentando dificultad para respirar y estallé en llanto. Rápidamente, tuve un ataque de pánico total. En lugar de dejar pasar esa chispa de ira, seguí agregando historias, una tras otra, y reactivando la respuesta al estrés. No sólo mantuve mi mente en un espacio negativo, sino que mi cuerpo experimentó la ira una y otra vez. Esta cascada de confusión emocional se originó mediante una fotografía. Una vez que el monstruo emocional fue alimentado, secuestró todo mi ser, ¡y me lanzó a la montaña rusa del pensamiento obsesivo!

La montaña rusa del pensamiento obsesivo

En primer lugar, el pensamiento obsesivo es una tendencia humana natural, sobre todo después de las rupturas. Por lo tanto, no seas tan dura contigo si te ocurre un par de veces. Pero aprende a redirigir tus pensamientos para no exagerar y convertirlo en una técnica.

La doctora Elaina Zendegui, psicóloga clínica que se especializa en terapia cognitivo-conductual y terapia conductual dialéctica, enseña a las mujeres de Renew que el primer paso para cambiar nuestros patrones de pensamiento obsesivo es identificar el ciclo cuando está sucediendo. Debes captar las primeras señales, como sentir la primera gota de lluvia antes de la tormenta.

Según la doctora Zendegui: "Las emociones angustiantes (como la vergüenza, la tristeza y la ansiedad) o las sensaciones corporales asociadas a ellas pueden ser pistas de que estás atrapada en el pensamiento obsesivo. Una vez que te des cuenta de ello, devuelve suavemente tu atención al momento presente. Con gentileza, centra tu atención otra vez en tus experiencias sensoriales o tu respiración. Cuando el ciclo se reinicie (y tal vez así será), trae tu atención de regreso. Si necesitas más práctica, como muchas de nosotras, puedes comenzar una meditación de atención plena diaria, para desarrollar habilidades en torno a la conciencia de los patrones del pensamiento obsesivo y traer tu atención de regreso al momento presente".

En las siguientes secciones repasaremos métodos comprobados que pueden ayudarte a detener en seco el pensamiento obsesivo y mover las emociones a través y fuera del cuerpo. Pero, primero, veamos cómo tus pensamientos e historias obsesivas podrían volver a traumatizarte.

¿Te estás retraumatizándote tú misma?

¿Cuántas veces has contado tu historia sobre la terrible ruptura? Mientras cuentas la historia con lujo de detalle, es posible que tus amigos y tu familia hayan intentado mostrar su apoyo haciendo eco de tus sentimientos: *Vaya perdedor. ¡Es todo un narcisista! ¡No puedo creer que esto te haya pasado!*

Tus amigos bien intencionados piensan que es empático usar el dolor como una forma de conectar. Pero eso sólo alimenta la carga emocional. La historia misma comienza a transformarse y va tomando formas ligeramente diferentes cada vez que es contada. Como los mensajes en un juego de teléfono descompuesto, nuestros recuerdos no son sucesos definitivos y cambian, así sea levemente, cada vez que los traemos a la mente.

Las investigaciones realizadas sobre el mecanismo molecular de la memoria y el aprendizaje revelan que cada vez que recordamos una escena —o recuperamos un recuerdo de nuestra mente consciente—, la alteramos y, al hacerlo, la modificamos para siempre.

AMIR LEVINE Y RACHEL S. F. HELLER[11]

Cuando añades victimización y agregas interpretaciones y suposiciones a tu historia ésta se distorsiona hasta convertirse en algo mucho más doloroso. Ya no es una historia sobre tu ruptura, ahora se trata de cómo le entregaste los mejores años de tu vida, cómo no existen buenos hombres en el mundo y cómo te quedarás sola para siempre. Al fusionar realidad y ficción, creas dramáticas historias que acechan tu presente y tu futuro.

Y al volver a contar esa historia una y otra vez, vuelves a traumatizarte.

Nuestro cuerpo no puede diferenciar los eventos del pasado, el presente y el futuro.[12] Cuando revivimos nuestra historia una y otra vez, cada que contamos nuestros recuerdos con minucioso detalle, nuestro cuerpo está creando una respuesta al estrés. ¿Alguna vez rompiste a llorar mientras hablabas de algo traumático aunque hubiera sucedido años atrás? Eso es porque tu cuerpo cree que la escena que estás recordando está sucediendo en tiempo real.

EJERCICIO 1: ¿Cuál es tu versión de la historia?
Cada vez que vilipendiamos a alguien, asumimos de manera automática el papel de víctima. Eso no te ayuda a sanar ni a seguir adelante. A lo largo de este libro, replantearemos activamente tu historia. Para comenzar, toma tu diario y un bolígrafo. En diez puntos, escribe tu historia sobre lo que pasó entre tú y tu ex. Puedes comenzar en cualquier lugar que desees, sólo apégate a los diez puntos. Aquí tienes la oportunidad de hacer trampa: puedes hacer que cada punto abarque todo el tiempo que tú quieras. Redáctala como si le estuvieras contando la historia a un amigo. Usaremos esta historia de diez puntos para el próximo ejercicio.

¿Enganchada en una trampa del pensamiento?

Tu cerebro puede ser un astuto hijo de puta. Después de todo, fue diseñado hace más de doscientos mil años para lograr que sobrevivieras a las duras condiciones del medio ambiente, y los cazadores-recolectores que eran más sensibles a cualquier riesgo o señal de peligro tenían las mejores posibilidades de sobrevivir. Además, la exclusión social de la tribu era cuestión de vida o muerte. Aunque hoy en día no enfrentamos las mismas amenazas, nuestros cerebros todavía tienen que adaptarse. Siguen siendo máquinas de supervivencia, tienen un sesgo de negatividad innato y son extremadamente sensibles al rechazo social. La razón por la que puedes entrar en las espirales del pensamiento obsesivo negativo no es porque estés loca, sino porque tu cerebro está haciendo su trabajo, tratando de mantenerte a salvo.

¡Pero ese *modus operandi* puede mantenernos también en la trampa del pensamiento negativo! La doctora Naomi Arbit, científica del comportamiento y estratega del cambio positivo, explica: "Los neurocientíficos han identificado un área del hemisferio cerebral izquierdo, comúnmente referida como 'el intérprete'. Esta parte de nuestro cerebro está constantemente tejiendo narrativas para ayudarnos a mantener nuestro sentido de identidad, nuestra narrativa personal. Este intérprete filtra la información y las experiencias entrantes y les da su propio giro. Pero las narrativas fabricadas por esta parte del cerebro no se corresponden con la verdad forzosamente. Esto se ve agravado por nuestra tendencia a creer estas narrativas y aceptarlas como un hecho".

Nuestro cerebro teje sus propias narrativas y eso puede provocar que creemos distorsiones cognitivas, también conocidas como "trampas del pensamiento"; se trata de formas irracionales de pensar que refuerzan el pensamiento negativo, perpetuando a menudo estados psicológicos como la depresión y la ansiedad.[13]

EJERCICIO 2: Separa la realidad de la ficción

Repasa tu historia de diez puntos y separa los hechos de la ficción. Comienza identificando y encerrando en un círculo cualquiera de las trampas comunes del pensamiento. Fíjate si hay alguna a la que seas más propensa. Una vez que hayas hecho esto, escribe tu historia de nuevo, pero esta vez usa sólo cinco puntos y cíñete a los hechos.

- **Filtrado:** centrarte sólo en lo negativo y dejar fuera lo positivo. También se conoce como sesgo de negatividad (por ejemplo: *Toda la relación fue una mentira*).
- **Convertir en catástrofe:** irte a los extremos e imaginar el peor de los escenarios (por ejemplo: *Estaré sola para siempre*).
- **Sobreestimación:** exagerar y amplificar la posibilidad de que suceda algo malo (por ejemplo: *Si me encuentro con él, tendré un colapso mental*).
- **Adivinación:** predecir el futuro como si fuera cien por ciento real (por ejemplo: *Nunca encontraré el amor a esta edad*).
- **Generalización:** sacar conclusiones radicales y suposiciones generales, basadas en una o pocas experiencias (por ejemplo: *Me engañaron, eso quiere decir que todos los hombres son mentirosos*).[14]
- **Leer la mente:** malinterpretar hechos y datos, y asumir que sabes lo que los demás piensan o sienten (por ejemplo: *Me miró y luego le dijo algo a su amigo con una risita, debe de estar burlándose de mí*).
- **Declaraciones de deber:** imponer expectativas (sobre ti o sobre los demás) acerca de cómo deberían ser las cosas, lo que suele basarse en la crítica, el juicio y la creación de reglas arbitrarias (por ejemplo: *Ya debería estar casada a esta edad, soy una estúpida por haber malgastado mis mejores años con ese tipo*).[15]

- **Culpar:** negarse a responsabilizarse de las emociones, pensamientos y acciones (por ejemplo: *Es su culpa que yo esté tan destrozada*).
- **Personalizar:** crear suposiciones sobre ti, incluso cuando no haya pruebas o razones lógicas para hacerlo (por ejemplo: *Debo de ser indigna de amor porque él me engañó*).
- **Falacia del cambio:** esperar que la gente cambie para que tú te sientas feliz. Esto se relaciona con la creencia de que otros son los responsables de tu felicidad (por ejemplo: *Si tan sólo me diera el anillo de compromiso, yo sería feliz y me sentiría segura*).
- **Pensamiento de todo o nada:** percibir situaciones o personas en blanco y negro, usando palabras como "siempre", "nunca", "todos" y "nadie" (por ejemplo: *Los hombres nunca quieren comprometerse conmigo. Esto siempre me pasará a mí*).

Una vez que hayas terminado tus cinco puntos, date cuenta de si la historia actualizada se siente un poco menos cargada emocionalmente. ¿Parece más neutra, más ligera? Volveremos a consultar esta historia actualizada en el último capítulo.

SI QUIERES SANAR, EXPRESA TU ENOJO

Después de una ruptura, te encuentras en modo de supervivencia. Las emociones están en su punto más alto y no dejar que te abrumen es un desafío, por decir lo menos. Este tiempo también es un campo de entrenamiento para aprender sobre la regulación emocional, una habilidad que, una vez que la adquieres, podrás aplicar por el resto de tu vida durante los momentos difíciles. A medida que pasas de una etapa de separación a otra (o tengas retrocesos) necesitarás diferentes herramientas, dependiendo de la emoción que esté surgiendo. ¡Es como un juego de ping-pong emocional!

DEJA QUE TU BANDERA DE BICHO RARO (ENLOQUECIDO) "FLUYA"

> La gente enojada vive en cuerpos enojados.
>
> BESSEL VAN DER KOLK

Las investigaciones demuestran que las personas en duelo que evitan el dolor y se esfuerzan por reprimir las emociones son las que tardan más en recuperarse de la pérdida.[16] Cuando intentas reprimir tu ira, el estrés se dispara.

La ira se puede dividir en dos componentes principales: el emocional (cómo se siente en el cuerpo) y el conductual (cómo se expresa).[17] Nuestro objetivo es expresar la ira de una manera saludable, sin agresión (hiriente o acciones dañinas) y sin reprimirla.

Lo opuesto a la represión es la expresión. Tenemos que procesar la energía emocional que está atrapada en tu cuerpo. Recuerda, el camino a seguir es pasar a través de ella.

Ver rojo

Para ayudar a las participantes de Renew a trabajar a través de la ira desde un enfoque energético, la doctora especializada en medicina naturista y coach holística Erica Matluck dirige una de las primeras sesiones físicas del campo de entrenamiento. Ella explica cómo la ira tiene sus raíces en el chakra del plexo solar, que se correlaciona anatómicamente con el abdomen. Los chakras son centros de energía que, cuando se bloquean, pueden desencadenar desequilibrios físicos, emocionales y mentales. En lugar de dejar que la energía de la ira se acumule y resulte en una explosión volcánica, les enseña a las mujeres a utilizar una combinación de intención e imaginación para desactivarla. Enseguida te muestro cómo.

EJERCICIO 1: Transmutar tu ira

- Párate erguida con los pies firmes en el suelo, separados a la altura de tus hombros. Cierra tus ojos.
- Asigna a tu ira el color rojo.
- Dirige tu atención a tu plexo solar (el área alrededor de tu ombligo).
- Visualiza el color rojo en esta área y siéntelo en verdad. Presta atención a las sensaciones. Observa la temperatura y cómo se mueven las sensaciones con tu respiración.
- A continuación, identifica una palabra que sea necesaria para sanar el enojo ("perdón", "aceptación", "compasión", etcétera) y asigna un color a esa palabra (el azul funciona bien para la mayoría de las personas).
- Imagina que ese color se vierte en tu cuerpo a través de tu abdomen y deja que inunde todo tu cuerpo y el área alrededor de él. Observa cómo cambia el color de tu ira y elimínala por completo hasta que te encuentres inmersa en el segundo color.
- Respira profundamente unas cuantas veces y repite el ejercicio tres veces.

¡Postura de la plancha!

En el segundo ejercicio, la doctora Matluck enfatiza la importancia de mover la energía de la emoción a través del cuerpo. La energía debe fluir porque, cuando no lo hace, puede causar disfunciones en el cuerpo. Ella sugiere que existe una fuerte relación entre sanar la ira y confrontar las creencias limitantes: "El fuego es el elemento asociado con este chakra, y al crear calor en el cuerpo mientras enfrentamos las limitaciones impuestas por la mente, podemos usar la energía del fuego para transformar la ira que se ha almacenado en el cuerpo".

Para demostrarlo, guía a las mujeres a través de un ejercicio en el que establecen un cronómetro y mantienen la postura de la plancha durante todo el tiempo que puedan. Cuando no logran sostenerla, miran el temporizador para darse cuenta de dónde está su límite. A continuación, aconseja a las mujeres que agreguen treinta segundos a su tiempo anterior y la repitan. Solemos escuchar quejas mientras lo intentan de nuevo a regañadientes.

"Observa el impulso de darte por vencida y permite que el calor que estás creando derrita tu ira —la doctora Matluck alienta a las mujeres, mientras camina entre ellas—, quemando salvia como una forma de limpiar el espacio."

Cuando nota que algunas mujeres luchan por mantener su posición, les aconseja que vuelvan a concentrarse en la respiración, lenta y profunda, y que sigan luchando para llegar más allá de su límite. Cuando terminaron con la segunda postura, casi todas pudieron sostener su plancha por más tiempo que la primera vez, una hazaña pequeña, pero significativa, para superar ese límite que habían asumido.

EJERCICIO 2: ¿Lista para las planchas?

- Adopta la postura de la plancha. Tienes la opción de sostener la parte superior del cuerpo con las manos o los antebrazos.
- Pon un cronómetro y mantén la postura todo el tiempo que puedas.
- Cuando hayas terminado con tu primera plancha, anota el tiempo que pudiste mantener la posición: esto es lo que crees que es tu límite.
- Descansa unos minutos.

- Configura tu temporizador: agrega treinta segundos a tu tiempo anterior y repite la postura. No olvides realizar una respiración profunda.
- Imagina que tu ira se desvanece. Si te ayuda, utiliza la visualización del primer ejercicio: imagina tu ira en un color rojo y observa cómo se funde o desvanece.
- ¡Intenta mantener la postura, incluso después de que se acabe el tiempo!

EJERCICIO 3: ¡En sus marcas, listas, a escribir!
El último ejercicio es reflexionar por medio de un diario. Al escribir sobre cómo nos sentimos y dónde lo sentimos, damos significado a lo que está sucediendo. Éste es un buen momento para probar el "libre fluir de la conciencia". Configura un temporizador de quince minutos y asegúrate de apagar tu teléfono y eliminar otras distracciones para evitar que te interrumpan. Escucha alguna canción inspiradora y repítela para "fluir". En Renew, oímos la *Suite para violonchelo número. 1* de Johann Sebastian Bach para este ejercicio de escritura. ¡Aborda un tema de escritura y listo! Aquí hay algunos ejemplos:

- ¿Cuáles son mis áreas más profundas de dolor y frustración?
- ¿Qué está tratando de decirme mi cuerpo?
- ¿Qué puedo aprender?

Intenta no filtrar ni juzgar tus pensamientos; sólo mantén el bolígrafo en funcionamiento. Cuando haces un ejercicio de fluidez como éste, partes de tu inconsciente comienzan a salir a flote; es como si vaciaras lo que has almacenado y se ha quedado atascado en tu mente. El acto de escribir es terapéutico en sí mismo y puede disminuir la reactividad fisiológica.

CUANDO ESTÁS HASTA LA... DE ALTERADA
(TAMBIÉN CONOCIDO COMO SENTIR ANSIEDAD)

No pudiste evitar echar un vistazo a su Instagram (está bien, tal vez eso sea una sutileza) y caíste en el error de acechar todos sus "me gusta" más recientes. Uf, ¿qué tiene esa modelo de Instagram que tú no tengas?

Cualquiera que sea el factor desencadenante, la angustia comienza a acumularse y, de pronto, sientes como si tu mundo se estuviera derrumbando. El pánico es real.

Experimentar físicamente una sensación de ansiedad es un subproducto natural de las rupturas, de acuerdo con el neurocientífico Jaak Panksepp, quien sugiere que el rechazo y la separación de un ser querido nos sumerge en un "pánico primordial".[18] Estamos programados para conectarnos como especie. Aunque una separación no es físicamente peligrosa, la amígdala procesa la pérdida de conexión como una amenaza para la supervivencia. Además, el cerebro se encuentra en una abstinencia neuroquímica, lo que resulta en un mayor estado de ansiedad y obsesión que puede impregnar tu estado emocional durante horas, e incluso días.[19] Aquí hay herramientas para ayudarte a evitar que caigas en la espiral descendente.

Sacude, sacude, sacude

Cuando nos enfrentamos a una emoción extrema, nuestro cuerpo se inunda de adrenalina y nuestra frecuencia cardiaca se dispara hasta los cielos.[20] Eso se debe a que el sistema nervioso simpático de nuestro cuerpo, que es el responsable de nuestra capacidad para responder al peligro percibido, se activa. Esto ocurre tanto en animales como en humanos. Tomemos a una gacela como ejemplo. Cuando una gacela se enfrenta a un depredador, sus instintos de supervivencia toman el control y entra en modo de huida, lucha o inmovilización.[21] Una vez que la amenaza se ha ido, sacude todo su cuerpo como si tuviera una convulsión. Su sistema nervioso está descargando físicamente el exceso de energía y la excitación provocada por la amenaza. El equilibrio regresa poco después.[22]

Para una persona ansiosa, un factor desencadenante que amenaza su seguridad provoca los mismos mecanismos de supervivencia. La próxima vez que sientas ansiedad, en lugar de absorber la energía, intenta sacudir todo el cuerpo durante un par de minutos para deshacerte del exceso de sustancias químicas del estrés y restaurar tu equilibrio interior.

Mueve tu cuerpo

Si sacudirte no es tu método preferido para liberar el exceso de energía, puedes optar por un trote o alguna otra actividad física que cambie tu biología. Pero si no te es posible tomar veinte minutos para salir a correr, haz varios saltos y después una meditación. La clave es salir primero del estado físico de pánico y estrés. Si tras la actividad continúas con una meditación relajante para centrarte en ti, podrás interrumpir la espiral de ansiedad.

Durante una sesión en Renew, una participante, Lydia, que todavía estaba muy enamorada del exnovio que la había engañado, tuvo un momento en el que pudo practicar esto. Estaba en medio de una sesión en la que se discutía el tema de la infidelidad y de repente sintió una punzada de ansiedad. Se disculpó y salió, y yo salí detrás de ella. Lydia comenzó a llorar y a gritar lo injusta que era su situación, mientras intentaba recuperar el aliento entre sollozos. Tenía miedo de lo que sucedería al regresar a casa y su pánico comenzó a aumentar. Me di cuenta de que estaba a punto de hiperventilar, así que le pedí que probara esta práctica en el acto. Con mi guía, ambas comenzamos a mover nuestros cuerpos, sacudiendo, saltando y moviendo nuestras manos, brazos y piernas. Enseguida, hicimos juntas un ejercicio de respiración profunda, asegurándonos de que las exhalaciones fueran más largas que las inhalaciones (esto tiene un efecto calmante). Lydia consiguió recuperar el equilibrio emocional y tuvimos una conversación tranquila sobre lo que había provocado la angustia. Al principio, Lydia estaba avergonzada por abandonar la sesión, pero estaba agradecida de que ese momento hubiera tenido lugar para experimentar cómo calmarse en tiempo real, una herramienta que sigue utilizando hasta el día hoy.

Sácalo, literalmente

La única cosa con la que siempre podemos contar (el milagro dentro de cada una de nosotras) es nuestra respiración. Tiene dos funciones: 1) nutrir el cuerpo con oxígeno y 2) limpiar el cuerpo de desechos tóxicos.

La respiración está conectada con nuestra mente y nuestras emociones. Respirar rápido y poco profundo crea pánico, mientras que respirar lenta y profundamente crea calma. Toma el control de tu respiración y minimizarás el estrés, pensarás con más claridad y te reconfortarás naturalmente.

¿Estás respirando por la nariz o por la boca? Busca inhalar y exhalar por la nariz, ya que esto ayuda a filtrar el aire y protege tu cuerpo de la contaminación y el polvo. La respiración nasal también humedece el aire que entra, lo que te ayuda a proteger las vías respiratorias.

¿Estás expandiendo tu vientre cuando inhalas? Cuando inhalas, tu vientre debe expandirse como si se estuviera llenando un globo, lo que te permite utilizar toda la capacidad de tus pulmones. Cuando exhalas, tu vientre debe desinflarse. Si su vientre no se expande ni se contrae, entonces estás respirando superficialmente, por lo que tus órganos no se oxigenan de manera adecuada, lo cual puede contribuir a tener sentimientos de ansiedad o pánico.

¿Tu respiración es rápida o lenta? Respira lenta y rítmicamente para expulsar los productos de desecho metabólicos. Si tus exhalaciones son más cortas que tus inhalaciones estás limitando la capacidad de tu cuerpo para deshacerse de las toxinas.

¿Tienes los hombros encorvados o abiertos? Mantén los hombros hacia atrás y la columna recta. Si tus hombros están encorvados, el pecho se vuelve cóncavo, lo que restringe tu capacidad para respirar profundamente.

EJERCICIO: Técnica de respiración 4-7-8
La secuencia de respiración 4-7-8 está basada en una antigua técnica del yoga y fue desarrollada por el doctor Andrew Weil. Te ayudará a calmar el estrés y la ansiedad de inmediato.[23]

1. Coloca la punta de la lengua en el paladar (justo detrás de los dientes frontales).
2. Respira por la nariz y cuenta hasta cuatro.
3. Sostén la respiración durante siete segundos.
4. Libera el aliento por la boca con un silbido durante ocho segundos.
5. Repite la técnica completa cuatro veces seguidas, sin pausas, luego reanuda la respiración normal.

La técnica de respiración 4-7-8 es efectiva, porque cuando sientes ansiedad, tu respiración suele ser muy superficial y no obtienes todo el oxígeno que necesitas. Esta técnica te ayuda a aumentar la entrada de oxígeno y permite que éste energice tus células y expulses el dióxido de carbono de tus pulmones.

CONSEJO RÁPIDO: *si no puedes recordar hasta cuánto contar, está bien. Sólo acuérdate de hacer tu exhalación más larga que tu inhalación, ya que esto calma tu sistema nervioso parasimpático. A diferencia del sistema nervioso simpático, que es el responsable del enfrentamiento o la huida, el sistema nervioso parasimpático o de "descanso y digestión", es el responsable de relajar el cuerpo.*

ACERCA DE LA DOPAMINA (TAMBIÉN CONOCIDO COMO *NECESITO ALGO PARA REANIMARME*)

Después de mi ruptura, surgieron facetas mías que no sabía que existían.

Acechaba las redes sociales de la mujer con la que mi ex me había engañado, obsesionada durante horas e imaginando la escena de la infidelidad. Me acercaría a mi ex y lo regañaría (hasta que finalmente me bloqueó). Hablaba sin parar sobre los detalles de la traición a cualquiera que estuviera dispuesto a escucharme. Ah, y los copiosos planes de venganza que ideé podrían haberse destinado al guion de una película de terror nominada a un Oscar.

Sé que no era divertido estar cerca de mí durante ese tiempo. No, no me había vuelto loca (bueno, tal vez sólo un poco). Mi cerebro estaba buscando una recompensa en medio del trauma que había sufrido.

Pensaba que si hubiera información que resolviera el rompecabezas de mi confusión, encontraría el alivio que tanto estaba buscando. Ponerme en contacto con mi ex, a pesar de que cada interacción era horrible, todavía me proporcionaba una dosis de dopamina.

El cerebro hará lo que necesite para sobrevivir y, en el caso de las rupturas, buscará dopamina para recibir la misma recompensa que recibió durante la relación. No podemos elegir si nuestro cerebro busca o no la dopamina, pero podemos escoger la fuente de donde la obtenemos. Si estás experimentando síntomas de abstinencia como depresión, ansiedad, cansancio, pérdida del apetito e insomnio, aquí hay algunas formas de obtener ese golpe de dopamina de una manera más saludable.

Date cuenta de la necesidad emocional desencadenante. Cuando sientas la necesidad de ponerte en contacto con tu ex o leer sus antiguos mensajes de texto, haz una pausa y evalúa cuál es la emoción que está detrás de la necesidad. Cuando te haces consciente de la emoción conductora, puedes descubrir la necesidad de ir detrás de ella. ¿Te sientes aburrida y necesitas estimulación? ¿Te sientes sola porque anhelas la conexión humana? ¿Estás estresada y necesitas comodidad física?

Cuando identificas la necesidad subyacente que no está siendo satisfecha, puedes encontrar otra forma de satisfacerla. Por ejemplo, si lo que anhelas es una conexión, puedes comunicarte con un amigo y obtener la solución de esa manera. Si lo que estás experimentando es estrés y anhelas los abrazos que solías recibir de tu pareja, intenta recibir un masaje sueco.[24] Las investigaciones han demostrado que recibir un masaje puede reducir la hormona del estrés cortisol, al tiempo que aumenta la serotonina, esa sustancia química que equilibra el estado de ánimo. Pon atención al impulso cuando éste surge y encuentra formas creativas de satisfacerlo que no involucren a tu ex.

Retirar y reemplazar. Es hora de desintoxicarte digitalmente de tu ex. Elimina mensajes y fotos antiguos, deja de seguir sus cuentas y, mejor aún, tómate un descanso de las redes sociales. Bloquea su número, si es necesario, para no obsesionarte con el hecho de que *no* se comunica contigo. Tu cerebro está preparado para el comportamiento obsesivo durante este tiempo y tu sistema de motivación está en "modo anhelo". Por lo tanto, cada vez que acechas sus redes sociales o le envías un mensaje de texto estás cayendo en una trampa mental que te mantiene en la adicción. Para detener este ciclo de autosabotaje, el primer paso es reconocer lo que está sucediendo en tu cerebro. El segundo es admitir que tienes la opción de dejar que ese impulso te controle o tomar el control de él.

Antes de dar un vistazo a los recuerdos y disfrutar de videos antiguos y fotos de sus citas románticas, haz una pausa y pregúntate: "¿Estoy siendo amable conmigo en este momento?". Tú ya sabes la respuesta. Reemplaza el impulso con otro comportamiento que te obligue a estar presente. Puede ser que salgas a correr, cocines con un amigo o escribas una carta de agradecimiento a alguien que amas. Las primeras veces que desvíes tu comportamiento se sentirá como algo artificial y extremadamente desafiante, pero cuanto más practiques reemplazar el impulso de autosabotaje con una práctica saludable, más fácil se volverá.

Claro, llegará el momento en el que veas algún recuerdo de tu ex y no te dejes llevar por la caída emocional, pero ahora no es tiempo de jugar con fuego. Durante las primeras etapas de la separación, el apego sigue siendo muy fuerte y la carga emocional demasiado alta, por lo que se requiere una desintoxicación completa. Si trabajan juntos o tienen hijos y no es posible cortar la comunicación por completo, entonces el objetivo es mantener las interacciones al mínimo y sin ninguna carga positiva o negativa. Eso significa que cuando recibas buenas noticias y te sientas tentada a compartirlas con tu ex, en su lugar llama a un amigo. O cuando te sientas enojada, deja de buscar pelea. Mantén tus interacciones lo más neutrales que sea posible para no seguir recibiendo una "dosis" de dopamina de parte de él. Y sí, así es: incluso cuando estás buscando pelea, estás recibiendo una dosis. La carga emocional te mantiene apegada.

Para apreciar verdaderamente las cosas que son importantes para ti, primero debes descartar aquellas que no sirven para tu propósito.

MARIE KONDO

Elimina los recordatorios físicos. Los adictos pueden recaer debido a factores desencadenantes externos. Cuanto más puedas reducir tu exposición a las señales de tu ex, más minimizarás tus posibilidades de recaída. Tira las fotos y saca sus cosas de tu vista. Ayuda que hagas cambios en tu espacio vital. Mueve tus muebles, por ejemplo, para minimizar la asociación de tu hogar con él. Elimina cualquier desorden para abrir un espacio metafórico para la llegada de lo nuevo.

Suelta el teléfono. Es natural anhelar el contacto con tu ex (o revisar sus redes sociales) cuando te encuentras en la etapa de abstinencia de una ruptura. Para ayudarte a manejar esto, recuerda que el deseo es como una ola del océano que crecerá hasta su altura máxima y finalmente disminuirá.[25] Además, si tu cerebro sabe que el estímulo (una dosis de dopamina de tu ex) es imposible, el deseo se minimiza.[26] Establece un sistema que te ayude a superar la intensidad inicial del deseo. Puedes usar algún producto, como Kitchen Safe, que bloquee tu dispositivo con un temporizador establecido para que puedas, literalmente, salvarte de ti. También puedes instalar la aplicación Freedom para bloquear internet o aplicaciones específicas durante un periodo determinado. La fuerza de voluntad es una fuente finita: prepárate para el éxito instalando sistemas que la reemplacen.

Escucha música. No, no canciones de amor tristes que te lleven al mundo de los recuerdos. Elige canciones alegres y festivas que puedan despertar tu felicidad interior. Un estudio publicado en *The New York Times* encontró que cuando experimentas "momentos emocionales clave" en la música (cuando sientes un "escalofrío" de placer), se libera dopamina tanto de manera anticipada como *in crescendo*.[27]

¿Pensando en sexo de despedida? Piénsalo otra vez. Cerca del centro del cerebro se encuentra el sistema límbico profundo. Esta parte establece el tono emocional, promueve la unión, almacena recuerdos

emocionales muy cargados y modula la motivación y la libido. Cada
vez que tienes relaciones sexuales ocurren cambios neuroquími-
cos en tu cerebro que fomentan el vínculo emocional límbico. En
otras palabras, aun cuando pudieras pensar que sólo estás teniendo
sexo casual, en realidad estás estableciendo un vínculo emocional,
te guste o no. Las mujeres tienen un sistema límbico más grande
que los hombres y, por lo general, se sentirán más conectadas por el
sexo. Entonces, si estás tratando de olvidar a alguien, ¡literalmente
no te pongas encima, debajo o cerca de él! El sexo con tu ex impide que se rompan esos vínculos, lo que te mantiene más apegada y
adicta. Evita esa tentación a toda costa.

Mantén el contacto. Sentirte triste y de mal humor puede hacer que
te alejes de los demás y te aísles. Es fundamental que anules cualquier tendencia a desconectarte. En su lugar, acércate a alguien que
sea estable y centrado, porque esa persona tendrá un efecto calmante en tu sistema nervioso. Así es, nuestro sistema nervioso ha evo-
lucionado para ser afectado por las personas que nos rodean en un
proceso denominado "regulación diádica". La asociación con aquellos que están arraigados y centrados activa nuestro sistema de participación relacional, un circuito neuronal que "usa la estabilidad
del sistema nervioso de otra persona para ayudarnos a estabilizar
el nuestro".[28] Comunícate con un amigo o profesional para recibir
apoyo, no necesariamente para obtener respuestas, sino para sentir
la estabilidad que necesitas.

CUANDO NECESITAS RELAJARTE
Mantén a raya el pensamiento obsesivo sobre tu relación practicando
la meditación, que te ayudará a distanciarte de tus ideas y emociones,
y evitará que éstas se apoderen de ti. Las investigaciones muestran
que la meditación altera los patrones de ondas cerebrales, incluso si

apenas comienzas a practicarla. Un estudio reveló que aquellos que habían practicado la meditación durante ocho semanas mostraban una función inmunológica mejorada y un aumento en la parte del cerebro que crea "pensamientos felices".[29]

Si ya tienes práctica en la meditación, ¡genial! Si no es así, aquí hay algunas cosas importantes que debes saber. Primero, la ciencia confirma que la meditación reduce los niveles de estrés, depresión, ansiedad e insomnio. Las investigaciones muestran que el cerebro cambia: aumenta la materia gris crítica para el aprendizaje y la memoria, la calidad de vida, la conexión y la compasión.[30] Piensa en esto como un hábito diario; igual que cepillarte los dientes es una práctica de buena higiene bucal, la meditación es un ejercicio de buena higiene mental.

Es posible que lo hayas intentado antes y estés pensando: *Yo no puedo meditar. No puedo silenciar mi mente ruidosa.*

El objetivo de la meditación no es evitar los pensamientos, sino estar más atenta cuando surgen. Esto significa simplemente que observas, sin juzgar, cualquier pensamiento que surja en ti. Imagina que tus pensamientos son nubes flotando. Practicar la atención plena no se trata de resistirte a los pensamientos (sólo ocasionaría que permanecieran un mayor tiempo), se trata de entrenarte para ser una observadora y comprender que los pensamientos, al igual que las nubes, son efímeros y desaparecen con el tiempo.[31] Si te apegas a la práctica durante un mes, comenzarás a notar diferencias sutiles, como un mejor estado de ánimo y una reducción en tu reactividad. Es posible que comiences a hacer una pausa cuando algo te irrita y que no reacciones con la misma intensidad emocional. La meditación es como un entrenamiento atlético para tu cerebro.

Existen muchos tipos de meditación: trascendental, atención plena, mantra, Vipassana, yoga nidra, bondad amorosa, tai chi y más. Investiga un poco, prueba las diversas formas y descubre cuál funciona mejor para ti.

Pero, pero... no tengo tiempo

¡Buenas noticias! La meditación te ahorra tiempo, en realidad. Y la ciencia lo respalda. Se ha demostrado que la meditación aumenta de manera drástica tu productividad y mejora tu sueño de tal manera que necesitas menos. Si tienes dudas sobre la meditación, prueba este truco: reserva tres minutos al día para tocar tu canción favorita. Siéntate en una posición cómoda, cierra los ojos y haz un ejercicio de respiración profunda mientras escuchas la canción.

Los seres humanos están programados para hacer algo que esperan con ansias, y si estás ansiosa por escuchar la canción, con el tiempo comenzarás a esperar la pausa mental. Después de unos días, o tal vez una semana, de respirar mientras escuchas tu canción favorita, agrega una meditación de diez minutos después de la canción. Considera una aplicación como Headspace o Insight Timer, que ofrecen meditaciones guiadas. Después de dos semanas, deja de escuchar la música.

CUANDO TE HAS OLVIDADO A TI MISMA

Una de las partes más desafiantes de la separación es que, de pronto, la energía y la atención que se dirigían hacia tu pareja no tienen ahora adónde ir. Hay una vacante que puede parecer extraña e insoportable.

Piensa en esto. Antes de tu relación, quizá pasabas mucho tiempo y dedicabas mucha atención a hacer cosas por ti misma, como ver amigos, ir a clases de acondicionamiento físico, aprender cosas nuevas, etcétera. Entonces conociste a tu pareja. Tu tiempo para "ti" se convirtió gradualmente en el tiempo para "nosotros": citas, pijamadas, domingos por la mañana. En algún momento, te acomodaste en una cadencia en la que los horarios de ambos estaban completamente integrados, y el tiempo y el espacio que antes se habían enfocado en tu estilo de vida como soltera se fusionaron con el estilo de vida de pareja. Después de una ruptura, de pronto se abre una gran brecha. No es de extrañar que te sientas desconcertada, con un horario y estilo de vida que ya no reconoces.

Para poner en perspectiva cuánto de nuestro tiempo, energía y atención invertimos en nuestras relaciones (muchas veces a expensas de otras áreas de nuestras vidas), la doctora Zendegui guía a las mujeres a través de un ejercicio de "dibuja tu pastel". En una hoja de papel en blanco, les indica que dibujen un círculo y lo dividan como si fuera un pastel; cada porción representa la cantidad de tiempo y energía que dedicaron a una actividad o prioridad. En cuestión de minutos, hay quejas y risas dentro del grupo de mujeres, algunas medio apenadas, otras medio sorprendidas.

La doctora Zendegui pide una voluntaria:

"¿Quién quiere compartir con el grupo?"

Cindy levanta la mano. Avergonzada, revela cómo la mayor parte del pastel, más de 70 por ciento, era consumida por su relación. Tras ahondar a través de preguntas adicionales, Cindy admite que extraña a la mujer independiente que alguna vez fue:

"No me di cuenta de cuánto había perdido de mí misma. Yo tenía todos estos sueños y los puse en espera. Pero me quedé tan atascada que ni siquiera volví a ellos."

Esto hace la transición perfecta a la segunda parte del ejercicio, momento en el que la doctora Zendegui pide a las mujeres que dibujen otro círculo para representar su nuevo pastel en el futuro. Esta vez, las guía para que dividan las porciones creando un pastel más equilibrado, lo cual incluye dedicar tiempo al cuidado personal, a los amigos y a otras actividades que les satisfacen.

Si no llenas el espacio vacío que solía estar reservado para la rebanada que dedicabas a tu relación, la falta y el dolor por un amor perdido persistirán. Y si no lo llenas con otras cosas que sean importantes para ti, ¡puede que termines llenándolo con los pensamientos obsesivos alrededor de tu ex!

Debes llenar esa parte de la gráfica con actividades que alimenten tu sentido de identidad e independencia, y asegurarte de que la próxima vez que tengas una relación, no le des la mayoría de tu pastel al "nosotros" (relación de pareja). El equilibrio es clave, y si dedicas más de la mitad de tu pastel a un factor externo —una persona, un trabajo o un vicio—, con el tiempo, cuando ese factor externo cambie, es posible que te sientas confundida.

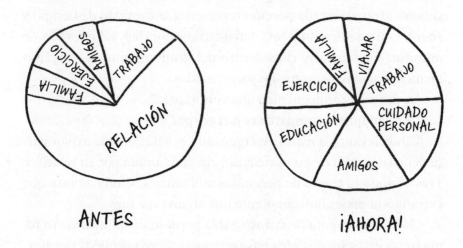

ANTES   ¡AHORA!

La gráfica de pastel de Cindy antes y después. A la izquierda, observamos cómo solía gastar su tiempo y energía. La gráfica de la derecha ilustra la nueva distribución: cómo llena sus bloques de tiempo con nuevos enfoques, desde el cuidado personal hasta conocer gente y hacer un viaje a Costa Rica, con el que ha estado soñando durante años.

EJERCICIO: Equilibra tu gráfica

- Utilizando el ejemplo anterior, dibuja dos círculos para representar tu "pastel": tu gráfica cuando estabas en una relación y luego tu gráfica ideal y equilibrada cuando salgas adelante.

- Haz un plan para llenar las porciones del pastel que alguna vez fueron consumidas por tu relación, con actividades enriquecedoras que te nutran: cuidado personal, voluntariado, viajes, emprender un nuevo pasatiempo o cualquier otra cosa que genere alegría y empoderamiento en tu vida.
- Crea un elemento de acción para desarrollar de manera proactiva una parte específica del pastel para ti. ¿Una porción se destina al ejercicio? Reserva una clase nueva. Si lo que anhelas es el trabajo en comunidad, ofrécete como voluntaria en una organización benéfica o sin fines de lucro para ayudar a los necesitados. Además, comunícate con dos amigos con los que no has pasado mucho tiempo últimamente e invítalos a comer. Crea pasos tangibles que te ayudarán a utilizar tu nueva libertad y a apreciar la independencia de manera positiva. ¿Cómo utilizarás tu tiempo, energía y atención?
- También puedes recurrir a este ejercicio de pastel cuando salgas con alguien otra vez. Para evitar que dediques gradualmente más y más de tu pastel a tu relación, a expensas de las otras cosas que te llenan de luz, puedes utilizar la gráfica para recordarte cómo emplear tu tiempo y energía. ¡El equilibrio es clave!

EL PRINCIPIO DE ADAPTACIÓN

¿Sabes qué tienen en común ganar la lotería, perder tus extremidades en un accidente automovilístico y una ruptura devastadora? Puedes creer que cada uno de esos escenarios altera tus niveles de felicidad para siempre pero, en realidad, lo más probable es que termines adaptándote a ello. Jonathan Haidt, autor de *La hipótesis de la felicidad*, explica cómo los humanos tienden a sobrevalorar la intensidad y duración de sus reacciones emocionales: "En un año, los ganadores de la lotería y los parapléjicos han regresado (en promedio) casi por completo a sus niveles básicos de felicidad".[32] Este autor señala que, aunque los seres humanos son en extremo sensibles a los cambios, no lo son tanto en los niveles absolutos. Las células nerviosas responden a nuevos estímulos (un premio económico, una pérdida de miembros o una separación), y luego se habitúan y se recalibran de manera gradual.

Los humanos somos bastante malos para predecir cómo nos sentiremos en el futuro. Durante este tiempo, cuando creas que no se vislumbra un final para el dolor, recuerda que eso no es cierto. Si aplicamos la teoría de Haidt, es probable que una vez que tus células vuelvan a calibrarse sin tu ex, regreses finalmente a tu línea de felicidad. Cuidado: esto no significa que tener un conflicto crónico con tu pareja no afecte tu felicidad. Según Haidt: "Nunca te adaptas al conflicto interpersonal; éste te daña todos los días, incluso cuando no ves a la otra persona, de cualquier manera, mantienes tu pensamiento obsesivo dando vueltas sobre el conflicto".[33] Sin embargo, después del impacto en el sistema, llega el momento en el que te adaptas a la pérdida y, con suerte, después de leer este libro, se extenderá tu rango de felicidad.

VOLVER A SER HUMANO OTRA VEZ

Después de una separación, tu corazón, tu mente y tu cuerpo están en estado de shock. La realidad puede parecerte confusa y caótica. Pero la rutina crea orden en el caos y es algo que tú misma puedes lograr y con lo que puedes contar. Mientras estás en modo de supervivencia puedes sentir que no tienes control sobre tus emociones, pero sí lo tienes sobre tu rutina. Por lo tanto, es hora de redoblar esa práctica.

EJERCICIO: Crea un ritual matutino

Cada mañana, reserva un tiempo para ti, para conectarte a la tierra y comenzar tu día sintiéndote inspirada. Lo ideal es que sea una hora, pero si sólo puedes permitirte entre quince y treinta minutos, es un buen comienzo. Comienza tu ritual matutino antes de mirar siquiera tu teléfono y permite que el mundo exterior comience a dictar tu estado de ánimo. Tú eres la jefa aquí: establece el tono del día de la manera que lo desees: tranquilo, positivo e inspirado.

Primera parte

Medita. Si necesitas ayuda para comenzar a meditar, intenta alguna aplicación como Insight Timer, Headspace, Mindful o Calm.[34]

Segunda parte

En tu diario, escribe una intención/meta para el día. Cuando escribas, usa frases como "puedo" en lugar de "debería".

Tercera parte

Elige uno de los siguientes ejercicios para mejorar tu estado de ánimo durante el día. Si lo deseas, puedes optar por más de uno.

- Haz una pausa y observa tu entorno hoy. Busca tres cosas que sean hermosas. Escríbelas en tu diario.
- Aumenta tu ritmo cardiaco haciendo ejercicio durante un mínimo de treinta minutos.
- Escribe una carta o correo electrónico de agradecimiento a alguien que amas (¡menos a tu ex!), y dile lo mucho que significa para ti.
- Haz algo para consentirte: toma un baño de tina, cómprate flores, hazte una manicura.
- Haz algo que te ponga en contacto con tu cuerpo: ¡yoga, baile!

Si no puedes asistir a una clase, toca tu canción alegre favorita y baila sola en casa durante cinco minutos.

- Pasa treinta minutos con un amigo. Es mejor hacer una actividad juntos mientras hablan y establecer como regla no platicar sobre la ruptura.

- Juega con un perro. Un estudio realizado por la Universidad de Missouri reveló que aquellas personas que no poseían una mascota y que jugaban con un perro tan sólo por unos minutos al día habían incrementado los niveles de las sustancias químicas cerebrales serotonina y oxitocina, ambas elevadoras del estado de ánimo.[35]

- Recibe un masaje. El masaje también aumenta los niveles de serotonina y reduce los de cortisol, la hormona del estrés.

- Oblígate a sonreír. La risa ayuda a estimular la producción de serotonina, la hormona del bienestar. Mira una película divertida o tu rutina favorita de comedia en YouTube.

- Ayuda a un extraño. Sé amable sin razón alguna. Preséntate como voluntario. Los estudios demostraron que las personas a las que se les asignó un acto de bondad al azar a la semana manifestaron un aumento sostenido en los niveles de felicidad durante varias semanas.[36] Las investigaciones también muestran que el voluntariado tiene un impacto significativo en la salud mental.[37] Ayuda a cambiar tu enfoque centrado en ti hacia los demás y rompe el ciclo del pensamiento negativo.

- Aprende algo nuevo. Ya sea que aprendas un idioma, un instrumento o un pasatiempo, adquirir una nueva habilidad cambia físicamente el cerebro. El cerebro construye nuevas conexiones neuronales y fortalece las sinapsis en la corteza cerebral.[38] Esto puede ayudarte a mejorar la memoria de trabajo y la inteligencia verbal, así como a aumentar los niveles de autosatisfacción y felicidad.[39]

UN ANTES Y UN DESPUÉS ABSOLUTO:
ABRAZAR LA GRATITUD

¿Adivina qué hace el antidepresivo Wellbutrin? Aumenta el neuro-transmisor dopamina. ¿Sabes qué más hace? Activa una sensación de gratitud. Sentirte agradecida estimula la región del tronco ence-fálico que produce la dopamina y nos hace sentir más felices, conec-tadas y positivas.

El investigador de la felicidad Shawn Achor ha realizado estu-dios concluyentes sobre la correlación entre la gratitud y la felici-dad. Se estima que 90 por ciento de nuestra felicidad a largo plazo no se basa en el mundo externo, sino en cómo nuestro cerebro lo procesa.[40] Por lo tanto, si modificamos nuestra forma de ver el mun-do (a través de una lente de gratitud), tenemos el poder de cambiar nuestra fórmula de felicidad y éxito.

Su investigación muestra que puedes entrenar tu cerebro para que sea más positivo. Practicar la gratitud durante un lapso de dos minutos por veintiocho días seguidos puede realmente reconfigurar tu cerebro.[41] Al final de ese periodo, tu cerebro comienza a formar un patrón del mundo en busca de lo positivo y no de lo negativo. Desarrollar tu músculo de gratitud requiere trabajo, pero cuanto más lo haces, más fuerte se vuelve ese músculo.

EJERCICIO: Inicia una práctica diaria de gratitud

Cuando estás en medio del dolor después de una ruptura, te parece imposible encontrar positividad o gratitud. Pero aquí está el secre-to: la gratitud es un estado que se cultiva, no algo que simplemente tienes cuando las cosas van bien.

Incorpora una práctica de gratitud en tu ritual matutino o ves-pertino. Escribe tres cosas por las que estás agradecida hoy y por qué. Cierra los ojos para visualizar lo que escribiste y siéntete agradecida por ello. Revive el momento. Vuelve a ponerte en una situación particular y sonríe como lo hiciste en ese momento, cuenta lo que viste, oliste, saboreaste y experimentaste que te hizo sentir feliz y agradecida. Tu cerebro puede reactivar las sustancias químicas que te hacen sentir bien mediante la memoria, lo que te permite volver a percibir las sensaciones cálidas del momento.

PUNTOS EXTRA: *busca un compañero responsable (amigo o familiar) y envíale una captura de pantalla de tu entrada todos los días durante treinta días. Haz que tu amigo haga lo mismo.*

Jenny

"ME SALVASTE —Jenny me abrazó llorando al final del retiro—. No, en serio, tú me salvaste la vida", enfatizó.

Jenny, quien había estado en una relación tóxica con un alcohólico durante ocho años, había pasado por una extensa terapia desde que fue violada cuando era adolescente. Ella se había encontrado una y otra vez en relaciones disfuncionales y había llegado a perder cualquier esperanza. Estaba considerando quitarse la vida y Renew era su último recurso.

Dos años y medio más tarde, la vida de Jenny se transformó por completo. Ha estado cumpliendo los objetivos de su lista de deseos que estableció en Renew, incluida la creación de una organización sin fines de lucro[42] para ayudar a rescatar animales en Austin. Hasta ahora continúa con el ejercicio de llevar un diario de gratitud; lo ha hecho durante 908 días seguidos. No se ha perdido ni un día desde que estuvo en Renew.

"Hay días en los que no tengo ganas de hacerlo. Los días oscuros, los días duros. Pero me esfuerzo de cualquier manera. También reservo los domingos por la noche para darle tiempo a mi diario. Es un pequeño regalo para mí. Aprendí que la sanación requiere 150,000 pasos y que hay que dar un paso a la vez. No hay una fórmula mágica. Mi vida se ha transformado de una manera que no puedo expresar con palabras. Veo las cosas de modo diferente, me siento distinta".

Me dice que todos los pasos que ha dado se han sumado. La han ayudado a dejar de sentirse víctima y a mirar a su ex con compasión. Aunque ella no quiere tener nada que ver con él, en verdad le desea que encuentre la felicidad.

"Eso es lo que significa el cierre para mí: no tener carga alguna con respecto a él ni negativa ni positiva, sólo neutral."

AQUÍ NO HAY VILLANOS

Cuando estamos experimentando dolor, es fácil señalar a alguien más. Atacar a una persona puede sentirse bien por el momento, al igual que comer un bote de helado completo se siente bien en ese instante. Pero después de un rato, te duele el estómago. Lo mismo ocurre con la celebración de un festival de odio con tus amigas. En ese momento, turnarse para golpear al ex se siente liberador y falsamente empoderador: "¡Al carajo los hombres! Somos mujeres independientes, ¡escúchanos!". Pero eso sólo alimenta tu victimización. Usar el dolor para vincularte a otros no te sana, sólo te estorba.

Las parejas pueden hacer cosas terribles. Desaparecen, engañan, mienten, abusan, actúan descuidadamente. De ninguna manera son aceptables o justificadas las acciones hirientes. Y tienes todo el derecho a sentirte herida, triste, enojada e incluso resentida. Pero si deseas seguir adelante, hacia una nueva forma de vida, entonces tu objetivo debe ser concentrar tu energía en ti, no en la persona que te lastimó. Sólo le estás otorgando a esa persona más poder, más energía, más tiempo, y todo esto hace que te quedes estancada.

Algunas veces nos aferramos al dolor porque eso es lo último que nos queda de la relación. Dirigir el dolor a la persona que te lastimó, inconscientemente evita que logres dejarlo ir en verdad.

Cada minuto que dedicas a desviar tu atención para injuriar a tu ex, estás perdiendo un minuto precioso para crear un futuro mejor.

EN OCASIONES, UNA RUPTURA ES EL CAMBIO QUE NECESITAS PARA DARLE UNA NUEVA DIRECCIÓN A TU VIDA

Pensar que tu dolor es especial es absurdo. Tú sientes dolor, yo siento dolor. El mundo tiene sus propias historias de dolor... Tu herida no te hace especial. Es la luz que brilla a través de ella lo que te hace especial.

KAMAL RAVIKANT

Todas las mujeres que vienen a Renew piensan que están tratando de superar a su ex. Al final del retiro, sin embargo, se dan cuenta de que tienen heridas sin sanar que han persistido durante décadas, y la ruptura simplemente las volvió a abrir. Tal vez tú estés reviviendo la sensación de abandono que experimentaste cuando tus padres se divorciaron, o los celos provocados por no sentirte tan apreciada como algún hermano, o el dolor de no sentirte lo suficientemente buena para ganarte la atención de tus padres. Los sentimientos que una ruptura enciende no son buenos ni malos; algunos son parte natural del proceso de duelo, y otros son lecciones que esperan ser aprendidas. ¿Cómo llegaste a ese instante en el que tu gráfica de pastel era ocupada principalmente por la relación? ¿Y cómo aseguras que crearás y mantendrás un equilibrio la próxima vez? ¿Por qué elegiste a esta persona? ¿Por qué te quedaste si sabías que la relación estaba mal? Perdernos en nuestras relaciones nos pasa a todas, y suele ser un proceso tan gradual que apenas nos damos cuenta hasta que ya desaparecimos por completo.

Lo más probable es que la experiencia emocional que tuviste en tu última relación sea bastante similar a la anterior.

Los denominadores comunes son tus patrones.

Tu ruptura es una sacudida necesaria para que desentierres por fin todas las cosas que te han impedido crear un amor por ti misma, antes que nada. Piénsalo: ninguna persona puede hacerte sentir la intensidad de la emoción que estás experimentando. Si te sientes insignificante después de tu ruptura, tu ex no tiene el poder para despertar esa sensación. Es probable que haya capas y capas de sentimientos de insignificancia que se remontan décadas atrás. Si después de una ruptura te sientes completamente abandonada, ¿es posible que en tu corazón acecharan profundos temores de abandono? Esto es lo que tus reacciones están tratando de decirte. Tu ex tan sólo arrancó el vendaje de una vieja herida que ha estado esperando ser sanada. Ésta es tu oportunidad.

TU DOLOR ES SAGRADO

Aun cuando sepas que hay un lado positivo y que en algún momento seguirás adelante, las rupturas duelen. Está totalmente permitido experimentar esos sentimientos; todos son naturales. Estoy segura de que desearías que existiera alguna píldora mágica que pudieras tomar para que todo desapareciera, pero la realidad es que aquí, más allá de tu zona de confort, tiene lugar el crecimiento.

Sentir una variedad de emociones, que van desde la oscuridad hasta la luz, es el don del ser humano. Sentir expande profundamente tu rango emocional. Tu dolor es un regalo. Tu dolor es sagrado. En ese dolor tienes la oportunidad de reconectarte contigo misma.

2

Tu estilo de apego es el motivo por el que te desvinculas

Eres absolutamente digna de amor. Estás hecha de amor
y no necesitas que alguien lo provoque en ti con su falta
de disponibilidad.
Damien Bohler

Este libro no está escrito para ayudarte a que te deshagas de tu dolor. Es para enseñarte cómo procesarlo, crecer a partir de él e incluso respetarlo. Bienvenida al proceso de evolución: entropía, caos, orden, renacimiento.

Por supuesto, cuando estás en medio de un colapso, no es tan fácil ver que el dolor es el mensajero de la sabiduría, como en el caso de Priya:

"¡Ya pasaron siete horas y todavía no ha respondido mi mensaje de texto o mis llamadas! —gritó Priya en el teléfono en cuanto respondí. Ella era una participante en Renew que se había quedado como cliente de coaching. Yo le había autorizado que me llamara cada vez que se sintiera fuera de control; ésta fue una de esas veces—. He estado tratando de conectarme con él y está muy distante. Es claro que no está tan interesado en mí. Simplemente no puede satisfacer mis necesidades. Ya no puedo seguir con esto."

Priya es un buen partido en casi todos los sentidos: tiene una carrera exitosa, es dueña de su departamento en el centro de Vancouver y tiene muchos amigos encantadores. Durante cinco meses, Priya había estado saliendo con Sarf, quien recientemente había finalizado una relación larga y estaba tratando de tomar las cosas con calma. Cuando él tardaba demasiado en responderle, Priya enfurecía y creaba complicadas historias en su cabeza que perpetuaban su creencia de que sería abandonada y rechazada, como había sucedido en su última relación. Y entonces castigaría a Sarf calculando estratégicamente la cantidad de horas que dejaría pasar antes de enviarle otro mensaje de texto y comenzaría a coquetear con otros chicos para relajarse.

"Me está evitando. Ha perdido interés. Lo sé", sollozó.

Bienvenida a la mente de alguien con un estilo de apego ansioso. Con un miedo profundamente arraigado al rechazo y el abandono, Priya reaccionaba a cualquier potencial indicador de desinterés intentando golpear. Éste es el "comportamiento de protesta" clásico, una característica común en alguien con este tipo de estilo de apego.

Nuestro sistema de apego es un mecanismo en nuestro cerebro responsable de rastrear y monitorear la seguridad y disponibilidad de nuestros cuidadores cuando somos niños; y de nuestras parejas románticas en nuestra edad adulta. La teoría del apego sugiere que a la edad de cinco años desarrollamos un estilo de apego primario que definirá la forma en que nos vinculamos románticamente y nos unimos a otros en nuestra vida adulta.[1] Las investigaciones muestran que independientemente de la cultura o geografía, los adultos caen en uno de los tres estilos principales de apego: seguro, evasivo y ansioso.

TEORÍA DEL APEGO

Nuestro cerebro controla el sistema de apego, que monitorea y regula nuestra conexión con nuestras figuras de apego (padres, hijos y parejas románticas). Cuando somos bebés, nuestro cerebro crece y se desarrolla en respuesta a nuestras primeras relaciones amorosas y, a medida que crecemos, nuestro cerebro trabaja activamente para conectarnos/unirnos a nuestros seres queridos en función de nuestras primeras respuestas.[2] Estas primeras interacciones nos enseñan si podemos depender de las respuestas amorosas de otra persona para ayudarnos a mantener nuestro equilibrio emocional.[3]

EVASIVA

Cuando los padres están en sintonía con las necesidades de su bebé, es probable que se desarrolle un vínculo seguro.[4] El niño aprende que su cuidador principal está disponible y atento a sus necesidades, y crece siendo capaz de vincularse de forma saludable con sus parejas románticas. Al crecer, los niños apegados de forma segura son más capaces de regular sus emociones y tienden a ser más empáticos y cariñosos que aquellos que tienen un apego inseguro.[5] Aprenden a buscar cercanía cuando es necesario y confían en que se les ofrecerá consuelo, seguridad y cuidado. No están consumidos por la preocupación o la ansiedad de que sus necesidades no serán satisfechas o de que serán ignoradas o abandonadas.

SEGURA

Por el contrario, cuando los padres no están en sintonía con su bebé, o son distantes, intrusivos o inconsistentes en su cuidado, el niño se adapta desarrollando estrategias de apego defensivo y mecanismos de afrontamiento, en un intento por sentirse seguro y modular estados emocionales

ANSIOSA

intensos.[6] En estos casos, se puede desarrollar un estilo de apego ansioso, lo que hace que el niño crezca sintiendo una falta de seguridad y un miedo profundo al abandono de sus parejas románticas.

Por último, si los padres confunden a su hijo al imponer sus propias necesidades sobre él, como cuando viven de manera indirecta a través de los logros del niño o son demasiado controladores o asfixiantes, el pequeño puede desarrollar un estilo de apego evasivo. Un niño confundido crece para volverse ferozmente independiente a expensas de la cercanía emocional con su pareja.

Los estilos de apego dan forma a los modelos mentales con los que regulamos las emociones y guiamos nuestras expectativas en el amor y las relaciones como adultos. En todas las edades, estamos programadas para habitualmente buscar y mantener la cercanía, tanto emocional como física, con al menos una persona. Esta tendencia se amplifica cuando nos sentimos inseguras, estresadas o ansiosas.

EJERCICIO: Examen rápido de apego

Al comprender los diferentes estilos de apego, puedes identificar los desencadenantes que causan que tú (o tus futuras parejas) se sientan asfixiadas por la intimidad o privados de ella. Responde este examen rápido para determinar qué estilo de apego te describe mejor.

Instrucciones:

1. Usando una escala del 0 (totalmente en desacuerdo) al 10 (totalmente de acuerdo), califica cada afirmación de las siguientes categorías, en función de cómo te identificas con ella.
2. Para cada declaración, asigna puntos. Por ejemplo, asigna cuatro puntos a una declaración que calificaste como cuatro.

3. Cuando hayas completado cada categoría, suma el total de las puntuaciones de cada declaración para encontrar la puntuación total de tu categoría.

CATEGORÍA I

1. Temo ser abandonada o rechazada.

TOTALMENTE EN DESACUERDO   0 1 2 3 4 5 6 7 8 9 10   TOTALMENTE DE ACUERDO

2. Por lo general, anhelo una mayor conexión con mi pareja.

TOTALMENTE EN DESACUERDO   0 1 2 3 4 5 6 7 8 9 10   TOTALMENTE DE ACUERDO

3. Empiezo a sentir pánico cuando no tengo noticias de mi pareja.

TOTALMENTE EN DESACUERDO   0 1 2 3 4 5 6 7 8 9 10   TOTALMENTE DE ACUERDO

4. Cuando comienzo a salir con alguien, suelo revelar demasiada información muy pronto.

TOTALMENTE EN DESACUERDO   0 1 2 3 4 5 6 7 8 9 10   TOTALMENTE DE ACUERDO

5. Cuento las horas que le toma a la persona que me gusta enviarme un mensaje de texto o llamarme.

TOTALMENTE EN DESACUERDO   0 1 2 3 4 5 6 7 8 9 10   TOTALMENTE DE ACUERDO

6. Cuando la persona que me gusta no me responde lo suficientemente rápido, quiero castigarla.

TOTALMENTE EN DESACUERDO   0 1 2 3 4 5 6 7 8 9 10   TOTALMENTE DE ACUERDO

7. Estoy constantemente pensando en una pareja romántica, suspirando por él, fantaseando u obsesionada con él.

TOTALMENTE EN DESACUERDO   0 1 2 3 4 5 6 7 8 9 10   TOTALMENTE DE ACUERDO

8. Suelo actuar de forma dependiente o necesitada con mi pareja romántica.

TOTALMENTE EN DESACUERDO   0 1 2 3 4 5 6 7 8 9 10   TOTALMENTE DE ACUERDO

9. Suelo basar mi autoestima e identidad en la validación que mi pareja hace de mí.

TOTALMENTE EN DESACUERDO   0 1 2 3 4 5 6 7 8 9 10   TOTALMENTE DE ACUERDO

10. Me siento completamente devastada después de una ruptura, incluso si la relación fue corta.

TOTALMENTE EN DESACUERDO   0 1 2 3 4 5 6 7 8 9 10   TOTALMENTE DE ACUERDO

Puntos en la categoría I: _____

CATEGORÍA II

1. Temo que demasiada intimidad me quite la libertad y la independencia.

TOTALMENTE EN DESACUERDO   0 1 2 3 4 5 6 7 8 9 10   TOTALMENTE DE ACUERDO

2. Me siento sofocada fácilmente por mis parejas románticas.

TOTALMENTE EN DESACUERDO   0 1 2 3 4 5 6 7 8 9 10   TOTALMENTE DE ACUERDO

3. Me cuesta mucho estar en contacto con mis sentimientos o hablar de ellos.

TOTALMENTE EN DESACUERDO 0 1 2 3 4 5 6 7 8 9 10 TOTALMENTE DE ACUERDO

4. Me cuesta ser vulnerable y abrirme a los demás.

TOTALMENTE EN DESACUERDO 0 1 2 3 4 5 6 7 8 9 10 TOTALMENTE DE ACUERDO

5. Depender de otros me hace sentir incómoda.

TOTALMENTE EN DESACUERDO 0 1 2 3 4 5 6 7 8 9 10 TOTALMENTE DE ACUERDO

6. Si una pareja intenta obtener un compromiso, me siento presionada y quiero retirarme.

TOTALMENTE EN DESACUERDO 0 1 2 3 4 5 6 7 8 9 10 TOTALMENTE DE ACUERDO

7. Suelo concentrarme en las imperfecciones de una nueva pareja durante los primeros meses de la relación y, por lo general, lo termino.

TOTALMENTE EN DESACUERDO 0 1 2 3 4 5 6 7 8 9 10 TOTALMENTE DE ACUERDO

8. Suelo sentirme sofocada en las relaciones.

TOTALMENTE EN DESACUERDO 0 1 2 3 4 5 6 7 8 9 10 TOTALMENTE DE ACUERDO

9. Suelo perseguir a personas con las que tendría un futuro imposible.

TOTALMENTE EN DESACUERDO 0 1 2 3 4 5 6 7 8 9 10 TOTALMENTE DE ACUERDO

10. Necesito mucho tiempo a solas y lejos de mi pareja.

TOTALMENTE EN DESACUERDO　　0 1 2 3 4 5 6 7 8 9 10　　TOTALMENTE DE ACUERDO

Puntos en la categoría II: _____

CATEGORÍA III

1. Me siento cómoda con la intimidad emocional.

TOTALMENTE EN DESACUERDO　　0 1 2 3 4 5 6 7 8 9 10　　TOTALMENTE DE ACUERDO

2. Me siento cómoda dando y recibiendo amor.

TOTALMENTE EN DESACUERDO　　0 1 2 3 4 5 6 7 8 9 10　　TOTALMENTE DE ACUERDO

3. Confío en que puedo contar con los demás y otros pueden contar conmigo.

TOTALMENTE EN DESACUERDO　　0 1 2 3 4 5 6 7 8 9 10　　TOTALMENTE DE ACUERDO

4. Cuando surge un conflicto con mi pareja, me comunico y resuelvo el problema.

TOTALMENTE EN DESACUERDO　　0 1 2 3 4 5 6 7 8 9 10　　TOTALMENTE DE ACUERDO

5. Me siento cómoda expresando mis necesidades.

TOTALMENTE EN DESACUERDO　　0 1 2 3 4 5 6 7 8 9 10　　TOTALMENTE DE ACUERDO

6. Me siento cómoda comunicando mis límites.

TOTALMENTE EN DESACUERDO   0 1 2 3 4 5 6 7 8 9 10   TOTALMENTE DE ACUERDO

7. Respeto la privacidad y los límites de mi pareja.

TOTALMENTE EN DESACUERDO   0 1 2 3 4 5 6 7 8 9 10   TOTALMENTE DE ACUERDO

8. Suelo confiar en mi pareja y en los sentimientos de mi pareja por mí.

TOTALMENTE EN DESACUERDO   0 1 2 3 4 5 6 7 8 9 10   TOTALMENTE DE ACUERDO

9. Me siento cómoda con el compromiso.

TOTALMENTE EN DESACUERDO   0 1 2 3 4 5 6 7 8 9 10   TOTALMENTE DE ACUERDO

10. Cuando estoy molesta, puedo reconfortarme y recuperar el equilibrio con relativa facilidad.

TOTALMENTE EN DESACUERDO   0 1 2 3 4 5 6 7 8 9 10   TOTALMENTE DE ACUERDO

Puntos en la categoría III: _____

Puntos totales

Categoría I: _____ **Categoría II:** _____ **Categoría III:** _____

Si obtuviste la puntuación más alta en la categoría I, tu tipo de apego es *ansioso*.

Si obtuviste la puntuación más alta en la categoría II, tu tipo de apego es *evasivo*.

Si obtuviste la puntuación más alta en la categoría III, tu tipo de apego es *seguro*.

APEGO SEGURO

Aproximadamente la mitad de la población tiene un estilo de apego seguro, lo que significa que se sienten cómodos con la intimidad, pero no son codependientes. Se trata de personas que tuvieron un cuidado constante y reconfortante cuando eran niños, lo que ayuda a que un cerebro y un sistema nervioso jóvenes, en desarrollo, se formen de una manera que les permita funcionar en momentos de estrés. El niño crece y se convierte en un adulto seguro y funcional que puede reconfortarse a sí mismo, el sello distintivo de un adulto con apego seguro.[7] Las personas que se sienten seguras desde pequeñas crecen con más probabilidades de sentirse así con sus parejas románticas cuando están en la etapa adulta.

El apego seguro no define su identidad o autoestima en el apoyo de su pareja amorosa. No tienen problemas significativos con el abandono, saben por naturaleza que son dignos de amor y pueden brindar y recibir cuidados cómodamente. Las personas con apego seguro no son tan sensibles a las señales negativas del mundo y con facilidad pueden mantener un equilibrio emocional frente a una amenaza que quienes tienen estilos de apego inseguros. Durante una pelea, no sienten la necesidad de actuar a la defensiva o castigar a su pareja. Además, los que manifiestan un apego de forma segura no se ven amenazados por las críticas y están dispuestos a reconsiderar su camino y a comprometerse. La investigación sugiere que el mejor indicador de la felicidad en una relación es un estilo de apego seguro. Dos personas seguras tienen una relación estable y es más probable que vivan felices juntos, incluso si soportan algún estrés significativo en la vida.

APEGO EVASIVO

Un apego evasivo se caracteriza por un deseo de alto grado de independencia para evitar tener demasiada intimidad con otro. La intimidad emocional desencadena sentimientos de incomodidad y, comúnmente, asfixia, por lo que a los evasivos les resulta difícil confiar y con frecuencia reprimen y niegan sus sentimientos. Comúnmente, los evasivos asocian el "amor" con deber o trabajo. De manera inconsciente, suprimen su sistema de apego y crean situaciones para dejar o sabotear las relaciones cercanas. Tienen un patrón de conexión y luego se alejan en cuanto la relación se siente demasiado intensa.

Una cantidad significativa de investigaciones sugiere que un apego evasivo es el resultado de padres emocionalmente no disponibles, caóticos o indolentes. Aquí hay algunos escenarios comunes que pueden resultar en que un niño desarrolle un apego evasivo:

- Los padres esperan una independencia prematura de sus hijos, desalentando el llanto y la expresión emocional. El niño aprende a sobrellevar la situación reprimiendo su deseo natural de buscar a un padre para que lo consuele cuando siente dolor, está asustado o herido, por temor al rechazo, la decepción o el castigo.
- Los padres avergüenzan al niño y lo hacen callar como una forma de disminuir su propio caos emocional y estrés, lo que le resta poder al niño.
- Los padres invierten los roles y esperan que el niño se convierta en el cuidador o terapeuta, lo que empodera falsamente al niño y hace que crezca viendo la intimidad como un trabajo.
- Los padres son demasiado asfixiantes y no están en sintonía con las necesidades de sus hijos, quizá porque ellos también tienen un estilo de apego inseguro y están malinterpretando las señales de sus pequeños.

- Los padres no tienen límites personales y de manera inconsciente (o consciente) dependen del niño para satisfacer sus propias necesidades. El niño se siente "responsable" de la felicidad de su cuidador y, en algunos casos, incluso de su supervivencia. En este escenario, el niño pierde todo sentido de sí mismo y comienza a creer que la autoestima está directamente relacionada con cuánto se preocupa por los demás.

Como adultos, los evasivos equiparan de manera inconsciente la intimidad con la pérdida de independencia. Idealizan la autosuficiencia y con facilidad se sienten presionados. Es un desafío para los evasivos ser conscientes de sus propios sentimientos, y suelen alejarse en lugar de transitar sus sentimientos de incomodidad y miedo. En consecuencia, pueden apartarse o dejar a sus parejas en vez de discutir sus emociones. Los evasivos muy pronto juzgan de manera negativa a sus parejas, a quienes consideran necesitadas y demasiado dependientes. Tienden a sentir una soledad profundamente arraigada, incluso cuando están en una relación. Cuando alguien se acerca demasiado, los evasivos recurren de manera inconsciente a "estrategias de desactivación", que son tácticas utilizadas para sofocar la intimidad. Algunos ejemplos incluyen:

- No involucrarse en una relación cercana debido a un miedo inconsciente al rechazo.
- Alejarse cuando las cosas van bien (por ejemplo, no llamar durante varios días después de una cita íntima o un viaje).
- Mantener las cosas en un área gris para evitar compromisos y conservar el sentimiento de independencia.
- Evitar la cercanía física o las muestras de afecto, como los abrazos, los besos o tomarse de la mano.
- Centrar la atención en las pequeñas imperfecciones de su pareja.

- Formar relaciones que tienen un futuro imposible (por ejemplo, con alguien que ya está en una relación o que no está disponible emocionalmente).
- Esperar a su "alma gemela", recordar sus días de soltero o una relación idealizada pasada.
- Durante una discusión, en lugar de revelar sentimientos, volverse distante e inaccesible.
- Racionalizar su salida del compromiso o intimidad.

El apego evasivo constituye aproximadamente 25 por ciento de la población.[8] De los tres tipos de apego, los evasivos suelen terminar sus relaciones con más frecuencia y a divorciarse más. En las relaciones románticas, obtienen la puntuación más baja en cada medida de cercanía.[9]

Los evasivos pasan por momentos difíciles cuando se ponen en contacto con sus sentimientos y se disocian de sus emociones después de una ruptura. Esto hace que sigan adelante rápidamente y no dediquen tiempo para procesar la ruptura. Tal vez ésta sea la razón por la que es poco común que una persona evasiva asista a Renew: éstas tienden a no sentir la agudeza del dolor igual que una persona ansiosamente apegada. Pero después de que se repiten los mismos patrones, a veces una persona con apego evasivo hará el esfuerzo de volverse más segura cuando se dé cuenta de que tiene un problema persistente para crear y mantener la intimidad.

APEGO ANSIOSO

Un apego ansioso se caracteriza por un miedo profundamente arraigado al rechazo y al abandono. Mientras que la evasiva busca ser independiente de su pareja, la ansiosa es codependiente de ésta. Las personas con apego ansioso anhelan la intimidad y se preocupan por su relación, inquietándose por la capacidad de su pareja para amarlas. Se sienten dudosos de su propio valor y buscan de manera constante la aprobación y la seguridad de los demás. La angustia que resulta del miedo al abandono los lleva a actuar de forma dependiente y egoísta con su pareja, lo que hace que se encuentren emocionalmente desesperados en sus relaciones.[10] Noventa por ciento de las mujeres que vienen a Renew tienen un estilo de apego ansioso. Esto no es ninguna sorpresa, ya que las personas con esta clase de apego tienen más dificultades para dejar ir después de una ruptura.

Éste era el caso de Mandy, una joven de veinticuatro años especializada en psicología que asistió dos veces a Renew. En la primera ocasión, fue para superar su primer amor. La segunda sucedió un año después, cuando estaba en una nueva relación que no quería "estropear" y quería aprovechar el conocimiento que había adquirido en su primer campo de entrenamiento. Mandy tenía la necesidad de un contacto constante con su pareja. Las llamadas y los mensajes de texto frecuentes a lo largo del día le hacían creer que "estaban bien como pareja". Pero cuando su nuevo novio se fue de vacaciones y no se puso en contacto con ella, cayó en una espiral de ansiedad.

"No había tenido noticias de él y no abrió el mensaje que le envié por Snapchat. Pero sí publicó en Instagram. ¡Uf, odio vivir en la era digital! —iba conduciendo de San Francisco a Los Ángeles y durante todo el viaje formuló diversos escenarios en su mente: *¿Está con alguien más? ¿Por qué no me contacta?* Lo extrañaba, pero también estaba enojada y llena de angustia—. Me sentía como si me hubieran abandonado —después de ensayar cómo le gritaría mientras manejaba, decidió llamarlo—. Respondió el teléfono con su habitual tono desenfadado y animoso. Todo estaba bien. Y de pronto toda esa carga aterradora y ansiosa se desvaneció. Recuperé la seguridad de que estábamos bien y me sentí normal de nuevo."

La reacción de Mandy no es su culpa. Su sistema de apego ansioso, que viene desde su infancia, se sintió amenazado y reaccionó con una respuesta de supervivencia.

Los investigadores del apego describen los escenarios comunes que resultan en que un niño desarrolle un apego ansioso:

- Los padres son inconsistentes en su capacidad de respuesta a las necesidades de su hijo. Algunas veces son cariñosos y responden de manera eficaz a la angustia de su hijo, mientras que en otras ocasiones son intrusivos, insensibles o emocionalmente inaccesibles. Cuando los padres vacilan entre estas dos respuestas tan diferentes, su hijo se confunde y se vuelve inseguro, incapaz de predecir si sus necesidades serán satisfechas.[11]
- El abandono temprano, ya sea emocional o físico (uno o ambos padres se fueron, murieron o estuvieron ausentes), hace que el niño se sienta incompleto. El niño crece pensando que no es suficiente o que no es digno de ser amado, lo que comúnmente crea la necesidad de que los demás lo tranquilicen en exceso. Necesita parejas románticas para validarlo y asegurarle que es especial y adorable. Además, las personas con apego ansioso tienden a estar tan desesperadas por el amor que se aferrarán a unas pocas migajas de la atención de alguien para reconfortar temporalmente sus sentimientos de insuficiencia.[12]
- El trauma, ya sea por abuso sexual, físico y/o emocional, puede causar una autoestima extremadamente baja y resultar en que el niño adquiera la creencia inherente de que no vale nada o que no es digno de ser amado. El niño desarrolla una idea poco saludable del amor después de ser testigo de los patrones tóxicos en sus padres.[13]
- Una historia de negligencia o abandono, incluida la falta de cariño, atención o amor durante el crecimiento, le da al niño un miedo inherente al rechazo.

Debido a la inconsistencia de sus padres, las personas ansiosas son "sensibles al rechazo". Anticipan el rechazo o el abandono, y todo el tiempo están atentos a las señales de que su pareja está perdiendo el interés.[14] Muestran una inclinación a preocuparse por ser decepcionados y necesitan pruebas constantes de que son amados. Los estudios muestran que las personas con un estilo de apego ansioso son más sensibles y más rápidas para percibir emociones fuera de lugar, una habilidad para determinar que su relación está siendo amenazada. Incluso un leve indicio de que algo anda mal activará su sistema de apego y, una vez en funcionamiento, estas personas no pueden calmarse hasta que su pareja les dé una indicación clara de que la relación es segura.

Cuando una persona ansiosamente apegada es provocada, reacciona con un comportamiento de protesta, con acciones que intentan llamar la atención de su pareja para reanudar el contacto/conexión. Algunos ejemplos incluyen:

- Intentos excesivos de restablecer el contacto (por ejemplo, enviar mensajes de texto o llamar repetidamente).
- Retirarse (por ejemplo, ignorar, no recibir llamadas, etcétera).
- Devolver la ofensa (por ejemplo, tomar en cuenta cuánto tiempo le tomó a su pareja responder a la llamada o mensaje y luego esperar la misma cantidad de tiempo para hacerlo a su vez).
- Actuar de manera hostil (por ejemplo, poner los ojos en blanco, alejarse, salir de la habitación).
- Amenazar con irse (por ejemplo, hacer comentarios como "Ya no puedo seguir con esto" y sugerir que va a terminar la relación cuando lo que en realidad quiere es que la persona le ruegue que se quede; probar a la persona para ver si luchará por ella).
- Manipular (por ejemplo, decir que tiene planes cuando no los tiene, no contestar las llamadas, fanfarronear).

- Provocar celos (por ejemplo, coquetear con otros, ver a un ex, etcétera).
- Castigar o vengarse (por ejemplo, negar el amor que siente o actuar de manera destructiva para lastimar a su pareja).

Las personas con apego ansioso tienden a vincularse rápidamente, y por lo común se apresuran a entablar relaciones, sin tomarse el tiempo para evaluar si su pareja puede o quiere satisfacer sus necesidades. Suelen idealizar a su pareja y pasan por alto las señales de alerta y los problemas.

No es necesario exhibir todos los comportamientos asociados con un estilo de apego, pero por lo general sí pertenecemos a una sola de las categorías de apego. El estilo de apego es un espectro, y el punto donde se encuentra alguien en dicho espectro puede fluctuar según la situación de la vida, la pareja y el contexto. No es imposible salir con alguien con un estilo de apego diferente al nuestro, pero es útil saber qué estilo de apego tienen ambas personas (en el espectro de la ansiedad-evasión) y qué tan lejos está cada persona de un centro seguro.

COMO POLILLAS ANSIOSAS SOBRE UNA LLAMA EVASIVA

El que muestra un apego ansioso se aferra con desesperación a lo que no está disponible, mientras que el evasivo huye de lo que está demasiado disponible, y juntos pintan un retrato doloroso de desesperación apasionada que puede durar años y años.

DAMIEN BOHLER

Los que se apegan con ansiedad y los que evaden se sienten atraídos el uno por el otro porque ambos tipos "refuerzan la visión del mundo del otro".[15]

Para las personas ansiosas, los altibajos de un apego inseguro son vivificantes y familiares, aunque sean dolorosos. Por lo común equiparan su sistema de apego con la pasión y asocian falsamente con el aburrimiento a las personas con un apego seguro. Sin embargo, las ansiosas son inconscientemente adictas a la naturaleza maniaca de estar con alguien que las mantenga en la duda todo el tiempo. Confunden su anhelo y ansiedad con el amor y, de manera inconsciente, la falta de disponibilidad emocional se convierte en algo excitante, cuando debería ser un obstáculo para la relación. Esta dinámica de relación valida sus temores de abandono y creencias sobre no ser lo suficientemente dignas de amor.

Las personas evasivas se sienten atraídas por los ansiosos porque la naturaleza necesitada y asfixiante del apego ansioso refuerza las creencias de las evasivas de que serán asfixiadas y que la intimidad les quitará su independencia. No pueden salir con otro evasivo porque no hay nada que los mantenga unidos.

Las evasivas y las ansiosas tienden a ponerse a la defensiva durante las discusiones, intensificando el conflicto al retirarse o atacar. A través de la persecución, el conflicto o el comportamiento compulsivo, tanto ansiosas como evasivas pueden revivir el dolor de sus primeros apegos; aunque es disfuncional, es extrañamente cómodo porque es muy familiar.

Siempre hay una dinámica de estira y afloja en la que una persona quiere más cercanía emocional (la apegada ansiosa) y otra quiere más independencia y libertad (la evasiva). La dinámica disfuncional continúa, independientemente de con quién salga cada una de estas personas, a menos que ambas trabajen para estar más seguras.

¡Pero hay esperanza!

Gracias a la neuroplasticidad, el estilo de apego desarrollado en la infancia puede cambiar. En un estudio sobre los estilos de apego de las personas, los psicólogos Lee A. Kirkpatrick y Cindy Hazan encontraron que 30 por ciento de las personas había experimentado cambios en su estilo de apego.[16] El objetivo es que te vuelvas más segura en tu tipo de apego, y el primer paso es la conciencia y aprender a detener en seco los patrones de intimidad poco saludables.

QUÉ HACER SI TIENES UN ESTILO DE APEGO ANSIOSO

Si tienes un estilo de apego ansioso debes comprender que tienes una predisposición hacia los evasivos. Aunque se siente "natural" y quizá bastante cómodo estar en un maniaco estira y afloja con tu pareja, debes saber que salir con alguien que evade la situación sólo exacerbará tu apego ansioso.

No permitas que el caos sea la medida de tu química. No confundas la falta de tensión con la falta de pasión.

Reconoce cuándo estás confundiendo sentimientos de ansiedad, inseguridad y altibajos emocionales extremos con pasión. Tu cerebro puede estar engañándote. Lo más probable es que no estés enamorada en absoluto.

La persona que se apega con ansiedad necesita enfocarse en el ingrediente que le falta para sentirse segura: la creencia interna de que está segura. Las personas que tienen un apego seguro se sienten intrínsecamente seguras y confiadas en sí mismas y en sus relaciones con los demás.

Volverte más segura significa, en primer lugar, comenzar a cambiar las arraigadas vías neurales que van inmediatamente a un lugar de desconexión, y fortalecer las vías neurales para una conexión saludable.

Meditación de seguridad

La creencia fundamental que tienen las personas con apego ansioso es que no están seguras. Para comenzar a reconfigurar esta creencia, prueba esta meditación para empezar a incorporar sentimientos de seguridad.

Cierra los ojos, respira profundamente por la nariz durante cuatro segundos, contén la respiración durante cuatro segundos y luego suelta el aire por la boca como si estuvieras exhalando de esa manera toda la ansiedad y la frustración. Repite diez veces. A continuación, imagínate como una niña. ¿Cuántos años tienes? ¿Qué llevas puesto? Imagínate haciendo algo que te encanta. Tal vez estés pintando, bailando, jugando en una playa. Ahora imagina a tu familia o personas que amas a tu alrededor formando un círculo. Tú te encuentras en el centro. Tómate un momento para aceptar realmente ese apoyo. Di: "Estoy a salvo. Tengo todos los recursos que necesito". Repítelo unas cuantas veces, mientras disfrutas de la gratitud, el cuidado y el apoyo que te rodean. Ahora, imagina a esa niña adulta, es tu yo actual. Piensa en ti ahora, haciendo algo que amas. Si estás en una relación, entonces, como antes, imagina a tu pareja junto con las personas que te aman rodeándote en un círculo, irradiando devoción y apoyo para ti. Di: "Estoy a salvo. Tengo todos los recursos que necesito". Repite este mantra tres veces y permítete sentir cuánto amor y apoyo tienes.

Reetiquetar, reenfocar y recordar

La visualización es una herramienta poderosa que puede liberar oxitocina en nuestro cerebro. Cuando te sientas ansiosa, respira profundamente diez veces para que puedas darle a tu cerebro el oxígeno que necesita. Jeffrey Schwartz, un psiquiatra de la Universidad de California en Los Ángeles que se especializa en neuroplasticidad, sugiere un método para reetiquetar y reenfocar. Sepárate de tu experiencia de angustia y estrés percatándote de que sólo se trata de tu sistema nervioso simpático hiperactivo que envía mensajes erróneos. Esto puede parecer una tontería al principio, pero cuando durante una respuesta de estrés, seas capaz de cambiar tu diálogo interno de *¡me estoy volviendo loca!, ¡no puedo con esto!, ¡me quiero morir!* a *este sentimiento de ansiedad es mi cerebro engañándome* permitirá que "la parte cognitiva de tu cerebro se conecte y comience a modular la agitación".[17]

A continuación, vuelve a centrar tu atención en lo que la antigua instructora de psiquiatría de la Facultad de Medicina de Harvard, la doctora Amy Banks, llama un "momento relacional positivo" (PRM, por sus siglas en inglés).[18] Trae a tu mente un recuerdo en el que te sentiste segura y feliz en presencia de alguien en quien tú confías. Cierra los ojos para recrear el recuerdo con todo detalle y representar la escena en tu mente, ¿estabas feliz?, ¿sonriendo? Copia la misma expresión facial que tenías en el momento relacional positivo como si volvieras a vivir ese momento ahora. Si en verdad puedes evocar el recuerdo y revivir los sentimientos de bienestar que éste produce, calmarás tu sistema nervioso simpático y también estimularás la dopamina.

La clave es repetir este proceso una y otra vez, porque con el tiempo debilitará tus viejas vías neuronales que te llevan a sentir ansiosa y desconectada, y fortalecerá tus vías neuronales para que te sientas segura y conectada.

Resístete a "bombardear" a tu pareja

Las personas con apego ansioso comúnmente se sienten cómodas con la intensidad. La angustia de perseguir a alguien por amor y conexión se vuelve adictiva, y cuando esa intensidad tóxica no está ahí, resulta algo incómodo y desconocido. Es posible que sientas

NO PERMITAS QUE EL CAOS SEA LA MEDIDA DE TU QUÍMICA. NO CONFUNDAS LA FALTA DE TENSIÓN CON LA FALTA DE PASIÓN.

la necesidad de usar una "bomba de ira" con tu ex o tu pareja actual, provocando una pelea para reconectarte emocionalmente. O puedes usar una "bomba de seducción" para lograr que la persona responda, incluso si la conexión es tóxica.[19] Parte de tu práctica de autoconsuelo debe ser resistirte a estos impulsos y tolerar el silencio. Cuando sientas este impulso, practica tus ejercicios de respiración y meditación. Debes saber que la intensidad se calmará en algún momento si le das tiempo y espacio.

Evade a los evasivos

Si continúas saliendo con personas que evaden, permanecerás atascada en la dinámica de estira y afloja que confirma tus creencias negativas y tus miedos al abandono. Tus posibilidades de convertirte en una pareja con un vínculo más seguro son mucho mayores si eliges a una pareja con un vínculo más seguro. Obvio, ¿cierto? Entonces, antes de darle tu corazón a alguien, tómate el tiempo para descubrir si esa persona es del tipo de apego evasivo. Sálvate de la gimnasia emocional que vendría más adelante haciendo el trabajo por adelantado.

Connie: UNA PERSONA ANSIOSA DISFRAZADA COMO EVASIVA

"CREO QUE SOY evasiva y ansiosa a la vez", dijo Connie, una gerente de relaciones públicas de treinta y tres años, durante un ejercicio grupal para determinar nuestros estilos de apego. "Tengo tanto miedo de estar ansiosa que me distancio de las personas por completo. Si hacen algo que me decepciona, las borro de todo. Están muertas para mí."

Por fuera, la conducta de distanciamiento de Connie pasaría por apego evasivo; sin embargo, tras una inspección más cercana, quedó

claro que Connie temía ser lastimada y rechazada, así que creó muros
y mecanismos de protección para asegurarse de que nadie tuviera
la oportunidad siquiera. De hecho, se trataba de un tipo de apego
ansioso disfrazado de evasivo.

La clave a considerar al evaluar tu estilo de apego es cuál es tu
miedo principal. Si se trata de miedo a ser abandonado o rechazado,
eso es indicativo de un apego ansioso. Si es un miedo a perder
tu libertad, eso es indicativo de un apego evasivo. En ocasiones
desarrollamos mecanismos de afrontamiento para lidiar con los
sentimientos desagradables de nuestro estilo de apego y participamos
en el tipo de comportamiento opuesto. Esto puede causar confusión,
así que recuerda profundizar y encontrar tu miedo principal.

Otra pista que indica una falta de apego seguro es actuar en los
extremos. En el caso de Connie, su única forma de manejar la ansiedad
de que alguien pudiera decepcionarla era distanciarse por completo.
No bajaba la guardia y tardaba en confiar, no por amor, sino por miedo.
Hablando con Connie un año después del campo de entrenamiento,
dijo que su mejor lección fue aprender a abrir su corazón y dejar entrar
a la gente, tanto romántica como platónicamente. Empezó a hacer
un esfuerzo consciente para abrirse más cuando conocía gente nueva
y ser vulnerable al compartir su historia, anécdotas y sentimientos.
Cuando salía con alguien y él no se comunicaba con la frecuencia que
a ella le habría gustado, se esforzaba por practicar la compasión y darle
a la persona el beneficio de la duda, en lugar de sacar conclusiones
negativas y alejarse.

QUÉ HACER SI TIENES UN ESTILO
DE APEGO EVASIVO

Si tienes un estilo de apego evasivo puedes transitar de persona en
persona, tener muchas relaciones de corta duración y racionali-
zarlo diciéndote que simplemente no has conocido a "la persona

indicada". Pero si continúas reprimiendo la intimidad, ni siquiera la persona perfecta tendría posibilidad alguna contigo. Incluso podrías decir que deseas una relación y buscarla de manera activa, pero tus estrategias indirectas para evadir la verdadera intimidad no permiten que el amor se desarrolle más allá de la etapa del enamoramiento.

El problema con las personas con un estilo de apego evasivo es que por lo general no saben cuando tienen un problema. Éste era el caso de Serina, una asesora financiera de cuarenta años de Nueva York, quien llegó a Renew después de haber roto con un novio.

Serina amaba su vida independiente y estaba perfectamente contenta de ver a su novio una vez a la semana. Siempre había sido así y, por lo general, tenía relaciones a larga distancia sin preocuparse por la distancia o el tiempo que pasaba lejos de su pareja.

Cuando su novio (ahora ex) quiso que ella se mudara con él, Serina se asustó. Las alarmas de un compromiso empezaron a sonar cuando vio que su futuro la asfixiaba:

"Empecé a sentir el futuro. ¡Primero mudarme a su departamento, luego sería una casa en los suburbios! Era demasiado."

Desde que aprendió sobre los estilos de apego y se dio cuenta de que tenía tendencias de evasión, Serina ha sido mucho más consciente del papel que desempeña en la conexión o desconexión de las personas.

Durante nuestra llamada, un año después de su asistencia a Renew, ella compartió la historia de un hombre con el que había salido recientemente y que le preguntó por qué no respondía a sus mensajes de texto. Por lo general, ella se toma un día para devolver un mensaje (ya sea de interés romántico, de la familia o de un amigo) y no se había dado cuenta de que él esperaba una respuesta en una hora aproximadamente.

"Ésa fue una información reveladora para mí. Yo no había cobrado conciencia de eso. Simplemente tengo una relación diferente con el tiempo. No necesito saber lo que alguien está haciendo todo el tiempo y pensé que todos los demás también eran así. Ahora me esfuerzo por comunicarme más. Cuando empiezo a salir con alguien, le pregunto directamente cuál es su expectativa en la comunicación."

Entender cómo su falta de comunicación estaba afectando a las personas que le importaban y hacer un esfuerzo para mejorarla fue un primer paso fundamental para Serina.

Si tú descubres que tus comportamientos de evasión no te brindan los resultados de relación que deseas, aquí hay algunas áreas diferentes en las que puedes comenzar a trabajar.

Practica etiquetar y anotar tus sentimientos

Las personas que evaden comúnmente tienen dificultades para ser conscientes de sus sentimientos. Experimentan los síntomas (aumento de la frecuencia cardiaca, ansiedad, estrés, rabia, etcétera), pero no pueden identificar la emoción de raíz. Desarrollar esta conciencia es clave para sentirte más segura, así como para tener un diálogo significativo sobre los sentimientos cuando surge un conflicto con tu pareja.

Un estudio realizado por el profesor Matthew D. Lieberman, de la Universidad de California en Los Ángeles, reveló que poner los sentimientos en palabras hace que la tristeza, la ira y el dolor sean menos intensos.[20] Por ejemplo, la ira se manifiesta como una mayor actividad en la amígdala, la parte del cerebro que monitorea el miedo y apaga una serie de alarmas biológicas y respuestas para proteger al cuerpo del peligro. Una vez que el sentimiento de enojo era etiquetado, Lieberman y su equipo de investigadores observaron una respuesta disminuida en la amígdala y un aumento de la actividad en la corteza prefrontal ventrolateral derecha, la parte del cerebro que procesa las emociones e inhibe la conducta.[21]

Construye límites, no muros

Como eres una persona evasiva es posible que no esperes que tu pareja satisfaga tus necesidades o preste atención a tus límites y, como resultado, te acostumbras a suprimirlos. Al no expresar tus necesidades y límites a tu pareja, la predispones al fracaso, lo que desencadena tu instinto natural de generar distancia. Para evitar llegar a este punto, es importante que te comuniques con claridad. Si tu pareja te está exigiendo más tiempo y atención, ve si puedes sostener una conversación neutra para negociar, en la que tanto tú como tu pareja sientan que se satisfacen sus necesidades. Recuerda, tener límites saludables significa que no sólo los estableces, sino que también los mantienes. Por ejemplo, si decides que los domingos están reservados como "tiempo para mí", pero luego cedes cuando tu pareja te invita a salir, lo que estás comunicando es: "No tomes en serio mis límites". Tú eres quien le enseña a la gente a interactuar contigo.

Expresa una necesidad al día

En virtud de que las personas evasivas tienden a disociarse de sus necesidades y no se sienten seguras contando con otros para satisfacerlas, puedes aprender a encontrar satisfacción para tus necesidades si expresas una al día. Empieza por algo pequeño. Por ejemplo, pídele a tu pareja que te ayude con un favor o, si te sientes abrumada por el trabajo, comunícale que estarás concentrada en tu proyecto y que no podrás hablar con él hasta la noche. Al pedir de manera intencionada lo que necesitas y experimentar que alguien lo cumpla, sin consecuencias negativas, aumentarás poco a poco tu comodidad al confiar en los demás.

Establece un marco de tiempo antes
de considerar un rompimiento

Con la conciencia de que tu apego evasivo hace que encuentres razones para alejar a alguien, establece un marco de tiempo real en el que te comprometas a permanecer en la relación (por supuesto, esto no se aplica si la relación es tóxica o no saludable). Por ejemplo, en lugar de cuestionar la relación de manera regular, comprométete a permanecer en ella durante tres meses y sólo después reevalúa si quieres quedarte o no. Durante ese periodo, no te permitas titubear sobre tu decisión; tan sólo disfruta el tiempo con la otra persona. Esto te presionará a superar los sentimientos incómodos que inevitablemente surgirán y te dará la oportunidad de experimentar cómo la incomodidad se asienta o se disipa incluso, si le das el lujo del tiempo.

Evade a los tipos ansiosos

Salir con una pareja segura te ayudará a sentirte más segura. Es más probable que una pareja segura tolere tus retiros periódicos, ya que no tomará tu necesidad de espacio como una ofensa personal contra él o su relación. Una pareja ansiosa, por otro lado, reaccionará a tu necesidad de espacio tratando de presionar para tener más de tu tiempo y atención para sentirse tranquilo. Además, una pareja segura tiene el balance emocional para lidiar con los conflictos y proponer resoluciones, en lugar de convertirlos en catástrofes. Una pareja segura puede modelar cómo estar presente y cómo comunicarse de una manera saludable, ayudándote a crecer.

TU ESTILO DE APEGO NO ES ESTÁTICO

Los consejos que he compartido hasta aquí pueden ayudarte a crear una conexión más saludable con una pareja y llevarte hacia un estilo más seguro. Nuestros estilos no son estáticos y evolucionan en función de las personas con las que estamos y las elecciones que tomamos sobre cómo nos comportamos. Cuanto más practiques comunicarte y conectarte de una manera saludable, más podrás volver a reconectarte y renovarte. No eres prisionero de la forma en que creciste para siempre.

Incluso las personas más seguras reaccionarán ocasionalmente a los desencadenantes de formas que dañen la conexión. Ya sea que tu estilo de apego sea seguro, ansioso o evasivo, usa el siguiente ejercicio para determinar cuáles son tus factores desencadenantes clave y haz un balance de tus reacciones anteriores a los eventos desencadenantes, para elaborar una estrategia y lograr una respuesta más saludable. Esto también puede ser útil cuando estás saliendo con alguien, ya que te proporcionará un marco para discusión abierta sobre tus factores desencadenantes y cómo tu pareja puede apoyarte mejor y viceversa.

EJERCICIO: Reemplaza tus reacciones
Una vez que reconoces los patrones de tus reacciones, puedes identificar formas alternativas de responder y practicar el respeto a tus límites y los límites de los demás sin dañar la conexión.

En la primera columna de la hoja de trabajo, escribe cuáles son tus factores desencadenantes. Si te identificas como una persona ansiosa es posible que la mayoría de los factores desencadenantes resulten en un comportamiento de protesta; si te identificas como evasiva es posible que la mayoría de los factores desencadenantes te provoquen poner distancia. Puedes encontrarte con factores desencadenantes en ambas categorías.

Una vez que hayas identificado los factores desencadenantes clave, en la segunda columna escribe cómo has reaccionado a ellos habitualmente en el pasado. En la tercera columna, piensa en una respuesta más saludable. El objetivo es crear una estrategia para que reemplaces tu reacción anterior con una respuesta más saludable mientras te encuentras en un estado inactivo (no molesto o cargado emocionalmente) y que tengas un plan de acción la próxima vez que tu sistema nervioso te envíe señales de pánico.

Si estás en una relación o estás empezando a salir con alguien, puedes utilizar la última sección para identificar los factores desencadenantes de tu pareja y cómo has reaccionado en el pasado. Ahora que comprendes los diferentes estilos de apego, usa la compasión para encontrar una forma más saludable de responder y apoyar a tu pareja.

Ejemplo: Ansioso

Factor desencadenante: la persona con la que estoy saliendo tarda horas en responder mis mensajes de texto.

Reacción pasada: sigo enviando mensajes y mensajes, lo cual hace que me enoje y me desespere más.

Respuesta saludable: no sacaré conclusiones apresuradas si no recibo respuesta y utilizaré los ejercicios para tranquilizarme y controlar los sentimientos de ansiedad. En lugar de enviar varios mensajes de texto más para obtener la validación, escribiré en mi diario o llamaré a un amigo y me comprometeré a no mandar otro mensaje hasta que me haya calmado.

Ejemplo: Evasiva

Factor desencadenante: cuando la persona con la que estoy salien-do quiere que pasemos más tiempo juntos, pero yo necesito tiempo para mí.

Reacción pasada: me siento abrumada y no devuelvo ninguna lla-mada o mensaje de texto, o veo a la persona por culpa y termino sin-tiéndome resentida.

Respuesta saludable: comunico de manera clara que necesito algo de tiempo para mí, que tomarme un tiempo para mí no significa que me sienta diferente, y que una vez que tenga algo de espacio, busca-ré un tiempo que funcione para ambos.

Ejemplo: Apoyar a tu pareja cuando
él tiene un factor desencadenante

Factor desencadenante de la pareja: se siente sofocado y resentido cuando no tiene suficiente tiempo libre.

Tu reacción pasada: cuando él quería más espacio, yo suponía que estaba perdiendo interés. Me enojaba y lo hacía sentir culpable para que pasara más tiempo conmigo.

Respuesta saludable: ahora que entiendo que el tiempo separados es saludable y no una amenaza para la relación, puedo aceptar su necesidad de espacio sin culparlo y asegurarme de que cada semana tengo días en los que yo también veo a mis amigos y hago activida-des que me animan.

ANSIOSA

Factor desencadenante	Tu reacción antes	Respuesta saludable

EVASIVA

Factor desencadenante	Tu reacción antes	Respuesta saludable

TU PAREJA

Factor desencadenante	Tu reacción antes	Respuesta saludable

¿ESTÁ ROTA TU BRÚJULA QUÍMICA?

Nuestra capacidad de amar íntima y sexualmente se desarrolla en etapas, comenzando con nuestro apego a nuestros padres. Nuestros patrones tempranos de relacionarnos y apegarnos a otros se "conectan" en nuestro cerebro durante la infancia y luego se repiten en la edad adulta. Si los patrones de la niñez son problemáticos, crecemos con una brújula química rota que nos dirige hacia aquellos que encarnan las peores características emocionales de nuestros cuidadores primarios. Nuestra psique intenta recrear la escena del crimen original (cómo fuimos heridos de niños), con la esperanza de salvarnos al cambiar su final.

El psicólogo Ken Page describe esto como una "atracción por las privaciones", cuando "nuestro yo consciente se siente atraído por las cualidades positivas que anhelamos, pero nuestro inconsciente nos atrae hacia las cualidades que más nos dañaron cuando éramos niños".[22] Básicamente, intentamos que nuestra pareja romántica satisfaga nuestras necesidades infantiles no satisfechas. Comúnmente nos sentimos atraídas hacia un hombre por cualidades que no nos gustan y luego queremos que se deshaga de esas cosas que nos atrajeron al principio. Es así como se desarrolla el ciclo de la niñez en la edad adulta. Nuestra pareja no llena aquellas carencias que no fueron satisfechas mientras crecíamos, lo que nos lleva al mismo conflicto y sufrimiento familiares que ya habíamos experimentado antes.

¿Recuerdas a Mandy, la que ensayó su discurso de odio durante horas después de que su novio no respondió a su mensaje de Snapchat? Durante la sesión en Renew tuvo un hallazgo mientras hacía un ejercicio para descubrir los atractivos de la privación.

Mandy se dio cuenta de que necesitaba mucha validación por parte de los hombres y por fin comprendió la raíz de esto. Después de explorar sus reacciones, cuando un hombre que le gustaba no le prestaba atención, pudo establecer la conexión con su herida de la infancia: la falta de afecto de su padre. En secreto, anhelaba la aprobación de su padre, el afecto físico y las palabras alentadoras de apoyo. Él, en cambio, tenía un comportamiento frío y la recompensaba con elogios sólo cuando alcanzaba logros académicos. Mandy se acostumbró a ganarse el amor y, cuando no la validaba, sentía ansiedad. En sus relaciones románticas, ésta era una dinámica familiar y se sentía atraída por tipos que encajaban en el papel emocionalmente inaccesible que alguna vez tuvo su padre.

Desarrollamos instintos que se convierten en esa brújula química que nos dirige hacia aquellos sujetos que encontramos atractivos o repulsivos. Por lo tanto, si al crecer no tuviste un modelo positivo de cómo era una relación de pareja saludable, será un desafío saber cómo se siente el amor. La persona adecuada puede estar justo frente a ti, pero no te das cuenta porque estás demasiado preocupada persiguiendo al chico malo, al adicto al trabajo que no está disponible o al tipo que encaja en una lista de cualidades superficiales. A los seres humanos les gusta lo que les resulta familiar. Si la inconsistencia, la lucha por el amor y la atención, o el soportar el abuso emocional fueron tu norma al crecer, entonces, de manera inconsciente, seguirás eligiendo parejas que te hagan sentir de la misma manera. Esto comúnmente se conoce como el "principio de familiaridad de la atracción".

Con una brújula química descompuesta, incluso si sales con alguien que puede satisfacer tus necesidades, porque no te es familiar, podrías sabotearte o intentar cambiar a la persona para que refleje a tus padres.

¿YA NOS CONOCÍAMOS? AH, HOLA, PAPÁ

Mi kriptonita: los DJ.

Cuando tenía veintitantos años, me abalanzaba directo a la cabina del DJ, porque detrás de esos escenarios era donde me encontraría con mi alma gemela, obvio. Mis citas en esa etapa se repartieron entre DJ, promotores de clubes y el doble o nada definitivo: un DJ que era propietario de un club: PAQUETE COMPLETO.

Estos hombres siempre eran los reyes del lugar, tenían influencia social, eran carismáticos (y comúnmente alcohólicos) y yo los amaba. Por supuesto, ellos también me amaban... como a las tres de la madrugada, una vez que el club cerraba y después de haber luchado contra otras fans que clamaban por su atención. Estos hombres no estaban disponibles y tampoco estaban interesados en construir una relación conmigo; a veces me prestaban atención, pero la mayoría de las veces no lo hacían. Luego, en mis treinta, este "tipo" se transformó en una versión más apropiada para la edad. Mi nuevo objetivo: directores de star-ups de tecnología.

¡Éstos eran visionarios que habían dedicado su vida y la mayor parte de sus horas a crear su aplicación que cambiaría el mundo! Me sentía afortunada de tener un poco de su tiempo. No hay un patrón aquí, ¿verdad? ¡AHHH!

Aunque las profesiones de los hombres que elegía eran muy diferentes, la experiencia emocional era exactamente la misma que la dinámica con mi padre.

Cuando era niña, mi padre no estaba disponible ni física ni emocionalmente. Mi madre, que se encontraba en un constante estado de ira, resentimiento y miseria, lo hacía todo en la casa y por el negocio familiar. Pero, sin importar lo que ella hiciera, mi padre nunca la apreciaba. Mi madre estaba tratando de ganarse el amor de su esposo y yo estaba tratando de ganarme el amor de mi padre: una gran persecución sin premio a la vista. Las dos cosas que yo más anhelaba de mis padres eran la seguridad y la conexión.

Inconscientemente, elegía a hombres que no podían satisfacer ninguna de esas necesidades, lo que me llevaba a sentir la misma angustia, inconsistencia y falta de seguridad una y otra vez. Me decepcionaba constantemente con los hombres no disponibles con los que salía cuando no cambiaban para satisfacer mis necesidades, y rechazaba a los disponibles que podían amarme de una manera saludable porque eso se sentía extraño. Una vez que me di cuenta de que en mis relaciones adultas estaba atrayendo las experiencias que evocaban las mismas emociones de mi niñez, tuve un punto de partida para el cambio. En lugar de perder años en una disfuncional rueda de hámster, eché un vistazo para ver qué había del otro lado. Eso fue suficiente para que yo optara por evitar esa rueda para siempre. Aún no me aplaudan: me tomó cerca de tres décadas darme cuenta de ello. Estoy escribiendo este libro para que tú no tengas que pasar tanto tiempo para llegar a esta conclusión.

SE NECESITA UNA COMUNIDAD

Ahora que cuentas con un marco para manejar tus factores desencadenantes de una manera más saludable, el siguiente paso para volverte más segura es construir relaciones que fomenten la confianza y la sensación de seguridad.

Independientemente de tu estilo de apego, es importante que no sólo abordes las relaciones románticas en tu vida, sino todas las relaciones. Nuestro cerebro está influido y moldeado por aquello a lo que está expuesto de manera repetitiva. Esto significa que si te sientes insegura, juzgada y agotada energéticamente por la mayoría de las personas de las que estás rodeada, no vas a construir las vías neuronales necesarias para crear conexiones saludables. Para comenzar a construir las vías neuronales que nos llevarán a sentirnos conectadas, debemos rodearnos de una comunidad de relaciones seguras.

EJERCICIO: ¿Quién está en tu comunidad?

Realiza un inventario de las cinco personas adultas con las que pasas más tiempo. Esto puede incluir a tus amigos y familiares, pero también a aquellas personas con las que no necesariamente te sientas cercana, pero con las que pasas mucho tiempo, como colegas de trabajo, compañeros de habitación y vecinos. El objetivo es evaluar quién está en tu comunidad y si éstas son relaciones de alta o baja seguridad.

Para cada persona, responde las siguientes afirmaciones sobre cómo te sientes, en general, alrededor de ellas en una escala del 1 (nunca) al 10 (siempre). No lo pienses demasiado y sigue tu instinto.

DECLARACIÓN	#1 (NOMBRE)	#2 (NOMBRE)	#3 (NOMBRE)	#4 (NOMBRE)	#5 (NOMBRE)
Me siento a salvo y segura cuando estoy cerca de esta persona.					
Después de haber interactuado con esta persona, siento una energía positiva.					
Confío en esta persona.					
Siento que esta persona me respeta.					
Sé que puedo contar con esta persona.					
Me siento apoyada en esta relación.					

DECLARACIÓN	#1 (NOMBRE)	#2 (NOMBRE)	#3 (NOMBRE)	#4 (NOMBRE)	#5 (NOMBRE)
Siento una sensación de conexión y pertenencia cuando estoy cerca de esta persona.					
Siento que puedo compartir mis sentimientos con esta persona, sin ser juzgada ni criticada.					
Siento que hay un intercambio equitativo (dar y recibir) en esta relación.					
Esta persona respeta mis límites.					
PUNTUACIÓN DE CONFIANZA:					

PUNTUACIÓN

La tabla te da una idea de las relaciones que están dando forma a tu cerebro y sistema nervioso central.[23]

Relación de baja seguridad (0-35)

Éstas pueden ser relaciones abusivas o conflictivas. Si estás rodeada de personas que obtienen una puntuación baja en confianza, es probable que te sientas nerviosa, ansiosa o agotada por tus relaciones. Tal vez exista una dinámica de poder desigual, en la que te sientes subordinada o despreciada. Debido a que no obtienes una dopamina saludable en tus relaciones más cercanas es posible que tengas una tendencia a buscar una dosis de dopamina de otras fuentes, por ejemplo, la comida, el alcohol, las compras u otros vicios adictivos. Si la mayoría de tus relaciones son de baja seguridad será difícil que te sientas relajada y tranquila porque tu sistema nervioso simpático está en alerta máxima constante. Lo mejor para ti sería que intentes reducir la cantidad de tiempo que pasas con estas personas. Si una relación es física o emocionalmente abusiva es de máxima prioridad salir de ella, lo que tal vez signifique que deberías buscar ayuda profesional como apoyo.

Relación de seguridad media (35-65)

Si la mayoría de las personas con las que pasas tiempo pertenecen a esta categoría, es posible que te sientas apática con respecto a tus relaciones. Quizá no sientes que estas relaciones son gratificantes o estimulantes. Tal vez desees cultivar la relación cambiando la dinámica actual, estableciendo límites y/o comunicando lo que necesitas para que la relación sea un intercambio de valor positivo.

Relación de alta seguridad (65-100)

Si la mayoría de tus relaciones están en la categoría de alta seguridad ¡éstas son buenas noticias! Esto significa que tu vida está llena de relaciones que fomentan el crecimiento. Dado que pasas una parte importante de tu tiempo con estas personas no sólo estás recibiendo una dosis saludable de dopamina, sino que también te sientes conectada, confiada y segura.

Es una tarea casi imposible de cumplir que de pronto elimines las relaciones inseguras de tu vida, sobre todo si compartes hijos, vives o trabajas con estas personas. Comienza por reducir de manera gradual tu exposición a estas personas y por aumentarla a relaciones seguras. Además, puedes cambiar la dinámica existente de estas relaciones inseguras al establecer nuevos términos.

Establecer nuevos términos de participación

Para esas personas "inseguras" que todavía están en tu vida, puedes cambiar la dinámica comunicando límites y brindando retroalimentación constructiva para expresar lo que necesitas y que la relación se sienta mutuamente positiva. Si se involucran en un comportamiento que te hace sentir emocional o físicamente amenazada, termina la interacción por completo. Si alguien no está respetando tus necesidades y límites, después de que se los hayas comunicado claramente, no te está respetando. Si la falta de respeto es un patrón, independientemente de sus intentos de cambiar la dinámica, tú deberás decidir si le quitas espacio a la relación o, en última instancia, sales de ella.

Por ejemplo, tuve que cambiar los términos de la relación cuando hablaba por teléfono con mamá, quien solía lanzar quejas e insultos sobre mi padre. Debido a que ahora reconozco todo esto como un enredo clásico (en lugar de tratarme como a una hija, ella me usa como su terapeuta), le comenté con amabilidad, pero con firmeza, que ya no quería escuchar quejas sobre papá. Le dije que él sigue siendo mi padre y me duele escuchar cosas tan negativas sobre él. Le expliqué que me alegra saber cómo se siente y que puedo ayudarla a pensar en soluciones, pero si me utilizaba para descargar su odio hacia mi padre colgaría el teléfono. Tuve que decirle esto muchas veces para que por fin lo entendiera y, con el tiempo, dejara de insultarlo cuando hablaba conmigo. Aún necesito recordárselo de vez en cuando, pero hemos ido cambiando la dinámica.

Es perfectamente normal y está bien revisar tus relaciones de vez en cuando y evaluar si te están nutriendo o lastimando. Nosotras cambiamos, otras personas cambian y el hecho de que compartas una historia con alguien no le da automáticamente un lugar en tu presente y futuro. Esto no significa que debas dejar de cuidar a estas personas. Puedes amarlas y cuidarlas todo lo que quieras, pero eso no representa que sean parte de tu grupo inmediato. Y si en verdad deseas pasar tiempo con alguien, pero descubres que las interacciones son negativas o unilaterales, puedes comunicar de manera amorosa que la dinámica debe cambiar junto con tus nuevos términos. Ten en cuenta que las personas que te conocen desde hace más tiempo podrían tener problemas con esto al principio. Es posible que estén acostumbradas a sostener una relación contigo en la que eres el blanco de todas las bromas y chistes, eres la temerosa o la que constantemente cuida y da más... pero debes mantenerte en la defensa de tu posición. Sigue comunicando tus nuevos términos de compromiso, tanto con tus palabras como con tus acciones y, mientras mantienes tu integridad, la gente comenzará a respetar tus estándares. Aquí hay una plantilla que puedes usar como punto de partida y personalizar de acuerdo con tu situación.

- **Lidera con algo positivo y crea conexión**: "Te amo y te valoro en mi vida".

- **Comunica lo que no está funcionando y cómo te hace sentir eso:** "Cuando comparto mis experiencias y sentimientos, pero me encuentro con críticas y enojo, me siento insegura para abrirme y triste porque no podemos conectarnos".

- **Establece un tono de compasión en el que comprendes que la otra persona no tiene malas intenciones y quizá no se dé cuenta que te afecta, y luego expresa tus preferencias:** "Sé que me amas y que también valoras la comunicación constructiva y positiva. ¿Estarías dispuesto a escuchar, sin interrupciones, lo que tengo que decir y, luego, a compartir lo que sientes y a hacerme preguntas para comprender mejor mi perspectiva? Yo haré lo mismo por ti".

- **¡Practica! Es posible que encuentres resistencia pero, si puedes, intenta redirigir la conversación y establecer el nuevo tono, en ese mismo momento:** "Empecemos de nuevo. ¿Puedo compartir lo que pasó hoy en el trabajo? Me encantaría recibir tus comentarios sobre este nuevo gerente".

Enseñas a la gente cómo tratarte. Cada vez que bajas tus estándares, justificas un comportamiento abusivo o permites que alguien traspase tus límites, estableces un precedente de cuántas faltas de respeto tolerarás.

Llegar a sentir un apego más seguro es un proceso que está influido por tu entorno, tu familia, tu comunidad y tus elecciones de pareja. Tu estilo de apego no cambiará de la noche a la mañana, pero ahora tienes una comprensión más profunda de cómo y por qué reaccionas a la intimidad como lo haces, y de qué manera podrías volverte más segura.

Los resultados de tu relación son el resultado de tus patrones, que a su vez son el resultado de tus creencias. ¿Sabes qué creencias están gobernando tu vida amorosa? En el próximo capítulo lo averiguaremos.

3

Cambia tus creencias, cambia tu vida

*Lo que sea que tengas en tu mente de manera constante es
exactamente lo que experimentarás en tu vida.*
TONY ROBBINS

Para tener una idea clara de cómo las creencias dan forma a nuestro comportamiento, examinemos los elefantes en la India. Digamos que eres una cuidadora de elefantes. ¿Cómo evitarías que un elefante de cuatro mil quinientos kilos se escape? ¿Quizá con una enorme jaula de acero? ¿O vallas eléctricas con alambre de púas?

¿Y si te dijera que el secreto para evitar que un elefante de cuatro mil quinientos kilos se escape es un trozo de cuerda y una pequeña clavija de madera?

Tal vez esto no tenga sentido, porque una cuerda no parece ser rival para la fuerza de un elefante. Pero la cuerda no tiene un propósito físico, sino psicológico.

Verás, cuando nace un bebé elefante, el cuidador ata su pata con una cuerda a una estaca. En ese punto, la cuerda es lo suficientemente fuerte para evitar que el elefante se aleje. Al principio, el elefantito intentará utilizar todas sus fuerzas para liberarse de la cuerda. Sin embargo, después de varios intentos fallidos, aprende que escapar de la cuerda es inútil. A medida que el elefante crece y se vuelve más fuerte, la cuerda se vuelve más débil para retenerlo.

No obstante, el elefante ya no intenta escapar. Después de tantos intentos fallidos cuando era pequeño, el animal acepta que no tiene más remedio que quedarse en su lugar. Una vez que el elefante se convierte en adulto, ni siquiera es necesario seguir utilizando una clavija; el hecho de tener la cuerda en la pata lo mantiene bajo control. La creencia del elefante de que es imposible escapar de la cuerda se ha arraigado y, por el resto de su vida, nunca más intentará escapar.[1]

Impotencia aprendida. Y afecta tanto a los humanos como a los elefantes.

Comúnmente construimos creencias que resultan relevantes para una situación o momento específico de la vida, pero incluso cuando esa situación ya ha dejado de aplicar, la creencia se arraiga con tanta fuerza que nunca más la desafiamos. Las creencias que se desarrollaron hace mucho tiempo y que podrían haber sido útiles alguna vez pueden detenernos más adelante en la vida, a medida que aceptamos esas creencias como la verdad absoluta.[2]

La buena noticia es que los humanos tienen una capacidad de racionalización mucho mayor que los animales, y podemos cambiar nuestras creencias predispuestas. No necesitamos ser prisioneras de confines imaginarios; podemos optar por desafiar las viejas creencias que nos detienen. En este capítulo, aprenderemos cómo desatar las cuerdas de las falsas creencias y las limitaciones de nuestro pasado.

LOS NIVELES DE CAMBIO

¿Cuántas veces has intentado hacer dieta, dejar de comer azúcar o minimizar tu adicción a las redes sociales, sólo para rendirte y sentirte derrotada? Bienvenida al club. Puede resultar frustrante cuando deseas un cambio en tu vida, pero las cosas parecen seguir igual sin importar cuánto lo intentes. No te desesperes, no es que te falte la capacidad o la fuerza necesarias; simplemente no has encontrado el enfoque correcto. Pensamos, por lo común, que la fuerza de voluntad es la manera de imponer un nuevo comportamiento, pero después de un periodo volvemos a las viejas formas. Depender únicamente de la fuerza de voluntad no es eficaz para generar un cambio duradero. Para mantenerte, el cambio debe llegar en niveles y comenzar en el núcleo.

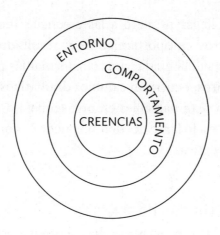

Si cambiamos en el nivel más externo (nuestro entorno), muy poco se transformará. Por ejemplo, quizá creas que no hay nadie que valga la pena para salir en tu ciudad, así que decides mudarte a otra ciudad. Pero pronto caes en los mismos patrones y te enfrentas a los mismos problemas de intimidad que en tu ciudad original. Tal vez crees que una aplicación de citas no te está proporcionando suficientes opciones potenciales de calidad, así que instalas más aplicaciones de citas para ampliar tu "entorno".

Quizás intentas cambiar tu comportamiento. Por ejemplo, quieres parecer muy tranquila con respecto a tu enamoramiento, así que planificas el tiempo antes de responder los mensajes de texto (incluso si por dentro cuentas los minutos para responder). Manipulas tu comportamiento para que parezca de una cierta manera, en lugar de reflexionar acerca de por qué tienes la necesidad de jugar a eso para empezar. Puedes fingir comportamientos sólo durante un tiempo determinado y, aunque es posible realizar algunos cambios de esta manera, comúnmente se convierte en una situación insostenible.

Una forma más eficaz de generar cambios es llegar al núcleo: tus creencias. Una vez que modificas tus creencias, hay un efecto dominó automático en las aristas externas del comportamiento y el entorno.

Necesitamos llegar primero a las creencias inconscientes que gobiernan nuestros comportamientos y resultados. Entonces, al trabajar de manera deliberada para transformar las creencias y practicar nuevos hábitos, ocurrirán cambios dramáticos. Es posible que los resultados no sean palpables en una semana o un mes, pero la práctica constante a lo largo del tiempo puede conducir a una transformación significativa.

ERES LA SUMA DE TUS CREENCIAS

Eres la suma de las creencias que has acumulado a lo largo de tu vida. Las creencias se almacenan en el inconsciente, por lo general más allá de nuestra memoria consciente. Por eso, la mayoría de las veces las personas se sienten perplejas y frustradas cuando no logran cambiar un comportamiento no deseado. Eso se debe a que está dirigido por condicionamientos subyacentes, creencias antiguas.[3]

La mayoría de las creencias comienzan temprano en la vida, porque entre nuestro nacimiento y los primeros siete años somos como esponjas y absorbemos todo lo que los demás nos dicen y lo aceptamos en buena medida. Nuestros cerebros todavía no están completamente desarrollados y carecen de la capacidad cognitiva para razonar o pensar de manera crítica y lógica.[4]

La doctora e hipnotista Susan Spiegel Solovay, quien ofrece sesiones individuales a las participantes de Renew, dice: "Una vez que comprendas que la vida no se trata de lo que nos sucede, sino de *las creencias que tenemos sobre lo que sucedió*, entonces puedes ir a la mente más profunda para encontrar y cambiar creencias inútiles".

Ella explica que una creencia como "No soy lo suficientemente buena" puede estar profundamente implantada a partir de una experiencia infantil de haber sido criticada con dureza por algún maestro, compañero, hermano o uno de nuestros padres. Aun cuando el evento podría haber sido en apariencia inofensivo, dejó una huella. Correrá como un río bajo muchos pensamientos y hará que una persona continúe demostrando que "no soy lo suficientemente buena" porque ésa es su creencia interna. Con el tiempo, el incidente durante el cual se implantó esa creencia es olvidado por la mente consciente, pero sigue siendo la programación subyacente de los pensamientos, sentimientos y comportamiento de la persona.

Se han realizado muchos estudios que muestran que los niños que creen que no son inteligentes, que no son buenos en matemáticas o que son malos en ortografía, sacan malas calificaciones de manera inconsciente para ajustarse a esa idea. Al trabajar con los niños para regular sus creencias limitantes, los investigadores concluyeron que en casi todos los casos las malas calificaciones eran el resultado de sus creencias, no de sus aptitudes.[5]

Actuamos como la persona que percibimos que somos. Literalmente, no podemos comportarnos de otra manera, sin importar nuestra fuerza de voluntad y esfuerzos. Desde la estudiante que piensa que es tonta hasta la mujer que se percibe a sí misma como alguien que no puede ser amado, invariablemente crearemos circunstancias que confirmen nuestras ideas y encontraremos evidencia que continúe probando que son verdaderas.[6] Nuestras creencias son los cimientos sobre los que se construyen nuestra personalidad, comportamiento y nuestras circunstancias. Aquellas ideas que sean incompatibles con nuestras creencias inherentes serán rechazadas y no se actuará en consecuencia.

NUESTROS CEREBROS SON MÁQUINAS CREADORAS DE SIGNIFICADO

Tu cerebro siempre está tratando de asignar un significado a los acontecimientos, el entorno y las personas que te rodean. No le gustan las áreas grises, los asuntos pendientes ni, ciertamente, las preguntas sin respuesta. En cambio, quiere archivar información en una carpeta y etiquetar esa carpeta como "buena" o "mala". Si no encuentra el significado para algo que ha sucedido, lo hará accediendo a las demás carpetas del pasado archivadas con tanto cuidado y mezclará suposiciones, prejuicios y proyecciones para crear una historia. Seguirá buscando información, o distorsionándola, para demostrar que sus antiguas creencias existentes son las verdaderas.

Cinthia Dennis, experta en programación neurolingüística (PNL) y autora de *Neuropathways to Love* (Caminos neuronales para amar), ha pasado más de una década ayudando a pacientes a reconocer las creencias que obstaculizan la creación de las relaciones que desean. Está capacitada en PNL, un enfoque que utiliza el lenguaje y la identificación de patrones para crear cambios en los pensamientos y el comportamiento de una persona.

"Las creencias son nuestros filtros en el mundo —les dice a las participantes de Renew. Se coloca unos anteojos de cristales color azul—. Cuando me pongo los anteojos, veo que están todas aquí, pero todas están teñidas de azul. Así es como funcionan las creencias. Las creencias son ese tinte azul. Vemos el mundo y la realidad basándonos en lo que ya creemos. La realidad no es neutral para nosotras. Me gustaría pensar que todas las cosas que suceden son iguales para todos, pero nuestro giro personal sobre ellas es lo que les da significado. El cerebro está diseñado para ser eficiente, pero no necesariamente preciso. Generalizará y distorsionará la información para que ésta encaje en lo que ya creemos. Nuestras creencias nos hacen sentir de cierta manera, lo que afecta la forma en que nos comportamos y, en última instancia, lo que experimentamos."

Cinthia comparte el ejemplo de Audrey, una participante de Renew que continuó trabajando con ella después de asistir al campo de entrenamiento un año antes. Audrey es hermosa y carismática, y no tiene problemas para conseguir citas. Pero cada vez que salía con alguien terminaba igual. Los hombres siempre eran inalcanzables: o no estaban cerca, o estaban casados con su trabajo o eran mujeriegos que no tenían intención alguna de comprometerse.

"Lo que descubrimos durante nuestras sesiones fue que, en el fondo, Audrey tenía la creencia fundamental de que no era alguien a quien se pudiera amar. La única forma en que se sentía digna de amor era siendo útil. Así pues, ella se comportaba de manera que pudiera ganarse el amor pero, con el tiempo, actuaba para que estos chicos se alejaran. Además, su cerebro no le permitía elegir a alguien distinto. Cuando le agradaba a un chico disponible, ella pensaba que había algo malo en él porque la estaba eligiendo."

Audrey seguía repitiendo su experiencia y, cada vez, fortalecía la creencia de que no era digna de ser amada. Cinthia ayudó a Audrey, primero, a identificar parejas no disponibles antes de salir con ellas y, segundo, a reconocer esos comportamientos que reafirmaban su creencia fundamental.

Juntas, exploraremos tus creencias y aprenderemos cómo reconfigurar aquellas que ya no te sirven.

LA ESCALERA EVOLUTIVA DE LAS CREENCIAS

Es sábado por la mañana y la doctora Zendegui dirige una sesión sobre el cambio de viejas creencias. Después de un ejercicio en el que las mujeres identifican sus creencias actuales sobre el amor y las relaciones, solicita una voluntaria en el grupo para que comparta con las demás. Karen, una divorciada de San Francisco de treinta y ocho años, lee una de las creencias de su lista: "No quedan hombres buenos".

La doctora Zendegui pregunta:

—¿Esta suposición es cien por ciento cierta?

—Bueno, supongo que no. Pero si hay buenos chicos, seguro que no los he conocido —responde Karen.

—Entonces, ¿la creencia es cierta el cien por ciento de las veces?

—No, supongo que no.

—Mencionaste antes que quieres enamorarte de nuevo. ¿Sientes que esta creencia es útil para lograrlo?

—No, no lo es. Pero no sé cómo volver a confiar —Karen suspira.

La doctora Zendegui usa el ejemplo de Karen para explicarle al grupo que: "Generar una nueva creencia no se trata de actuar con un optimismo cegador y poco realista. El nuevo pensamiento ideal no es 'Conoceré a alguien increíble mañana' o 'Ryan Gosling será mío'. Generar un nuevo pensamiento significa suavizar el viejo pensamiento o hacerlo menos extremo. Por lo común, suavizar los pensamientos es más preciso y elimina el aguijón emocional de las narrativas negativas que a menudo nos contamos. Para la creencia de Karen, ella podría cambiar de: *No quedan hombres buenos* a *Aunque algunos hombres me han lastimado en el pasado, aún quedan hombres cariñosos a quienes todavía no he conocido*. Quienes están luchando con su separación, podrían cambiar *No puedo manejar esta ruptura* por *Esta ruptura es difícil, pero sé que se volverá más fácil conforme pase el tiempo*. Para muchas, suavizar un pensamiento extremo o en blanco y negro hace que se enfríe la temperatura emocional del pensamiento, con lo que hay más espacio para afrontarlo. Cambiar un pensamiento también significa transformar totalmente el guion. Puedes intercambiar *Tengo que embarazarme a los treinta y cinco* por *Podría explorar la posibilidad de adoptar*".

La manera en que cambiamos nuestras creencias, primero, es identificar la creencia limitante y, después, generar una más útil. El enfoque es como subir una escalera, peldaño a peldaño; cada uno representa una creencia más verdadera y útil. Para conocer la evolución completa, veremos la escala de creencias en evolución de Karen:

- **Parte inferior de la escalera:** *No quedan hombres buenos.*

- **Siguiente peldaño:** *Aunque algunos hombres me han lastimado en el pasado, estoy abierta a creer que todavía hay hombres cariñosos a los que quizá no he conocido aún.*

- **Último peldaño:** *Hay muchos hombres allá afuera, y estoy abierta a conocer a la pareja adecuada para mí.*

La creencia de cada escalón es un poco más honesta, más positiva y más útil que la del peldaño anterior. Pasar de la parte inferior de la escalera a la superior en un instante sería un cambio demasiado dramático para tu cerebro, por lo que el cambio de mentalidad debe realizarse de manera gradual.

Si sólo declaras una nueva creencia que es por completo opuesta a la anterior, tu cerebro la rechazará dado que, de manera inherente, no crees que sea verdad. Es necesario que cambies algunos grados para sentirte cómoda con una creencia ligeramente evolucionada y, una vez que tengas una nueva base, hacerlo una y otra vez. Recuerda, estás subiendo una escalera paso a paso.

EJERCICIO: Crea tu escalera

Examina la lista de las páginas siguientes y encierra en un círculo las creencias que apliquen para ti. Siéntete libre de agregar creencias que no están incluidas en los espacios en blanco que incluimos al final.

Yo

No valgo la pena.

Siempre estaré sola.

Es mi culpa.

No soy lo suficientemente bonita /lo suficientemente buena/lo suficientemente delgada.

Debería haberlo sabido. Debería haber hecho algo antes.

Si tan sólo fuera X, la relación habría funcionado.

Nadie me amará jamás.

Tengo que encontrar a alguien para ser feliz.

Ya debería haberlo superado para este momento.

No debería estar tan molesta.

No puedo vivir sin mi ex.

No puedo manejarlo.

Nunca conoceré a nadie más.

No puedo estar sola.

No puedo volver a confiar en nadie nunca más.

No soy digna de ser amada.

No soy suficiente.

Soy demasiado para cualquiera.

Seré abandonada.

Seré rechazada.

No tengo tiempo.

No estoy a salvo.

_____

_____

_____

Otros / el mundo

No puedo confiar en nadie.

La gente siempre me defrauda.

Las citas son imposibles en este lugar/a esta edad/en mis circunstancias.

Todos los hombres buenos ya están en una relación.

Él me quitará la libertad.

No puedo confiar en los hombres.

Nunca soy una prioridad para los demás.

El amor es doloroso.

_____

_____

El futuro

Nunca encontraré a nadie. _____

Las cosas nunca salen bien. _____

Nunca superaré esto. _____

Siempre estaré sola. _____

Revisa todas las creencias que marcaste. Elige una con la que trabajarás en este ejercicio y crea una escalera para esa creencia. Transforma la idea de hiriente en útil.

1. En el primer peldaño, escribe tu antigua creencia inútil. Pregúntate: ¿es esta creencia cierta el cien por ciento de las veces? Lo más probable es que la creencia no sea absolutamente cierta. Es importante que te des cuenta de esto por tu cuenta para que veas que la suposición no es un hecho y que lo que solías creer ahora puede cambiar.

2. En el segundo peldaño, actualiza tu creencia con una suposición que sea más honesta y útil. Piensa en algunos ejemplos de cómo esta creencia actualizada es cierta (encuentra evidencia que tal vez hayas pasado por alto en el pasado o piensa en escenarios en los que esto podría resultar cierto en el futuro). Tu creencia actualizada debe sacarte de tu área de confort, pero no tan lejos como para que no puedas creerla.

3. En el tercer escalón, escribe tu meta, lo que aspiras a creer, de manera que finalmente puedas crear la vida y el amor que deseas. Tal vez no te encuentres allí ahora, y quizá ni siquiera puedas imaginar cómo llegar allí, y eso está bien. Estás escribiendo esto para tener algo con qué trabajar. También puedes agregar peldaños intermedios para estar cada vez más lista para alcanzar la parte superior de la escalera.

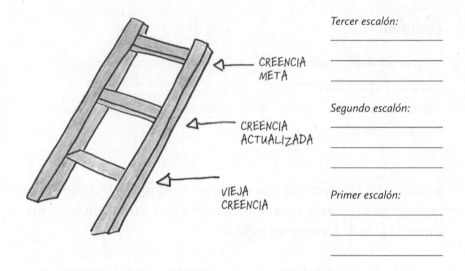

Tercer escalón:

_____

_____

_____

Segundo escalón:

_____

_____

_____

Primer escalón:

_____

_____

_____

Primer escalón: lo que yo solía creer (tus viejas creencias).

Segundo escalón: lo que creo ahora (tus creencias actualizadas).

Tercer escalón: lo que aspiro a creer (tu meta).

Escribe y acomoda esta creencia nueva y actualizada en algún lugar donde puedas verla cotidianamente. Conviértela en el protector de pantalla de tu teléfono, ponla en una nota adhesiva en el espejo del baño o repítela como un mantra todos los días. Busca ejemplos de cómo esto es verdad. Cuando comienzas a experimentar un cambio, hay un ciclo de retroalimentación positiva, que facilita el proceso de renovación.

La doctora Zendegui enfatiza que "los pensamientos no sólo tienen un efecto en lo que sentimos, sino también en cómo actuamos. Lo que nos decimos y la narrativa que formulamos sobre situaciones difíciles tienen un gran impacto en la manera en que las afrontamos, y decirnos cosas inútiles una y otra vez afecta nuestro estado de ánimo, comportamiento y autoestima con el tiempo".

Al final de la sesión de cambio de creencias, la doctora Zendegui lleva a las mujeres al exterior para terminar el ejercicio. Con los pies sobre la hierba, para que se sientan ancladas en la tierra, las mujeres forman un círculo. Cada mujer va pasando por turnos al centro para declarar su nueva creencia. Es el turno de Karen:

"Hay muchos hombres y estoy abierta a conocer a alguien adecuado para mí."

Después, el grupo hace eco de su nueva creencia al unísono: "Hay muchos hombres y estás abierta a conocer a alguien adecuado para ti".

Karen mira a las mujeres que le sonríen y la animan en silencio con miradas amorosas. Hay algo en escuchar su nueva afirmación repetida por las mujeres solidarias del grupo que resulta innegablemente reconfortante. Una lágrima rueda por su mejilla.

"Gracias", dice mientras asiente con la cabeza y regresa a su lugar en el círculo, lista para apoyar a la siguiente mujer.

Nancy: DE "NO SOY SUFICIENTE" A "LES DOY PRIORIDAD A MIS NECESIDADES"

NANCY ERA UNA CHICA increíble. Ejecutiva de mercadotecnia de una empresa nacional hotelera, se había trasladado a Nueva York desde Seattle por su marido, quien trabajaba en finanzas. Con 1.65 metros de estatura, largo cabello castaño y brillantes ojos verdes, era hermosa y vestía como si acabara de salir de un anuncio de Diane von Furstenberg. Desde pequeña, Nancy se había destacado en todo lo que se proponía. Era exitosa y triunfadora; haría cualquier cosa para que todo fuera perfecto.

Nancy tenía un patrón de sobrecompensación. Ella siempre era la que estaba haciendo, mientras que su pareja no movía un dedo. Esta dinámica se detuvo de manera abrupta cuando a su padre le

diagnosticaron un cáncer terminal. Ya no podía actuar como la Señora
Perfecta que mantenía todo en orden. Su esposo no pudo soportar el
cambio. En lugar de apoyarla durante un momento difícil, le preguntó:
"¿Cuándo volverás a la normalidad?".

Ése fue el comienzo del fin de su matrimonio.

Nancy vino a Renew para aprender sobre sus patrones y no seguir
encontrándose en relaciones en las que ella era la única que aportaba.
Al indagar en sus creencias inconscientes, descubrió que su creencia
limitante era "No soy suficiente". Esa creencia era la razón por la que,
ya fuera en el ámbito profesional o en el romántico, ella terminaba
asumiendo todo el trabajo, sobrecompensando la falta de esfuerzo de
los demás e intentando crear la perfección.

A través del ejercicio de cambio de creencias, Nancy se dio cuenta
de que sus necesidades eran tan importantes como las de los demás, y
su práctica consistió en atender sus propias necesidades. Su creencia
actualizada, más honesta y útil se convirtió en *Les doy prioridad a mis
necesidades*.

Llamé a Nancy, seis meses después de su estancia en Renew, para
ver cómo iban las cosas. Me dijo que desde que había salido del retiro
su nueva creencia se había convertido en un mantra que repetía a
diario. Puso su nueva creencia en el protector de pantalla de su teléfono
y en una nota adhesiva en su espejo, y cuando tenía citas recordaba
que sus necesidades eran lo primero. También compartió conmigo una
historia sobre un hombre con el que había salido recientemente:

"Teníamos química y era un tipo muy agradable. Pero dejó claro
que sólo estaba buscando diversión y le encantaba la vida de soltero
en Nueva York. Lo habitual hubiera sido seguir saliendo con él, con la
esperanza de que cambiara y en algún momento quisiera lo mismo que
yo: una relación. Pero por mucho que me gustara, le dije que estaba
buscando a alguien interesado en entablar una relación, y que si no era
eso lo que él quería, no habría resentimientos, pero no tendría sentido
que siguiéramos saliendo."

Nancy estaba decepcionada de que no hubiera funcionado, pero también se sentía orgullosa de sí misma por haber reconocido sus necesidades y haberse alejado de una situación que no lograría satisfacerla. En el pasado habría intentado que funcionara (como lo había hecho en sus dos primeros matrimonios) pero, en esta ocasión, se marchó antes de invertir en otra relación sin salida.

LAS AFIRMACIONES POSITIVAS NO FUNCIONAN SOLAS

> El cambio sólo puede ocurrir cuando los pensamientos están alineados con el estado emocional del cuerpo.
>
> Dr. Joe Dispenza[7]

¿Cuántas veces te han dicho que sólo debes "pensar positivo" o que repitas afirmaciones positivas y entonces manifestarás aquello que quieres?, ¿cuántas veces eso te ha funcionado en realidad?

Las afirmaciones no son una estrategia de cambio. Sólo funcionan para quienes creen que son ciertas. Para aquellas personas que tienen baja autoestima, repetir afirmaciones positivas puede hacer que incluso se sientan peor.[8] Tu creencia genera pensamientos que a su vez dan forma a una emoción. La creencia es el agente causante que crea un efecto dominó. Funciona así.

Creencia → Pensamientos → Reacciones químicas → Emociones → Energía → Acciones → Cómo responde el mundo a tu energía → Resultado

Si estás constantemente en una mentalidad de escasez —nunca sientes que tienes suficiente— y te sientes indigna de amor, podrás repetir "¡Soy tan adorable!" hasta perder la voz sin que la idea llegue más allá.

Pero ¿qué crees? Hay un truco. De hecho, puedes ser más astuta que tu cuerpo y utilizar técnicas de visualización para cambiar tus emociones.

CONVIERTE TU CREENCIA EN EXPERIENCIA

Cuando contamos los recuerdos de una manera asociada —al revivir el recuerdo en detalle como si estuviera sucediendo de nuevo—, nuestros cuerpos pueden recrear las mismas hormonas del estrés que se generaron cuando sucedió la situación por primera vez. Sí, es por eso que cuando contamos esa terrible pelea que tuvimos hace dos años, nuestros cuerpos recrean los mismos picos de cortisol como si estuviéramos peleando aquí, ahora mismo.

A nivel químico, nuestro cerebro y nuestro cuerpo no pueden distinguir entre recordar el pasado, experimentar el presente o imaginar el futuro. La investigación ha demostrado que el sistema nervioso humano "no logra diferenciar entre una experiencia 'real' y una imaginada vívidamente y en detalle".[9]

La mala noticia es que si te mantienes contando los aspectos negativos del pasado una y otra vez, puedes volver a traumatizarte. La buena noticia es que también puedes usar tu mente para engañar a tu cuerpo y que éste crea que algo positivo está sucediendo, simplemente usando la visualización.

Las investigaciones del doctor Joe Dispenza, científico y autor de *best sellers*, exploran la intersección de la neurociencia, la epigenética y la física cuántica para educar a las personas sobre cómo curarse a sí mismas de enfermedades, incluso en el caso de condiciones crónicas, a través de cambiar las creencias. Sus enseñanzas sugieren que podemos usar la visualización para imaginar una experiencia futura deseada como si fuera un hecho consumado, y el cerebro la aceptará como si fuera una experiencia real. ¡¿Qué, qué?!

Revisemos un estudio que demuestra esto. Un equipo de investigadores de Harvard reunió un grupo y lo dividió por la mitad. El

primer grupo practicó un ejercicio de piano de cinco dedos durante dos horas al día durante un periodo de cinco días. Los miembros
del segundo grupo hicieron lo mismo, pero sólo en sus mentes, lo
que significa que se imaginaron a sí mismos haciendo el ejercicio de
piano de cinco dedos durante dos horas al día durante un periodo
de cinco días. Cuando los investigadores escanearon los cerebros de
ambos grupos después del ejercicio los resultados mostraron que
todos los participantes habían creado una cantidad significativa
de nuevos circuitos neuronales y programación neurológica en la
parte del cerebro que controla los movimientos de los dedos. Deje-
mos que eso se asimile. Los miembros del segundo grupo que sólo
imaginaban tocar el piano también mostraron cambios en el cerebro, ¡aunque nunca levantaron un dedo![10]

Si pusieras a ese grupo frente a un piano después de cinco días
de visualización, la mayoría podría tocar el ejercicio que imaginaron
porque, al practicar la visualización, instalaron el *hardware* neuro-
biológico preparado para la experiencia.

> Tu sistema nervioso no logra diferenciar entre una
> experiencia imaginada y una experiencia "real". Tu sistema
> nervioso reacciona de manera apropiada a lo que "tú"
> *piensas* o *imaginas* que es verdad.
>
> Maxwell Maltz[11]

EJERCICIO: Visualiza tu nueva creencia
Usemos técnicas de visualización para cambiar nuestras creencias
sobre nuestras relaciones. La intención de este ejercicio es que te
imagines con la creencia que creaste en el ejercicio de la escalera, vi-
sualices cómo te sientes y actúes de una manera diferente en tu entorno. Por ejemplo, si tu creencia comenzó en *Siempre me rechazan*

y evolucionó a *Estoy abierta a conocer gente nueva y conduciré mis interacciones con curiosidad*, puedes imaginarte hablando con alguien en una fiesta, haciendo preguntas, sonriendo y experimentando los sentimientos positivos de construir una buena relación. O si tu creencia cambió de *No puedo confiar en nadie* a *Hay algunas personas en las que puedo confiar en algunas ocasiones*, evoca sentimientos de calidez cuando estás con alguien con quien sabes que puedes contar. Tal vez en lugar de mantener los brazos cruzados, tengas un lenguaje corporal más relajado y abierto. Cualquiera que sea tu creencia actualizada, ésta es una práctica en la que juegas con la posibilidad y visualizas cómo cambia tu experiencia.

Toma la creencia que creaste en el ejercicio de la escalera. A continuación, busca un lugar tranquilo y conéctate a través de tu respiración profunda. Cierra los ojos e imagina que entras en una habitación con esa creencia actualizada. ¿Cómo estás parada? ¿Cuál es tu expresión facial? Visualiza toda la escena: ¿quién está contigo?, ¿cuál es la expresión de tu rostro?, ¿cómo responde la gente de manera diferente a tu energía?, ¿cuáles son los colores, los olores, los sonidos? Analiza el escenario como si estuviera sucediendo en este momento y lo estuvieras experimentando de primera mano. Ahora, revisa cómo te sientes: ¿cuáles son las emociones que surgen en ti? No te olvides de sonreír. Siente gratitud por este momento. Permite que en verdad te llene, junto con los sentimientos asociados con esta nueva creencia. Siéntela en tu cuerpo que ésta es tu realidad. Cuando estés completamente sumergida, abre lentamente los ojos.

Según el doctor Dispenza, una vez que nos sumergimos en la escena que queremos crear, usamos la imaginación para evocar cómo nos sentiríamos, como si lo estuviéramos experimentando en tiempo real, y los cambios comienzan a tener lugar en nuestro cerebro.[12]

Cada vez que hacemos esto, establecemos nuevas pistas neurológicas (en el momento presente) que literalmente cambian nuestro cerebro para que construya el cerebro de nuestro futuro. En otras palabras, el cerebro comienza a ver el futuro que queremos crear como si ya hubiera sucedido.

DR. JOE DISPENZA

Al visualizar y ensayar mentalmente cómo te involucrarías de manera diferente con tu creencia actualizada, estás creando nuevas vías neuronales en tu cerebro. Ahora, cuanto más repitas y practiques, más fortalecerás ese nuevo camino.

UPS, LO VOLVÍ A HACER

Cuando alguien limpia una habitación, se crea un mayor desorden en el lugar antes de que quede ordenado. Lo mismo ocurre con la limpieza de la mente. A menudo, a medida que comienzas el proceso de sanación, comenzarás a sentir el dolor o la vergüenza de los cuales tu comportamiento disfuncional te estaba protegiendo. Pero si puedes tolerar esos sentimientos crudos y procesarlos de una manera saludable esta vez, entonces ya no necesitarás ese comportamiento disfuncional. Éste no tendrá un propósito porque ya no hay vergüenza tóxica o dolor que debas evitar. En otras ocasiones, un comportamiento o creencia que pensabas que ya habías derrotado puede volver. No te sientas frustrada. Piensa en la superación personal como si estuvieras escalando una montaña. En ocasiones, te sentirás como si te encontraras en el mismo lugar en el que empezaste, pero la verdad es que has subido un poco más y aún estás mirando el mismo panorama.

NEIL STRAUSS

El cambio es un proceso que requiere pasos graduales, repetidos y practicados, con espacio para el error. Las recaídas son una parte inevitable de ese proceso. Éste es el chico astuto y escurridizo que puede atacar durante cualquier cambio de comportamiento. Cuando tienes una recaída (tal vez llamas, ves o te acuestas con tu ex) es posible que te asustes y pienses que nada ha cambiado y estás de regreso en el punto de partida. Puedes experimentar sentimientos de decepción, vergüenza y frustración. ¡No te preocupes! Eso es parte del proceso, y en lugar de permitir que la recaída se apodere de tu confianza en ti misma, usa la autocompasión para recuperarte.

¡No estás mal ni necesitas que te cambien! Sólo te estás *optimizando*. El crecimiento ocurre en los baches. Se requiere una actitud positiva de resiliencia y perseverancia para que no nos desanimemos y abandonemos nuestros esfuerzos durante el proceso.

La autora Linda Graham, experta en neurociencia de las relaciones humanas, señala: "Al principio, casi no importa cuán pequeño sea el cambio. Lo importante es que optemos por prácticas que catalicen un cambio positivo y perseveremos".[13]

La resiliencia no tiene que ver con dar cada paso a la perfección, sino con perseverar, incluso cuando sientas que retrocediste un poco.

El cambio puede ocurrir en un instante. Los resultados tardan en aparecer. Cuando te sientas abrumada, tómate un momento para volver a enfocarte. No te centres en el punto final; en su lugar, haz un balance de todo lo que has realizado y de la próxima acción alcanzable que puedes llevar a cabo a continuación. Esto te ayudará a concentrarte en el proceso, en lugar de mantenerte obsesionada con el destino. Si esta siguiente etapa requiere cien pasos, recuerda que no puedes pasar del cero al cien. Sólo mantén tu atención en el siguiente paso y luego en el siguiente. Incluso si caes o tienes días en los que no haces ningún movimiento, esto no anula todos los pasos que diste antes. Al final, los pasos suman.

Cindy

CINDY HABÍA DEJADO a un marido abusivo y, como madre soltera a los veintiocho años, tenía grandes planes de volver a la escuela y reconstruirse como la mujer aventurera y segura de sí misma que alguna vez fue. Pero entonces conoció a Martin, un hombre que le prometió el mundo entero. Él le aseguró que se haría cargo de ella y de su hijo, y después de un romance relámpago, se mudó con ella. A medida que pasaban los meses, el verdadero carácter de Martin comenzó a aflorar. Cindy descubrió que era un traficante de drogas. Él se volvió cada vez más controlador e instaló una cámara de video en su sala, que justificó con razones de seguridad. Aparecía de manera inesperada en la escuela de Cindy para "llevarle comida", cuando en realidad estaba monitoreando todo lo que hacía. Cuando ella lo confrontaba por su comportamiento controlador, él les daba vuelta a las cosas y la convencía de que era ella la que estaba actuando como loca. Se mantuvieron rompiendo y volviendo a estar juntos.

Y entonces él le propuso matrimonio. Compartió sus aspiraciones de iniciar un negocio, de formar una familia. Prometió una nueva vida y que haría bien las cosas.

"Pensé que si teníamos una familia, tal vez eso haría que él cambiara, pero las cosas no cambiaron. Nos peleábamos todo el tiempo. Percibía que no era una relación sana. Lo sabía, pero estaba atrapada. Me sentía perdida. En verdad lo amaba. Se convirtió en mi proyecto de trabajo social. Y luego me encontré con Renew. Sabía que ése sería el momento en que por fin podría romper las cosas. Antes de irme al retiro, le pedí que se fuera de la casa. Cuando estuve en Renew, tenía la esperanza de que ése fuera el empujón final que me ayudara a salir de esta situación."

Cuando Cindy apareció en el campo de entrenamiento estaba encorvada, evitaba el contacto visual y apenas hablaba. Una de las coaches me llevó a un lado y me dijo que estaba realmente preocupada

LA RESILIENCIA
NO TIENE QUE
VER CON DAR
CADA PASO A LA
PERFECCIÓN, SINO
CON PERSEVERAR,
INCLUSO CUANDO
SIENTAS QUE
RETROCEDISTE UN
POCO.

por ella. No sabíamos si estaba reteniendo alguna información, porque sus ojos parecían vidriosos y no hablaba. Por protocolo, el retiro es libre de tecnología y Cindy mantuvo su teléfono apagado todo el tiempo. Al final del retiro, lo encendió para recibir decenas de mensajes de Martin:

"Me dijiste que irías a un retiro, pero sé que te estás prostituyendo."

"Voy a matarte."

Uno tras otro fueron llegando los mensajes de texto. Cindy estaba literalmente temblando.

Cindy se fue a casa con una de las coaches y juntas pusieron en acción un plan para garantizar su seguridad. Le contó al propietario de su casa lo que había sucedido y le pidió que cambiara las cerraduras para mantener a Martin alejado. Le pidió a su mamá que fuera y se quedara con ella. Bloqueó su número.

"Sabía que no debía tener contacto. Porque yo me conocía... y si abría la puerta de la comunicación y llegaba a pensar que podríamos ser amigos, volvería a caer en la misma situación."

Después de su primer divorcio, había armado un plan para volver a encarrilar su vida, pero se había perdido en otra relación abusiva. Estaba avergonzada de cómo se había involucrado en esta relación tóxica que incluso podría haber tenido consecuencias peligrosas tanto para ella como para su hijo. Sucedió de manera gradual, hasta que estuvo tan envuelta que ya ni siquiera podía reconocerse a sí misma.

Un año después, Cindy voló a San Francisco para asistir al primer retiro de exalumnas de Renew. Cuando entró, pensé que estaba viendo a una persona diferente: confiada y vivaz, con la cabeza en alto y riendo. Cindy había recuperado su vida. Había tomado clases de defensa personal cuando salió del campamento, tenía un trabajo estable y había comenzado a caminar y bailar otra vez, dos pasatiempos que amaba. Estaba concentrada en obtener su título y había dejado de tener citas por completo para concentrarse en sí misma. Se tomó en serio las herramientas que aprendió e implementó los cambios de inmediato. Estaba orgullosa de lo lejos que había llegado.

Pero no había sido fácil y muchas veces, cuando extrañaba a su ex, la idea de abrir la puerta había cruzado por su mente. Relató un momento, ocho meses después de la ruptura, cuando estaba caminando a través del puente de Brooklyn durante una visita a Nueva York: una avalancha de recuerdos regresó de golpe, ya que eso era algo que ella y Martin solían hacer juntos. Se sintió abrumada por las emociones: todavía amaba a Martin y lo extrañaba terriblemente. Comenzó a llorar, avergonzada por seguir teniendo sentimientos tan fuertes por él y por su deseo de volver a verlo.

"Tuve que luchar contra cada impulso para no contactarlo. Lo extrañaba. Quería verlo. Pero sabía que si me acercaba, volvería a ser absorbida por el drama." Tener conciencia de sus patrones le dio la capacidad de hacer una pausa y no reaccionar a su deseo. No se puso en contacto con él ese día y, hasta el momento de escribir este texto, sigue viviendo lejos de Martin.

Ahora has revisado tus creencias viejas e inútiles y tienes un marco sobre cómo actualizarlas, un escalón a la vez, entiendes que en el camino habrá baches y desvíos, y que esto es parte natural del proceso de cambio. Nuestro último paso es acceder a una imagen más amplia del lugar al que deseas ir. Así como hemos desafiado viejas creencias, desafiemos lo que creemos que deberíamos perseguir.

BUSCAR LA FELICIDAD

Analicemos un tema de moda en la cultura actual: la búsqueda de la felicidad.

En este momento, todos los medios de comunicación populares, la literatura y los libros de autoayuda están promocionando como desquiciados la felicidad. Ésta representa un gran negocio (de por lo menos diez mil millones de dólares, de acuerdo con un informe de Research and Markets).[14] Está diseñada para venderte el libro, el curso y la aplicación que te darán la cura. Subraya la idea de que debemos ser felices todo el tiempo y no deja espacio para toda la gama de emociones que nos hace humanos. Este enfoque es fundamentalmente defectuoso porque nos prepara para un ciclo sin fin: la felicidad es un objeto esquivo y, en el momento en que la tienes en tus manos, se te escapa. De lo que no te das cuenta es de que estás inmersa en un juego diseñado para que sigas sufriendo.

Cuando ves la felicidad como algo que puedes comprar, lograr o encontrar fuera de ti misma, creas sufrimiento. Cuando ves la felicidad como una ausencia de dolor, creas sufrimiento. Cuando crees que debes ser feliz todo el tiempo, te tiendes una trampa que te lleva al sufrimiento.

Aquí está la cuestión: en realidad, no quieres ser feliz todo el tiempo. De hecho, ¡estar constantemente feliz puede ser perjudicial para tu salud y crecimiento!

Nuestras emociones existen por una razón y nos ayudan a navegar por la vida. Las emociones nos llevan hacia decisiones que son necesarias para nuestra supervivencia y bienestar. Además, un gran error es pensar que el camino hacia la felicidad significa la ausencia de dolor. El dolor no es bueno ni malo. Es un mensajero. El dolor te está diciendo que algo está desequilibrado, que algo necesita atención, que hay un cambio o crecimiento esperándote. Esto se aplica tanto al dolor físico como al emocional.

El dolor no es tu enemigo, es energía que te toca el hombro y susurra: "Hazme caso". Ignóralo el tiempo suficiente y los susurros se harán cada vez más fuertes, hasta que no le dejas más remedio que gritar: "¡Mírame ahora!". El dolor crece, se vuelve más intenso e insoportable, te suplica que finalmente le brindes la atención que necesita.

Cuando experimentas una ruptura devastadora, cuando sientes que tu mundo se está desmoronando, comúnmente se trata de un dolor que había sido ignorado durante mucho tiempo, hasta que al final tuvo que romperte para que lo notes y actúes.

Si estás tan empeñada en ser feliz, ¿qué sucede cuando experimentas emociones más oscuras? Pensarás que algo anda mal contigo o te decepcionarás de ti misma. Esa vergüenza podría engendrar más autodesprecio y hacer que te sientas todavía peor. Resistir las emociones que percibes como negativas sólo las intensificará. También puedes sentir emociones contradictorias al mismo tiempo. La vida no es en blanco y negro. ¿Qué pasa si, en cambio, abrazas la luz y la oscuridad, lo positivo y lo negativo, la felicidad y la tristeza, y todas las emociones intermedias, como parte de la condición humana? El amplio rango emocional indica una vida plenamente vivida; cada subida y cada bajada son necesarias para el crecimiento.

Piensa en algunas de las mejores cantantes del mundo, desde Adele hasta Céline Dion, Mariah Carey y Lady Gaga. ¿Qué tienen en común? El rango. Es la amplitud y profundidad del rango lo que las convierte en cantantes magistrales. Imagina tu vida como si estuvieras cantando tu propia ópera. ¿En verdad querrías una ópera en un solo tono, con una melodía simple, sin rango?

Entonces, ¿sentirse mal no es malo?

¿Qué pasaría si reemplazaras tu objetivo de felicidad con la intención de aceptación?

La aceptación es hacerte consciente del momento presente sin juzgar. El autor Jon Kabat-Zinn describe la aceptación de una manera maravillosa:

> La aceptación no significa una resignación pasiva ni mucho menos. Todo lo contrario. Se necesita una gran cantidad de fortaleza y mo-

tivación para aceptar lo que es (especialmente cuando no te gusta), y luego trabajar lo mejor que puedas, con sabiduría y eficacia, con las circunstancias en las que te encuentras y con los recursos que tienes a tu disposición, tanto internos como externos, para mitigar, sanar, redirigir y cambiar lo que sí se puede modificar".[15]

Con la aceptación en mente, cuando sientas emociones incómodas, reconócelas y permítete sentirlas, procesarlas y aprender de ellas. Lo irónico es que cuanto más admitas lo que son, más feliz serás.

Nota de advertencia: existe una gran diferencia entre los aspectos funcionales de las emociones que te ayudan y los aspectos disfuncionales, que por lo general provienen del apego excesivo. Por ejemplo, la tristeza funcional permite la pausa y la reflexión; la tristeza disfuncional puede convertirse en depresión. La ira funcional puede ayudar a alguien a ser asertivo; la ira disfuncional es rabia. Si te inclinas más hacia el lado disfuncional de las emociones es crucial que busques ayuda profesional de inmediato, para que cuentes con un apoyo en la transición hacia un rango funcional y manejable.[16]

Tener < Hacer < Ser

No estoy diciendo que la felicidad deba evitarse. Sentirte positiva y alegre en la vida es un estado satisfactorio y gratificante. Sólo quiero que desafíes los conceptos erróneos de la felicidad constante y animarte a aceptar las otras emociones que vienen con la esencia de un ser humano. Cuando me siento triste, me digo: "Oh, estoy ampliando mi rango emocional en este momento. Estoy aumentando mi capacidad de sentir". Porque si adormeces tu capacidad para sentir lo malo, también adormecerás tu capacidad para sentir lo bueno. No puedes suprimir un lado del espectro emocional sin afectar al otro.

Esto me lleva a otro concepto importante en el plano emocional: paz interior.

Cuando estaba en mi relación con el hombre con el que pensé que me iba a casar, pensé que lo tenía todo. Tenía un trabajo prestigioso, un salario, un departamento, un novio, un plan de vida. #GANADORA.

Pero cuando perdí cada elemento en el que basaba mi "felicidad" me sentí miserable. No sólo miserable, sino miserable *no-puedo-ni-salir-de-la-cama-mi-vida-se-acabó*. Aprendí una lección fundamental después de que cambié para siempre mi forma de afrontar la vida. Verás, mi enfoque anterior consistía en basar mi felicidad, paz e identidad en todos los factores externos a los que estaba apegada. Siempre que estuvieran en orden, entonces yo estaría "feliz". Pero nunca pudieron traerme verdadera felicidad o paz, porque dependían completamente de cosas que se encontraban fuera de mi control.

Ahora, me veo a mí misma como el centro de mi universo. Y todas estas cosas increíbles (la carrera, la relación, el estatus) orbitan a mi alrededor. Si me arrancan una, puedo perder el equilibrio momentáneamente, pero no quedaré por completo fuera de mi centro.

> La serenidad no es encontrar mares más tranquilos, sino construir un mejor barco.
>
> RYAN SOAVE

Estoy lejos de ser un monje al que no le afectan el entorno ni las circunstancias externas. Pero estoy trabajando para mirar dentro de mí y ser mi propia fuente de amor, alegría, felicidad y paz. Espero seguir evolucionando hasta el punto en que pueda sentirme en paz, incluso si mi mundo externo está atravesando una tormenta. Para mí, ésa es la verdadera paz interior.

Entonces, mi pregunta para ti es: ¿por qué estás luchando, a qué aspiras?, ¿es algo externo?, ¿después de que hayas conseguido el trabajo, el salario, la relación, la casa y la familia por fin serás feliz y estarás verdaderamente en paz?, ¿o sería más satisfactorio si cambiaras tu intención para aceptar y estar en paz, sin importar lo externo?, ¿qué camino sería más útil a largo plazo?

ROMPER

Cada mujer que ha venido a Renew ha entrado sintiéndose rota. Llegan encorvadas, con los ojos apagados, el rostro y el cuerpo tensos. Para el momento en que abandonan el retiro, todas han llegado a la misma conclusión: no se trata del chico, nunca tuvo que ver con él. No se trata del ex, de la relación o de lo que él hizo o dejó de hacer. Se trata de volver a aprender a amarse a sí mismas, se encuentren solteras o en pareja, y recuperar su valor, identidad y poder. La ruptura no era el final; fue sólo la chispa para catapultarlas a su transformación, para liberarse y abrirse paso hacia las mujeres en que estaban destinadas a convertirse: empoderadas, inspiradas, despiertas.

Muchas mujeres que han venido a Renew han estado viviendo aturdidas, encadenadas por creencias limitantes sobre los roles de género, cómo debería ser el amor, qué merecen y qué no... Sin la ruptura traumática que las sacó de su trance, nunca se habrían detenido a preguntarse si el camino por el que habían transitado era el que en verdad querían.

Algunas de las mujeres que vienen a Renew han iniciado desde entonces nuevas carreras y explorado un viaje de sanación y espiritualidad; muchas se encuentran ahora en relaciones amorosas y saludables que nunca soñaron posible. Algunas incluso se han unido al equipo Renew, por lo que su misión es ayudar a que otras también superen la angustia. En ocasiones, una ruptura es la sacudida que necesitamos para reorientar nuestra vida.

4

Los sentimientos no son hechos (cuando duele pero se siente bien)

El dolor es inevitable; el sufrimiento es opcional.

ANÓNIMO

¿Alguna vez has buscado en Google fotos de Amy Winehouse antes y después de las drogas? Es legítimamente aterrador, ¿cierto?

Cocaína, anfetaminas, alcohol: todas sabemos lo mal que nos resultan estas cosas. Mira cualquier recopilación de YouTube de "Las caras de la metanfetamina" y es algo de pesadilla. Aleja a la mayoría de las personas de las drogas para siempre. Pero ¿sabes lo que no existe y debería existir? Una compilación de "Rostros de adictos emocionales".

Estoy bromeando. El hecho es que la "adicción emocional" es un fenómeno muy real que afecta a un número incalculable de personas sumamente sensibles. Y afecta sus corazones, mentes y cuerpos.

¿Alguna vez te has preguntado por qué la gente sigue creando drama en su vida?

Bueno, al igual que el adicto a las drogas que siempre anhela más, el adicto emocional tampoco se siente saciado, nunca obtiene suficiente. Tal vez no estemos inhalando polvo blanco como Al Pacino en *Cara cortada*, pero somos igual de adictas de cualquier manera. De hecho, las sustancias que nos dan un subidón (incluso las que no son ilícitas) también están relacionadas con la adicción emocional.

Todo el mundo ha oído hablar de las endorfinas, ¿cierto? Esos increíbles químicos que mejoran el estado de ánimo y que se liberan durante las relaciones sexuales y las carreras de larga distancia. Pero pocas personas entienden cómo funcionan en realidad.

De hecho, no fue sino hasta la década de 1970 que los científicos descubrieron las endorfinas cuando estaban tratando de averiguar cómo funciona la heroína en el cuerpo. Lo que descubrieron fue que las endorfinas son este estupendo narcótico personal que todos llevamos dentro y que actúa de manera similar a la morfina. No necesitamos un vendedor de drogas.

Pero de lo que mucha gente no se da cuenta es de que estas endorfinas se crean tanto a partir del placer como del dolor. La adicta emocional ni siquiera se percata de que se ha vuelto completamente adicta a sus emociones *negativas*.

El doctor John Montgomery, neurocientífico y escritor, señala que se liberan endorfinas cuando las personas suelen cortarse de manera intencional, que al principio pueden sentirse como una alta dosis de morfina. "Cuando las personas que están crónicamente deprimidas tienen pensamientos tristes y dolorosos, como recordar una ruptura romántica dolorosa, el pensamiento del dolor en sí mismo desencadenará de manera instantánea la liberación de endorfinas en su cerebro".[1]

CUANDO TU HOMEOSTASIS ES UN CAOS

A nuestro cuerpo no le gustan los cambios porque su trabajo es mantener un estado de equilibrio, conocido como "homeostasis". Estamos programadas para mantenernos en balance con lo que es familiar porque es cómodo.

Es posible que hayas escuchado la expresión de que las neuronas que "se activan juntas, se conectan juntas". Cuando un circuito se mantiene activo, suele convertirse en la configuración predeterminada, lo que hace probable que ocurra la misma respuesta en el futuro.[2] Entonces, si nos hemos sentido seguras y amadas desde que éramos jóvenes, nuestro cerebro se vuelve bueno para jugar, cooperar y confiar. Si nos sentimos no queridas, asustadas y abandonadas cuando éramos niñas, las sustancias químicas asociadas también se han quedado también por aquí durante décadas, lo que nos ha llevado a especializarnos en la ansiedad y la vergüenza como adultas.

El cerebro quiere conservar el estado químico al que está acostumbrado. Una de sus principales funciones biológicas es la homeostasis y hará todo lo posible para mantener esa continuidad química. Con el tiempo, las células se desensibilizan químicamente (crean mayor resistencia al estímulo) y necesitan más estímulos para generar una reacción. Conforme avanzamos, se necesitan más preocupación, más ira o más ansiedad para encender nuestro cerebro.

Todos nuestros sentimientos y actitudes (aquellos que creemos que son causados por fuerzas externas) son el resultado de cómo percibimos la realidad en función de nuestros sistemas de creencias y de lo adictas que somos a determinadas emociones. Percibes el entorno de una manera que refuerza cómo te estás sintiendo. Cuando abandonas una situación fuente de emociones negativas, ya sea al salir de una relación, terminar una amistad o separarte de las personas, los lugares y las cosas asociadas con los malos sentimientos, es posible que descubras que, aunque hayas cambiado las circunstancias, los sentimientos todavía están ahí. Cuando nuestras células ya no reciben su solución química habitual, nuestra memoria entra en acción para hacer el trabajo a través de los recuerdos. Cuando estamos en medio de un cambio, los recuerdos están trabajando al máximo. Si no tenemos cuidado, tal vez elegiremos una nueva pareja que creará los mismos sentimientos negativos, porque esto nos permite mantener el estado químico al que nos hemos condicionado.

Las emociones son el residuo químico de la experiencia. Si eres adicta a las emociones de vergüenza, podrías usar a tu novio crítico para reafirmar tu adicción al juicio, podrías usar a tus padres para reafirmar tu adicción a la culpa, podrías usar tu cuenta de Instagram para reafirmar tu adicción a la inseguridad. Si eres adicta a sentirte víctima, puedes crear historias sobre cómo te hicieron daño y cómo todos los demás tienen la culpa; puedes repetir una historia una y otra vez a cualquiera que escuche "lo que te sucedió".

PERO... ES CÓMODO ESTAR AQUÍ

La homeostasis es útil en el sentido de que mantiene la temperatura corporal natural de nuestro cuerpo, el metabolismo y otras funciones necesarias para la supervivencia. Sin embargo, dado que tu cuerpo se preocupa sobre todo por mantener las cosas tal como están, cuando introduces algo nuevo, su primera reacción será la resistencia. Por ejemplo, digamos que rara vez haces ejercicio. Un día decides que debes empezar a practicarlo, así que decides salir a correr, pero después de unas pocas calles, comienzas a sentirte mareada y con náuseas, mientras jadeas por aire. ¿Qué haces? Podrías dejar de correr y regresar caminando a casa, derrotada. Pero ésa es una reacción exagerada, porque tu cerebro simplemente estaba recibiendo señales que detectan cambios en tu frecuencia cardiaca y tu respiración. Tu homeostasis típica fue interrumpida, por lo que tu sistema envió señales de alarma a tu cuerpo para detener lo que estaba haciendo ¡de inmediato! Si no conocieras la homeostasis, podrías interpretar esas señales como una amenaza. Ahora sabes que es natural que tu cuerpo se resista al cambio: el *statu quo* es simplemente más cómodo. Sigue corriendo o, en este contexto, empujándote más allá de tu zona de confort.

Hay factores biológicos que intentan mantenerte en homeostasis, pero también están los sociales y culturales. En ocasiones, son las personas que te conocen desde hace más tiempo las que se resisten más a tu cambio. Te han metido en una caja que a ellas les resulta cómoda. Ellas también tienen una homeostasis de cómo y quién eres, y una forma conocida de interactuar contigo. Saben cuál es su posición en la relación contigo, con las etiquetas y roles que te han asignado.

Cuando cambias, algunas personas en tu vida podrían sentirse incómodas simplemente porque ese movimiento es demasiado impactante para que puedan manejarlo. Algunas pueden envidiarte y otras pueden sentirse más cómodas con tu viejo tú, tan sólo porque a eso están acostumbradas. Es importante que conozcas estos factores externos que podrían limitar tu evolución.

EJERCICIO: Nómbralo para domarlo

En este ejercicio vamos a determinar a qué emociones podrías ser adicta. Una vez que entendamos esto, podemos tomar conciencia de las experiencias pasadas que imprimieron estas emociones y aprender a cortar el círculo.

Parte 1

Reflexiona sobre tus últimas relaciones. Si sólo has tenido una relación, puedes limitarte a ésa. Escribe las tres emociones que experimentaste de manera constante en tus relaciones pasadas. Por ejemplo, si todo el tiempo dabas demasiado y no recibías nada a cambio, es posible que te hayas sentido resentida. Si buscabas más tiempo y más compromiso, es posible que te hayas sentido desesperada. Si te divertiste mucho en tu última relación, tal vez te hayas sentido juguetona. La lista no tiene por qué limitarse sólo a las emociones negativas; si experimentaste emociones positivas de forma consistente también puedes incluirlas. El objetivo de este ejercicio es hacer un balance de los patrones de tus experiencias emocionales pasadas.

Las tres emociones principales que sentiste con tu ex # 1

_____

_____

_____

Las tres emociones principales que sentiste con tu ex # 2

_____

_____

_____

Las tres emociones principales que sentiste con tu ex # 3

_____

_____

_____

Reflexiona: ¿se repite alguna? Pregúntate a qué estados emocionales podrías ser adicta. ¿Cómo estás participando en la creación de situaciones que te permiten seguir sintiendo esas emociones? Las palabras que siguen apareciendo son las emociones a las que eres adicta, querida lectora.

PARTE 2

Encierra en un círculo las emociones negativas o no constructivas que se repitieron en tus relaciones y elige una con la que trabajarás. Si cada relación te provocó diferentes emociones puedes concentrarte en la experiencia emocional de tu relación más reciente.

Usando como punto de partida la oración que encontrarás enseguida, escribe cómo contribuiste a esa experiencia emocional. En la segunda oración, identifica cómo puedes evitar que la experiencia emocional se repita en el futuro. Repite esta frase inicial varias veces para tener una idea completa de todas las formas en que eres responsable de tu experiencia emocional y las decisiones que puedes tomar para evitar que ese patrón se repita.

Por ejemplo:
Sentimiento repetido: **resentimiento**

Me sentí _resentida_ porque _yo seguía pagando todo, haciendo todas las tareas del hogar y dando mi tiempo y energía sin ninguna reciprocidad._

Para evitar que esto suceda en el futuro, _dejaré de pagar todo y tendré una conversación sobre el dinero y los límites desde el principio._

Tu turno:

Me sentí _____ porque _____
_____.

Para evitar que esto suceda en el futuro, _____
_____.

Me sentí _____ porque _____
_____.

Para evitar que esto suceda en el futuro, _____
_____.

Me sentí _____ porque _____
_____.

Para evitar que esto suceda en el futuro, _____
_____.

LO QUE REVELAN TUS FACTORES DETONANTES

Nuestras relaciones brindan una idea de cuáles son nuestras necesidades. Si eres capaz de satisfacer tus propias necesidades básicas de supervivencia y emocionales es probable que entables relaciones, experiencias y oportunidades que complementen y apoyen el lugar donde te encuentras. Puedes comunicar tus necesidades y límites, así como tomar las medidas adecuadas si alguien cruza tus límites establecidos. Te tratas a ti misma con amor, compasión, cuidado y respeto, y no aceptas menos de los demás.

Sin embargo, si experimentaste negligencia, trauma, abuso o conflictos cuando eras niña es probable que tengas una relación disfuncional con tus necesidades. Como reacción a no haberlas satisfecho es posible que te sientas enojada o con la sensación de que te deben algo. Como una niña que hace un berrinche para llamar la atención puedes recurrir al drama, la agresión pasiva o la manipulación para satisfacer tus necesidades de manera temporal. O puedes haber desarrollado mecanismos de afrontamiento para dejar de tener necesidades. En lugar de honrarlas, las silencias, las olvidas o te rindes por completo. Esto se manifiesta en las siguientes maneras:

- Siendo complaciente
- De rendimiento excesivo
- Cuidadora
- De bajo rendimiento
- Rebelde
- Controladora
- Siendo reprimida

Aprendí en la niñez que la manera de sobrevivir era atendiendo mis propias necesidades. Con orgullo habría afirmado que no tenía ninguna, como si esto fuera una insignia de honor. Pero mis necesidades insatisfechas se convirtieron en la base de peleas repetidas, señales pasivo-agresivas, tensión crónica y un estado de ansiedad en mis relaciones. Discutía con mis ex sobre su falta de mensajes y trataba de imponer reglas de frecuencia en la comunicación. O me peleaba por la falta de gestos románticos y exigía más citas nocturnas y flores. Incluso cuando los hombres con los que salía me complacían, sólo me liberaba por un tiempo de mi frustración y resentimiento. El mismo dolor siempre volvía a la superficie.

Éste era un problema recurrente y, viéndolo en retrospectiva, me doy cuenta de que nunca se trató de la cantidad de flores o la frecuencia de las llamadas o los mensajes. Detrás de mis quejas, demandas y críticas de lo que mis parejas "no estaban haciendo", lo que había era una profunda e insatisfecha necesidad de conexión. Podría intentar solucionar los síntomas todo lo que quisiera, pero si no me ocupaba de la raíz nunca abordaría el problema real. En lugar de poner curitas sobre el problema, debía tener una conversación honesta y vulnerable sobre mi necesidad de conexión y seguridad. Aunque puedo compartir cuáles son mis necesidades, en última instancia soy la responsable de satisfacer mis propias necesidades emocionales.

Todas tenemos necesidades, y éstas son personales y se basan en tu propia historia. Antes de comenzar a abordar las básicas que cada una tenemos en las relaciones, primero debemos:

1. Comprender cuáles son nuestras necesidades y tener compasión por las necesidades de los demás (esto no significa sacrificar las nuestras).
2. Reconocer las necesidades mostrándolas/expresándolas con honestidad (en lugar de ocultarlas o reprimirlas hasta que no puedas más y explotes).

3. Asumir la responsabilidad de ser tu propia cuidadora principal y quien satisface tus necesidades tanto como puedas. Lo haces a través del cuidado personal y el trato amoroso para ti misma, estableciendo límites fuertes y rodeándote de personas que respetan tus necesidades. De esta manera, te conectas con los demás desde un lugar de plenitud, no de inanición y carencia.

4. Comprender que tus necesidades son fluidas y pueden cambiar según la etapa de tu vida, la situación y tu pareja y que es importante llevar a cabo un control regular de tus necesidades.

Y recuerda, tu frustración por lo que otros no te están dando es un indicador de lo que primero debes darte a ti misma.

Zahra: "NO ME SIENTO SEGURA"

ZAHRA ERA HIJA de un divorcio complicado. Tenía diez años cuando su madre se enteró de que su padre estaba teniendo una aventura. Después de eso, su vida se volvió inestable, ya que se encontró en el centro de una desagradable batalla por la custodia. Cuando Zahra creció, se sumergió en su carrera y ganó mucho dinero. La estabilidad financiera era una de las formas en que podía crear seguridad para ella misma. Pero mientras sobresalía en su vida empresarial, sus relaciones eran un desastre. Fue engañada en dos de sus relaciones y tenía importantes problemas de confianza. Sin importar cuánto éxito financiero tuviera, Zahra no se sentía segura y seguía entablando relaciones que reafirmaban sus problemas de seguridad y confianza.

Cuando estuvo en Renew, tenía cuatro meses en una relación nueva y saludable con un hombre seguro. Él le estaba mostrando, tanto en sus acciones como en sus palabras, que estaba comprometido y quería seguir explorando la construcción de una relación de pareja firme con ella. Pero Zahra estaba traumatizada por su pasado. Se sentía insegura cuando su novio no respondía a sus mensajes de texto de inmediato o no la llamaba suficientes veces en un día. Ella se enojaba y su novio cambiaba su comportamiento para apaciguarla, sólo para que ella se enojara con él a la siguiente semana por alguna otra cosa.

Era claro que Zahra necesitaba seguridad y culpaba a su novio por no dársela.

"No me hace sentir segura", confió al grupo. Su forma de afrontar la situación era controlar y manejar de manera excesiva a su novio. Si él accedía a sus demandas, ella se sentía "segura", sólo temporalmente, hasta que surgiera el siguiente problema. Su fuerte presión sobre el control y las reglas rígidas sólo eran curitas en la raíz del problema: inherentemente, no se sentía segura.

¿Te identificas? ¿Le has solicitado a otras personas que te hagan sentir segura, amada o feliz? Nuestras relaciones (ya sean románticas, platónicas o profesionales) pueden ayudarnos a satisfacer nuestras necesidades, pero, en última instancia, nadie puede darte algo que tú debes sentir, incluso si ceden a tus demandas. En el caso de Zahra, aunque su novio cumplía con todas sus reglas para que pudiera sentirse "segura", al final ella se mantenía concentrada en lo siguiente que él debía hacer. Su hambre de seguridad y su enfoque eran un pozo insaciable que nunca podría llenarse.

Si no te sientes segura, puedes compartirlo con las personas que forman parte de tu vida e incluso dar opciones sobre cómo podrían brindarte un mejor apoyo. Ellas pueden ser compasivas con tu necesidad pero, al final del día, es tu responsabilidad sentirte intrínsecamente segura. La expectativa de que una persona pueda hacerte sentir segura o amada cuando no has sentido eso en décadas es poco realista y una tarea difícil para alguien más.

EJERCICIO: Nombra tus necesidades

Revisa la lista que encontrarás a continuación y marca con un círculo todas las necesidades que NO recibiste mientras crecías o que sentiste que debías suprimir. Esto podrá proporcionarte información sobre las necesidades a las que eres más sensible y las que requieres más como adulto.

Necesidades emocionales comunes

Conexión:

aceptación

afecto

amor

apoyo

apreciación

calidez

cercanía

compañerismo

compasión

comprensión

comunicación

comunidad

confianza

conocer y ser conocida

consideración

consistencia

cooperación

empatía

estabilidad

inclusión

intimidad

pertenencia

protección

reciprocidad

respeto/autorrespeto

seguridad

soporte

ver y ser vista

Bienestar físico:

comida

contacto

descanso/sueño

expresión sexual

movimiento/ejercicio

protección

refugio

Honestidad:
autenticidad
integridad
presencia

Esparcimiento:
alegría
humor

Paz:
armonía
belleza
comodidad
comunión
igualdad
inspiración
orden

Autonomía:
elección
espacio
espontaneidad
independencia
libertad

Sentido:
aprendizaje
atención
autoexpresión
capacidad o competencia
celebración de la vida
claridad
comprensión
conciencia
contribución
creatividad
crecimiento
desafío
descubrimiento
duelo o luto
efectividad
eficacia
esperanza
estimulación
importar
participación
propósito

Enseguida, en tu diario, utiliza los siguientes puntos de partida para evaluar tu relación actual o la más reciente a la luz de esas necesidades.

- ¿Cómo reaccionabas cuando eras niña para tener satisfechas estas necesidades insatisfechas?

- Reflexiona sobre tu última relación romántica (o las últimas). Anota todas las necesidades que tu expareja no satisfizo. ¿Qué acciones tomaste para solucionar estas necesidades insatisfechas?
- ¿Cuáles son las similitudes? ¿Cuáles son las contradicciones? ¿Cómo han afectado las necesidades insatisfechas de tu infancia a tus relaciones adultas?
- ¿Cómo estás intentando satisfacer tus necesidades ahora? ¿De qué manera reaccionas cuando no son satisfechas? ¿Eso te resulta útil?

Para cada necesidad insatisfecha que te esté causando dolor o malestar en la actualidad, haz una lista de todas las formas en que tú misma podrías satisfacer esas necesidades. Esto no significa que debas satisfacer todas, sola y aislada. Piensa en las diferentes fuentes donde podrías comenzar a satisfacerlas. Por ejemplo, si la conexión es una necesidad importante para ti, los siguientes elementos de acción son ejemplos de cómo crear una sensación de conexión dentro de ti:

Por ejemplo:
Necesidad: **conexión**

Puedo satisfacer mi necesidad de *conexión* al *incorporar una meditación guiada diaria sobre la autocompasión y la abundancia* (conexión con una misma).

Puedo satisfacer mi necesidad de *conexión* al *reunirme a cenar con mis amigas una vez a la semana* (conexión con amigos).

Puedo satisfacer mi necesidad de _conexión_ al _realizar un acto de bon-dad al azar cada día_ (conexión con la humanidad).

Puedo satisfacer mi necesidad de _conexión_ al _inscribirme en una clase de baile con mis amigos, aunque esto se encuentre fuera de mi zona de confort_ (conexión con una misma y con la comunidad).

Puedo satisfacer mi necesidad de _conexión_ al _unirme a un grupo de mujeres o club de lectura_ (conexión con la comunidad).

Tu turno:

Puedo satisfacer mi necesidad de _____ al _____
_____.

Puedo satisfacer mi necesidad de _____ al _____
_____.

Puedo satisfacer mi necesidad de _____ al _____
_____.

Puedo satisfacer mi necesidad de _____ al _____
_____.

Puedo satisfacer mi necesidad de _____ al _____
_____.

Ser responsable de satisfacer tus propias necesidades no significa que no puedas estar o que no estés en una relación en la que tú y tu pareja se apoyen, respeten y honren las necesidades del otro. Ya sea que estés soltera, en pareja o en cualquier situación intermedia, en última instancia, tú eres la responsable de comunicar tus necesidades, límites y términos. A continuación, aprenderemos cómo hacer esto de una manera saludable.

Cuando "tu niña" hace estragos

> Si eres histérica, es histórico.
> SENTENCIA DE ALCOHÓLICOS ANÓNIMOS

El trasfondo del trauma es lo que nos hace reaccionar cuando las personas o situaciones fungen como factores desencadenantes. Para algunas, esto podría ser un trauma obvio, como haber experimentado abuso o negligencia. Para otras, el trauma es más sutil y crónico, como haber sido criticada, presionada para ser "perfecta" o asumir el papel de cuidadora. Cuando somos niñas, no tenemos la capacidad de comprender o comunicar nuestras emociones, razón por la cual recurrimos a la única forma que conocemos para expresarlas: exhibiéndolas visualmente a través de gritos, llantos, pucheros o escondiéndonos. Para sobrevivir y para protegernos adoptamos mecanismos de afrontamiento y, con el tiempo, el comportamiento repetido se arraiga. Quizá te convertiste en el divertimento familiar y usas el humor para evitar la vulnerabilidad. O jugaste el rol de la heroína y ahora te encuentras salvando a alguien. Tal vez eras validada como "buena" sólo si obtenías las mejores calificaciones y te adaptaste para convertirte en una persona hipercompetente, obsesionada con la perfección para sentir que eres suficiente. Estas adaptaciones se normalizan con el tiempo, por lo que su raíz se vuelve invisible.

Pero estas mutaciones y mecanismos de afrontamiento comúnmente no nos sirven cuando somos adultos y obstaculizan la creación de las relaciones que queremos con nosotras mismas y con los demás. Y cuando resultamos heridas, comúnmente experimentamos una "regresión en la edad".

Pia Mellody, autora de *Facing Codependence*,[3] explica que cuando estamos emocionalmente abrumadas podemos entrar por defecto en un estado de infancia, ya sea como una niña herida o como una adolescente en transición. Esto sucede sobre todo en nuestras relaciones románticas porque estamos muy conectadas emocionalmente y es entonces cuando nos encontramos más vulnerables.[4]

Si reaccionas sintiéndote inferior y caes en un agujero de vergüenza autoflagelante estás en una regresión a la edad de tu niña herida. Si reaccionas actuando como si fueras alguien superior, con una mentalidad de "vete a la mierda", estás teniendo una regresión a tu adolescente en transición. La adolescente está tratando de proteger a la niña herida, una vez que ha desarrollado conductas defensivas para sobrevivir. Por ejemplo, ella suele enojarse y pelear o cerrarse por completo para crear distancia con los demás y proteger su vulnerabilidad. Está reaccionando a una amenaza percibida intentando encubrir su dolor.

Si respondes con una comunicación clara, te responsabilizas de tus emociones y estableces límites sanos entonces estás respondiendo como una adulta funcional. Esto no significa que nunca resultes lastimada o experimentes emociones, sino que tienes las habilidades para regular tus sentimientos y reconfortarte a ti misma.

NIÑA HERIDA (DE 0 A 5 AÑOS)	ADOLESCENTE EN TRANSICIÓN (DE 6 A 18 AÑOS)	ADULTA FUNCIONAL
Se siente menos (inferior)	Se siente más (superior)	Se siente igual a los otros (la gente no es más o menos que ella)
No tiene límites	Levanta muros	Establece límites y restricciones sanos
Actúa desde la necesidad	Actúa como si no necesitara nada	Comunica sus necesidades
"Soy mala"	Reacciona criticando, atacando o complaciendo	Totalmente presente y responsable en la realidad
	"Tú eres malo"	Acepta las imperfecciones

Si te das cuenta de que reaccionas con comportamientos defensivos o hirientes cuando sientes dolor, ahora puedes identificar que es tu niña interior herida la que está emergiendo. En un proceso llamado "*reparenting*",[5] puedes brindarte lo que necesitabas cuando eras niña.

La pregunta que debes hacerte cada vez que te sientas reactiva es: "¿Qué edad tengo ahora?". Si te encuentras en medio de un conflicto con alguien y descubres que uno o ambos están teniendo alguna regresión, lo mejor que pueden hacer es darse espacio para procesar. No puedes comunicarte de manera constructiva si hay dos niños heridos lanzándose al cuadrilátero con guantes de boxeo. Sal a caminar, toma un baño, ve a otra habitación y conéctate contigo misma: haz algo para llevarte a un entorno en el que puedas reconfortarte y comenzar el proceso de *reparenting*.

Si notas que tu niña herida está reaccionando, concéntrate en calmarla y pregúntale qué necesita. Tal vez parezca una tontería al principio, pero imagina tu parte reactiva como la niña herida que llevas en tu interior. Es ella la que está terriblemente asustada y necesita atención. Quizá te resulte útil visualizarla: ¿tiene cuatro o cinco años? ¿Está haciendo un berrinche, congelada de miedo o mirando hacia el piso avergonzada? Puedes mirarte en un espejo y dirigirte a ella con palabras compasivas. ¿Qué le dirías a una niña asustada que está confundida y herida? Tal vez le dirías que todo está bien, que la amas, que es querida. Utiliza el diálogo interno positivo para contrarrestar la crítica negativa interna que no deja de murmurar: *Soy mala, no valgo nada*. Recuerda que nuestras emociones son como una ola, y vendrán, subirán y, después de su punto máximo, pasarán finalmente. Empieza a tolerar la energía emocional extrema sin necesidad de actuar para expulsarla. La clave aquí es nutrirte usando tus herramientas para tu cuidado personal. ¡No olvides respirar profundo!

Si te encuentras en un comportamiento defensivo, distorsionando la realidad, convirtiéndola en catástrofe o intelectualizándola para disociarte de los sentimientos, esto es indicativo de que es tu adolescente en transición quien está emergiendo. Darte cuenta de esto es un desafío porque tus mecanismos de defensa te llevan a culpar o atacar a otra persona. Si te percatas de que estás pensando y actuando de forma extrema, o que eres autocomplaciente no es sano para ti, ésta es una señal de que debes hacer una pausa y mirar hacia adentro. ¿Qué está enmascarando la ira? ¿Son sentimientos de insuficiencia, impotencia, tristeza o miedo? Dentro de toda persona adulta a la defensiva hay una niña interior herida. ¿Qué edad tiene ella? ¿Qué está tratando de proteger? Habla con ella con curiosidad. Pregúntale qué le duele. Cuando puedas extraer la emoción real detrás del comportamiento defensivo tendrás un punto de partida para acceder a las necesidades que no se están satisfaciendo y encontrar soluciones para comenzar a colmarlas. Cuando te sientas tranquila y con los pies en la tierra puedes tener una conversación con la persona que presionó tus botones y compartir cómo surgieron tus viejas inseguridades.

Usar el *reparenting* contigo misma
a través de una comunicación sana

Tenemos patrones predeterminados de reacción al conflicto. Pero cada conflicto es una oportunidad para que nos reparemos y nos convirtamos en un adulto sano y funcional. Nuestros patrones reactivos nos seguirán de una relación a otra hasta que aprendamos a cambiarlos. La comunicación eficaz es una habilidad fundamental para todas las áreas de la vida y requiere práctica.

Cuando un desacuerdo se sale de control es porque una o ambas personas están a la defensiva. En lugar de adoptar un enfoque colaborativo para escucharse entre sí y ver la perspectiva del otro, ambos se ponen los guantes de box y se colocan en un círculo vicioso de ataque y defensa. Cuando estás a la defensiva tu sistema nervioso se activa y entras en modo de supervivencia.

Idealmente, ambas personas en el conflicto se han calmado antes de iniciar una conversación. Por supuesto, esto no siempre es posible, pero si eres hábil en tu enfoque, puedes cambiar el curso de la conversación para que ésta sea más colaborativa y pacífica.

Ésas son palabras de pelea, querido

Trish Barillas es una coach de vida que se especializa en ansiedad y rupturas, y es autora del libro *A Face of Anxiety*, una memoria de su recorrido de vida con trastorno de ansiedad/pánico. Ella dirige una sesión sobre comunicación sana en Renew y les enseña a las mujeres que el primer paso para manejar un conflicto con otra persona es desarmarla.

"Cuando estás en una pelea, la mayor parte del trabajo duro se hace desde el principio: desarmarte a ti misma y a la otra persona para que ambas puedan tener una conversación racional. Una forma eficaz de hacerlo es validar lo que la otra persona dice a través de la escucha activa y la reflexión." La coach Trish refiere que la mejor

DENTRO DE TODA PERSONA ADULTA A LA DEFENSIVA HAY UNA NIÑA INTERIOR HERIDA.

manera de hacer esto es utilizar la reflexión verbal para "completar un ciclo" de comunicación.

Utilizar la reflexión verbal significa reafirmar y validar lo que la otra persona ha dicho, para confirmar que comprendes y sientes empatía. Reflexión no significa que estés diciendo que la otra persona tiene razón; es una herramienta para conectar y cambiar la energía hacia una colaboración en lugar de tener una actitud defensiva.

Trish pide una voluntaria del grupo para demostrar la reflexión en acción.

Mandy se ofrece como voluntaria y recuerda una pelea que tuvo con un chico con el que ha estado saliendo recientemente. Trish actúa como si fuera el chico y le pide a Mandy que hable con ella justo como lo hizo en la pelea.

MANDY: Eres tan desconsiderado que ni siquiera me enviaste un mensaje de texto antes para decirme que no podrías cumplir con nuestros planes. Siempre me haces esto. Podrías haberme enviado un mensaje de texto, pero no te importa. ¡Estoy furiosa!

COACH TRISH: Parece que estás frustrada conmigo por no haberte llamado desde el momento en que supe que tendría que trabajar hasta tarde. ¿Y quieres que te envíe un mensaje antes la próxima vez?

MANDY: ¡Al menos podrías haber enviado un mensaje! Te estaba esperando.

COACH TRISH: Entiendo que tú no hiciste otros planes porque pensaste que estaríamos juntos. Y te sientes frustrada por la manera en que lo manejé, ¿cierto?

MANDY: Sí.

Reflejar y validar la experiencia de la persona (lo repito, esto no significa que tú tengas o no razón) disminuye la intensidad emocional y la carga. Ayuda a la otra persona a sentir que te estás acercando con la intención de comprender, no de pelear.

EXAMÍNATE

Cuando te encuentres en un desacuerdo o conflicto hazte las siguientes preguntas:

¿Guantes de box o apretón de manos? ¿Cuál es el tono que estás estableciendo? Si entras a una conversación culpando o tratando de demostrar que la otra persona está equivocada estás configurando la conversación para que sea una pelea. Estás entrando al ring de box. Sin embargo, si tienes la intención de acercarte con curiosidad estás adoptando el enfoque del apretón de manos; estás comenzando la conversación con una energía de colaboración y compasión.

¿Estás usando palabras de pelea? Descúbrete cuando estés usando declaraciones formuladas en "tú", que automáticamente culpan y ponen a otra la persona en posición de defensa. En su lugar, utiliza declaraciones en "yo".

Ejemplo:

Declaración formulada en "tú": "Eres tan egoísta cuando no respondes un mensaje de texto sobre nuestros planes. Me haces sentir insegura".

Declaración formulada en "yo": "Me siento ansiosa cuando no respondes los mensajes sobre nuestros planes, y como valoro nuestro tiempo de calidad juntos, me encantaría que me mantuvieras informada sobre cuándo nos vamos a encontrar".

¿Estás haciendo una petición clara? Por mucho que sepamos que las personas no saben leer la mente, en la práctica, comúnmente esperamos que las personas sepan lo que queremos sin que lo digamos nunca. Aprender a pedir lo que quieres y lo que no quieres es una habilidad clave para comunicarte como una adulta sana y funcional.

Hacer una petición no es lo mismo que presentar una demanda o dar un ultimátum. Con una petición invitas a la otra persona a escuchar o hacer algo, no provocas que se sienta culpable o asustada sólo para que te complazca. Tu petición debe estar expresada en positivo, debe ser específica y flexible.

Ejemplo:

Negativo: "¡No me hables de esa manera!".

Petición clara: "¿Estarías dispuesto a bajar la voz? O podemos tomar un descanso y tranquilizarnos, para retomar esto más tarde".

En palabras del fundador del Centro para la Comunicación No Violenta Marshall Rosenberg, cuando haces una petición quieres: "Pedirles a otros que satisfagan tus necesidades como si fueran flores para tu mesa, no aire para tus pulmones".

Ejemplo:

Aire para tus pulmones: "Quiero que pasemos más tiempo juntos. ¿Cuándo volveremos a salir?"

Flores para tu mesa: "Me siento muy conectada cuando pasamos tiempo juntos. ¿Podríamos revisar nuestras agendas y programar otra cita?".

UTILIZAR EL MARCO DE LA COMUNICACIÓN NO VIOLENTA

La comunicación no violenta (NVC, por sus siglas en inglés) es un enfoque para apoyar la colaboración y resolver conflictos entre las personas, dentro de las relaciones de pareja y en la sociedad, que fue desarrollado en la década de 1960 por Marshall Rosenberg. El método se basa en la creencia de que todos los seres humanos comparten las mismas necesidades universales: ser escuchados, comprendidos, valorados y respetados. Los conflictos surgen cuando las palabras se perciben como amenazas, lo que luego escala y se convierte en luchas de poder.

Recuerda, al hacer peticiones no estás *obligando* a la persona a que las cumpla. Eso sería una demanda. Cuando las personas escuchan una demanda no ven salida a una lucha de poder, y sus únicas opciones son la sumisión o la rebelión. El punto tiene que estar abierto a discusión y no debe haber juicio o castigo porque la otra persona no esté de acuerdo. Quieres inspirar la acción, no coaccionar con amenazas o intimidación.

Puedes utilizar el marco de la comunicación no violenta como punto de partida y ajustarlo para que se adapte a tu estilo, para que resulte más auténtico. Es útil escribir lo que quieres decir, utilizando el método de comunicación no violenta antes de tener la conversación real, para clasificar lo que estás percibiendo, sintiendo y deseando.

Nirmala Raniga, fundadora del Centro de Bienestar y Adicciones Chopra, ha resumido los cuatro pasos principales de la comunicación no violenta:[6]

1. **Describe la situación sin hacer un juicio.** Da un paso atrás mentalmente y observa los hechos sin juzgar, evaluar o etiquetar lo que la otra persona hizo o no hizo. Indica lo que ves, pero no lo que piensas: "Cuando veo/escucho...".

2. **Identifica tus sentimientos.** Observa qué emociones surgen en ti debido a la situación actual. Etiqueta las emociones y evita usar un lenguaje crítico que te coloque en el papel de víctima. Por ejemplo, palabras como "traicionada", "abandonada" y "desatendida" no describen con precisión las emociones; más bien, se trata de acusaciones que juzgan las acciones del otro: "Yo siento...".

3. **Evalúa qué necesidades no estás cubriendo.** Comúnmente, esperamos que las otras personas sepan de forma innata lo que necesitamos, como si pudieran leer nuestra mente. Raniga sugiere que éste es un sentimiento residual de la infancia, cuando nuestros padres u otros cuidadores respondían a todas nuestras necesidades sin que las expresáramos. Como adultas, es importante que identifiquemos lo que necesitamos y seamos claras y directas en nuestras peticiones. Al hacerlo, se minimizan los malentendidos y tendremos más posibilidades de que nuestras necesidades sean satisfechas. Pero es crucial darse cuenta de que las necesidades y las peticiones son diferentes. Las necesidades son las piezas que faltan. Las peticiones son la herramienta que utilizas para obtener esas necesidades. Enmarca tu petición con la necesidad subyacente: "Porque valoro la conexión que tenemos, quiero pedirte...".

4. **Haz una petición clara.** Las emociones que experimentamos cuando estamos molestas están conectadas a una necesidad insatisfecha. Rosenberg descubrió que las necesidades humanas caen universalmente en una de estas pocas categorías: conexión, honestidad, paz, juego, bienestar físico, significado y autonomía. Conecta tu necesidad con la categoría correcta

para que tengas una comprensión completa de ella y de los sentimientos que están ligados. Expresa qué es lo que necesitas para seguir adelante. Suelta cualquier apego que tengas hacia la otra persona. Ambas personas deben sentir que tienen la libertad de decir sí o no a las peticiones sin ser juzgadas, atacadas u obligadas. Solicita acciones concretas que ayuden a satisfacer una necesidad. La mejor manera de lograr esto es incorporar flexibilidad y libertad en tu petición. Un ejemplo sería que expresaras tu petición de esta manera: "¿Estarías dispuesto a...?" o "¿Estás abierto a...?".

En el caso de Mandy, en lugar de acusar a su novio de ser desconsiderado podría usar el método de comunicación no violenta para hacer una petición.

La antigua forma de comunicarse de Mandy: "Eres tan desconsiderado que ni siquiera me enviaste un mensaje de texto antes para decirme que no podrías cumplir con nuestros planes. Siempre me haces esto. Podrías haber enviado un mensaje de texto, pero no te importa. ¡Estoy furiosa!".

Mandy usando la comunicación no violenta: "Cuando hago planes para nosotros y no me entero de que no nos reuniremos sino hasta minutos antes, me siento frustrada y triste. Valoro nuestro tiempo de calidad juntos y comprendo que estás muy ocupado en el trabajo y surgen cosas. ¿Estarías dispuesto a avisarme con al menos dos horas de anticipación cuando creas que te quedarás hasta tarde en el trabajo? ¿O podemos cambiar nuestras citas para el fin de semana?".

¿Y SI LA RESPUESTA ES NO?

El uso de la comunicación no violenta nos ayuda a reemplazar nuestros hábitos automatizados de reaccionar con un enfoque de expresión más reflexivo y consciente. Pero ¿qué sucede si haces una petición con el vocabulario más "despierto" que puedas reunir y obtienes un no por respuesta? Tal vez la persona se apague y se aleje por completo de la conversación, o te diga directamente que no está dispuesta a considerar tu solicitud.

No puedes cambiar la forma en que reacciona esa persona; sólo tienes control de tus propias intenciones, palabras y acciones. La comunicación sana comienza con la intención que está detrás de ella. Si tu objetivo original era forzar o culpar a alguien para que te dé lo que quieres, eso es manipulación, no comunicación sana.

Puede llegar un punto en el que sientas que tu relación con alguien es unilateral y no existe un respeto mutuo por las necesidades del otro. En este caso debes reevaluar si la relación aún funciona para ti.

Amarte a ti mismo es hacerte responsable de tus emociones y aceptar que es tu trabajo sentir todas las cosas que has querido delegar en una pareja. Esto significa que tú eres tu propia fuente de plenitud, paz, seguridad, validación y estabilidad. Y si sientes que algo te falta en estas áreas, amarte a ti misma significa hacer el trabajo para obtenerlas. Cuando amas desde un lugar de plenitud, con el entendimiento de que nadie tiene el poder de completarte, te das cuenta de que el papel de tu pareja no es manejar tus emociones, completarte o satisfacerte. Tus parejas románticas no están aquí para hacerte feliz. Están aquí para hacerte consciente.

5

Romper los grilletes de la vergüenza

La verdad te hará libre, pero primero te hará enojar.
GLORIA STEINEM

La tienes. La tengo. Todas la experimentan (excepto los psicópatas). ¿Puedes adivinar a qué me refiero?

Vergüenza.

La vergüenza puede ser tóxica, dolorosa e incluso mortal. La autora de *best sellers* y experta en vergüenza, Brené Brown, describe esta emoción como "el sentimiento o la experiencia intensamente dolorosa de creer que somos imperfectos y, por lo tanto, indignos de amor y de pertenencia: algo que hemos experimentado, hecho o dejado de hacer nos hace indignos de conexión".[1]

Entre las mujeres que vienen a Renew, la vergüenza es un tema central de su sufrimiento. Hay vergüenza por la ruptura en sí, por elegir a la persona equivocada, por quedarse y tratar de que funcione, vergüenza por no hacerlo funcionar, por sentirse triste, por sentirse enojada, por sentirse sola, ¡vergüenza por sentir vergüenza!

La vergüenza tiene todo un espectro, desde la vergüenza saludable en un extremo hasta la tóxica en el otro. Brown describe la vergüenza saludable como culpa: "Hice algo malo". Mientras que la vergüenza tóxica es: "Soy mala". Cuando alguien experimenta vergüenza tóxica asume de manera automática: "Algo está mal conmigo. Soy defectuosa".

La vergüenza es una condición humana normal y resulta útil para ayudarnos a aprender. Cuando la vergüenza se internaliza como un recordatorio constante del rechazo y el sentimiento de ser indigno comienza a regular nuestro comportamiento de manera destructiva.[2]

Este nivel de vergüenza paralizante es física y mentalmente letal. Se han realizado estudios sobre la conexión entre los niveles tóxicos de vergüenza y los trastornos alimentarios, la adicción, los sentimientos de aislamiento y varios otros problemas sociales.[3]

EL LADO OSCURO DE LA VERGÜENZA

Después de una ruptura, los mecanismos de defensa comunes que utilizan las personas para lidiar con la vergüenza son la retirada, la evasión y el ataque (ya sea a sí mismos o a otros).[4]

- La retirada es cuando nos sumergimos en nosotras mismas: durmiendo todo el día, negándonos a salir de casa o viendo televisión en exceso. La retirada se utiliza para ocultar nuestra vergüenza a los demás.
- La evasión es cuando nosotras mismas nos ocultamos de la vergüenza. Esto ocurre cuando nos distraemos con actividades estimulantes, como el abuso de sustancias, comer en exceso o una "terapia de compras".
- Atacarnos a nosotras mismas es cuando nos infringimos lesiones psicológicas o físicas. Esto nos lleva a culparnos, hablarnos en tono negativo, cortarnos o incluso suicidarnos. Atacar a los demás mediante interacciones agresivas, culpas, insinuaciones o deseo de venganza.

Los estudios han encontrado que es más probable que los hombres conviertan su vergüenza en ira y culpen a los demás, mientras que las mujeres tienen más probabilidades de convertir su vergüenza en tristeza y depresión, culpándose a sí mismas.[5]

ENCIENDE LA LUZ SOBRE TU VERGÜENZA Y QUÍTALE SU PODER

Cuanto más ocultamos nuestra vergüenza, más crece. Seguirá acechando en las sombras, haciéndose crónica y cada vez más debilitante. Poco a poco, la vergüenza provocará más desconexión de una misma y de los demás. Pero cuanto más la discutes y la confrontas, más pequeña se vuelve. El ciclo de la vergüenza es cruel y la única forma de interrumpirlo es abordarlo con empatía. Por empatía me refiero a la comprensión hacia nosotras mismas. Todos somos seres imperfectos. Admite que sientes vergüenza, profundiza en el porqué. Ten compasión por ti misma en lugar de castigarte. Luego, comparte tus sentimientos con alguien en quien confíes.

> Hablar de nuestros sentimientos de vergüenza y nombrarlos disminuye su poder. De hecho, verbalizar nuestra vergüenza en realidad nos hace resistentes a ella.
>
> BRENÉ BROWN, *Daring Greatly*

En ocasiones ni siquiera sabemos que es la vergüenza lo que está en la raíz de nuestros mecanismos de defensa, y requerimos aplicar psicología inversa a los síntomas conductuales para descubrir la fuente.

Al ser alguien etiquetado como una "experta en relaciones", hay momentos en los que me siento mal por tener problemas en las relaciones. Hay una sensación de vergüenza, como si ya tuviera que haber resuelto todo el rompecabezas del amor. Soy una líder en este tema, ¡no debería sentir dolor! No fue hasta que comencé a investigar la noción de vergüenza para este libro que surgió mi propia vergüenza oculta. De hecho, ella se apoderó de mí cuando comencé a salir con un chico llamado Sammy.

Nuestro romance arrancó con fuerza: nos sentábamos juntos en un espacio de trabajo compartido y platicábamos de vez en cuando mientras intentábamos trabajar. Después de cinco horas, me di cuenta de que quería seguir pasando tiempo con él y le pedí que saliéramos a cenar. Canceló sus planes y, *voilà*, tuvimos nuestra primera cita. Las siguientes semanas estuvieron llenas de citas épicas, besos y comunicación diaria. Pero entonces... no propuso hacer planes conmigo durante un fin de semana: ¡un gran factor detonante para mí!

Sentí angustia y pude observarme en mi hábito de inventar historias: *Tal vez él ya perdió el interés. Tal vez senté un precedente al invitarlo a salir primero, y ahora siempre tendré que ser yo la que inicie. Oh, no, ahora soy la perseguidora...*

Me sentía necesitada y odiaba eso de mí. Después experimenté un gran autodesprecio. Fue un gran sándwich de vergüenza con ansiedad y autocompasión. Tenía un sabor horrible.

A pesar de emplear todas mis técnicas para tranquilizarme, la angustia y la inseguridad persistieron. Comencé a sentirme triste, luego enojada y después avergonzada de sentir estas emociones. Decidí escribir un diario sobre los sentimientos que estaban surgiendo en mí y lo que mi cerebro reactivo me decía que hiciera:

Retirarme: No me comunicaré con él, caso cerrado.

Castigar: Cuando finalmente se ponga en contacto, actuaré con indiferencia y mentiré: le diré que estoy demasiado ocupada para verlo.

Sabotaje: Me pondré en contacto con otro chico que me valide y desplace mi angustia.

Ataque: Me enojaré con él por no tomar más la iniciativa y amenazaré con romper.

Rechazo: Evitaré el rechazo hipotético al rechazarlo yo primero.

Vi que todas mis reacciones eran mecanismos de defensa que habían estado en su lugar mucho antes de que conociera a Sammy, y lo que se avecinaba no tenía nada que ver con él y todo que ver conmigo. Mi necesidad insatisfecha es la conexión, y la falta de comunicación o de planes evocó angustia por la falta de seguridad. Para superar mi vergüenza por tener necesidades, precisaba de reconocerlas, lo que no significa que sea una persona necesitada. Incluso si me sentía necesitada, también está bien. Al crecer con padres que estaban "muy ocupados" para criarme, me adapté a la negligencia volviéndome demasiado independiente. Desarrollé la creencia de que depender de los demás o necesitar a alguien era de una persona 1) "necesitada" y "débil" y 2) de que los decepcionaría de cualquier manera. Ahora podía rastrear la raíz por la que me sentía tan molesta cuando tenía una necesidad.

Llamé a algunos de mis amigos más cercanos y lo compartí. Esta vez la diferencia fue que me abrí no sólo ante el rechazo, sino también ante la vergüenza que sentía por ser una experta en relaciones que parecía no crear la relación que quería. Tenía una presión autoimpuesta de que ya debería haberlo "captado" a estas alturas. Sentía miedo de que mi credibilidad fuera cuestionada porque otro chico había entrado y salido de mi vida. Mis amigos, que por lo general acudían a mí en busca de consejo, asumieron con gusto ese papel. Escucharon con compasión. Me hicieron sentir segura, me permitieron llorar intensamente e incluso sentir pena, y me dieron permiso para actuar como un ser humano y no como una experta en relaciones que todo lo sabe. Éste fue un momento en el que aprendí que no soy Amy la marca, sino Amy, una humana imperfecta en un viaje continuo de crecimiento, con errores, luchas y momentos de vergüenza.

Sammy se acercó para hacer planes conmigo, pero luego, debido a razones laborales, tuvo que cancelar... dos veces. Estaba decepcionada y frustrada, y cuando le expresé por mensaje de texto que algo se había desencadenado y necesitaba procesar mis emociones, él respondió que no podía tener una relación con alguien que usara las palabras "desencadenado" y "procesar". ¡Al parecer, yo desencadené algo en Sammy también!

Me di cuenta de que parte de mi viaje es aceptar que está bien tener necesidades, y eso no significa que sea débil. También es una práctica para desarrollar mi músculo de confianza en los demás; al hacerlo, seré vulnerable al dolor y la decepción, pero también tendré la oportunidad de hacer más profundas la intimidad y la conexión. Y, en última instancia, puedo compartir estas emociones con la pareja adecuada de una manera abierta y vulnerable.

Esto es amor propio en acción, abrazando todas las partes de mí: la sombra y la luz, no un frente que proyecta la perfección. Y si alguien me rechaza por esto, bueno, no estaba destinado a estar en mi vida. ¡Hasta luego, Sammy!

EJERCICIO: Domestica la vergüenza

Pasar por la vergüenza es un proceso de compartir con los demás y experimentar empatía. Cuando tenemos experiencias difíciles que nos dejan sintiéndonos defectuosos o indignos, necesitamos el apoyo y la empatía de los demás. Los estudios muestran que la empatía disminuye los niveles de estrés y mejora la salud física y mental.[6] El siguiente ejercicio proporciona pasos sobre cómo superar la vergüenza de manera positiva.

1. Repara en qué hace surgir en ti sentimientos de vergüenza. Esto es un desafío al principio, porque nuestros sentimientos pueden estar enterrados bajo capas de mecanismos de afrontamiento. Puedes comenzar observando tus reacciones a la vergüenza: ¿cuáles son los comportamientos y los impulsos que surgen cuando sientes esta emoción incómoda?, ¿te aíslas?, ¿te retiras?, ¿atacas?, ¿culpas a alguien más? Escríbelas para identificar tus tendencias. Reconoce que usamos la culpa para descargar la incomodidad, la ira y el dolor.

2. ¿Cómo se siente la vergüenza en el cuerpo? Hay una respuesta fisiológica a cada emoción. Presta atención a tu cuerpo y simplemente observa cualquier dolor, rigidez o sensación. No necesitas hacer nada con eso, sólo observa y sé consciente.

3. Utiliza la introspección para descubrir lo que te avergüenza y las historias que has creado y que causan tu vergüenza. Evalúa cómo juzgas a los demás, ya que comúnmente hay información clave sobre lo que rechazamos o nos disgusta de nosotros mismos al observar cómo juzgamos a los demás.

4. Practica la autocompasión. Comienza por reconocer que tú no eres tu vergüenza y que muchas de las experiencias que te provocaron esa sensación sucedieron cuando eras niña. Los sentimientos de insignificancia y de no merecer aparecieron antes de que tuvieras "opciones" en el asunto. La vergüenza fue tu respuesta natural. No puedes negar o escapar de tus experiencias, pero atravesar la vergüenza significa enfrentar los sentimientos, poseerlos e incorporarlos en tu interior.

5. En tu diario, escribe una situación actual de la que sientas vergüenza. Escribe en detalle y no te reprimas. Ésta es su oportunidad de sacarla de tu sistema y ponerla en papel como una forma de liberación. Libera la historia de la vergüenza.

6. ¿En quién puedes confiar para compartir lo que estás sintiendo? Elige a alguien que sepas que no te rechazará por compartir

tu vulnerabilidad. Luego, pregúntale a esta persona si tendrá espacio para que compartas algo que te haya hecho sentir vergüenza y quieras revelar. Ofrece algunos parámetros a la persona sobre la mejor manera de brindarte apoyo mientras realizas este ejercicio. Recuérdale que no estás buscando consejo; sólo necesitas a alguien que te escuche con compasión y sin juzgarte. Si no se te ocurre nadie a quien recurrir, considera entornos empáticos como reuniones de apoyo, programas de doce pasos o grupos de mujeres, o busca un terapeuta o algún coach de vida. Compartir los problemas por los que sientes vergüenza con alguien que sabes que no te rechazará es un paso crucial para reducir el poder de la vergüenza.

EL ANTÍDOTO DE LA VERGÜENZA: LA AUTOCOMPASIÓN

¿Sabes qué odia la vergüenza? La autocompasión. Ésta es la empatía dirigida a tu interior. Es el antídoto para la vergüenza. Las investigaciones en neurociencia muestran que la autocompasión fortalece las partes de nuestro cerebro que nos hacen más felices, más resilientes y más sintonizadas con los demás.[7]

Una de las psicólogas pioneras en la autocompasión, Kristin Neff, la define como "la capacidad de ser amable y comprensivo con uno mismo cuando nos enfrentamos a deficiencias personales o situaciones difíciles". Su investigación también muestra que la autocompasión es un buen indicador de relaciones románticas saludables.[8]

En pocas palabras, la autocompasión implica tratarnos a nosotras mismas como lo haríamos con una amiga querida. Hay tres componentes principales de la autocompasión:

1. **Bondad *versus* juicios.** Acepta que cometes errores y que las desilusiones son parte natural del ser humano. No exigimos la perfección de nosotras mismas y nos perdonamos cuando no cumplimos nuestras expectativas. Aceptamos que es normal ser imperfectas, en lugar de juzgarnos o criticarnos por no estar a la altura.

2. **Humanidad común.** Cuando las cosas en la vida no salen según lo planeado nos frustramos y nos sentimos aisladas o solas en nuestra frustración. La humanidad común nos recuerda que todas las personas de este planeta también sufren decepciones y fracasos. Con este punto de vista, ya no estamos aislados por nuestro sufrimiento y podemos encontrarnos en una mayor conexión con los demás debido a él.

3. **Atención plena *versus* sobreidentificación.** Para responder a nuestras dificultades con la autocompasión, debemos *darnos cuenta* de que estamos teniendo una experiencia difícil en primer lugar. La atención plena nos permite observar nuestra experiencia interna, pero no ser víctimas de ella. La sobreidentificación es cuando nos dejamos llevar por nuestros sentimientos y perdemos la objetividad.

La doctora Naomi Arbit, científica del comportamiento y estratega del cambio positivo, ha ayudado a innumerables mujeres en Renew a utilizar la autocompasión como una forma de reconfortarse en lugar de avergonzarse de sí mismas. Ella explica que uno de los circuitos emocionales primarios en el cerebro es el "circuito de cuidado"; cada vez que nos vinculamos a los demás y sentimos calidez y amor, lo activamos y nuestros cerebros liberan la poderosa hormona oxitocina que favorece los vínculos y reduce el estrés, así como opiáceos endógenos (traducción: ¡te sientes bien!).[9]

La doctora Arbit comparte la gran noticia de que, de hecho, podemos activar el circuito de cuidado por nosotras mismas, con palabras y caricias tranquilizadoras. Nuestro cerebro registra esto como si estuviéramos siendo apoyadas y cuidadas por otra persona. Adelante, date un abrazo, ¡literalmente!

Activar la autocompasión

Vamos a probar un experimento para activar nuestro circuito de cuidado. Recuerda a una amiga o familiar querida, alguien con quien tengas una relación sencilla y sin complicaciones, y que sea fácil de amar. Ahora imagina que esta persona te llama al final del día completamente fuera de sí porque su pareja la dejó. Está profundamente preocupada por su futuro, se siente perdida y desesperada. ¿Qué le dirías a esta persona, a quien amas, en respuesta a su sufrimiento?

La gente suele responder diciéndole a su ser querido que todo estará bien, que es normal pasar por rupturas, que la vida tiene sus altibajos. Le dicen que no se preocupe. Le dicen que se recuperará y encontrará el amor de nuevo. Le aseguran que es una persona amada y apoyada.

Ahora imagina que fuiste tú quien experimentó este mismo dolor desgarrador. ¿Qué te dirías a ti misma?

Cuando la doctora Arbit realiza este ejercicio en Renew, por lo general esta pregunta hace que todas en la sala rían entre dientes. ¿Por qué? Porque la mayoría de nosotras nos decimos cosas crueles que nunca diríamos en voz alta a otra persona. De hecho, es muy probable que si tratáramos a los demás como nos tratamos a nosotras en esos momentos, ¡no tendríamos ningún amigo!

La doctora Arbit pregunta a las mujeres de Renew:

"Cuando consuelas a alguien que amas y que está pasando por un dolor, ¿qué palabras de apoyo le ofreces?"

Una a una, las mujeres levantan la mano y ofrecen variaciones sobre los mismos temas amorosos.

"Te amo. Estoy aquí para ti."

"No seas tan dura contigo misma."

"Vas a estar bien."

Enseguida les pregunta por qué pueden encontrar con tanta facilidad frases de consuelo y compasivas para otra persona, pero no pueden hacer lo mismo para sí mismas. Es una pregunta importante. Cuando apoyamos a alguien que amamos tenemos la perspectiva y la sabiduría para saber que sus sentimientos son sólo temporales, pero parece que no podemos encontrar la misma compasión por la persona a la que más necesitamos amar: nosotras mismas.

Las investigaciones muestran que a 80 por ciento de los estadunidenses les resulta mucho más fácil ser compasivos con los demás que con ellos mismos.[10] Aunque el impacto de esta tendencia autocrítica parezca claro, tiene efectos generalizados y a largo plazo en nuestro bienestar y resiliencia.

¿Por qué nos hablamos a nosotras mismas en un lenguaje tan duro y crítico que nunca usaríamos con un amigo? Cuando te des cuenta de que te estás juzgando, intenta reconocer que ésta es tu autocrítica interior en pleno funcionamiento. Al igual que en el capítulo uno cuando aprendimos a no alimentar nuestro monstruo emocional, lo mismo se aplica aquí. No alimentes la vergüenza; no alimentes el juicio. Esto podría ser tan simple como reconocer el pensamiento y elegir no poner más energía detrás de él, vocalizándolo. Empieza por ahí.

La autocompasión es una práctica que nos lleva a generar buenas intenciones para nosotras mismas. No es una práctica para despertar buenos sentimientos o evitar los difíciles y reemplazarlos por los agradables. La autocompasión se trata de brindarte amor y cuidados, en lugar de entrar en un estado emocional predefinido. Y lo más bonito es que cuando avivas estas intenciones, tu sufrimiento se puede transformar.

Cuando practicas por primera vez la bondad amorosa y la autocompasión puedes sentirlas poco naturales. Si esperas suscitar fuertes sentimientos de calidez desde el principio, puedes prepararte para la decepción. Es fundamental saber esto de antemano, porque muchas personas tienen la expectativa de que su estado de ánimo cambiará de inmediato. Cuando no es así, asumen que la práctica no les funciona y, a menudo, se dan por vencidas. Pero presta atención: si tienes problemas para generar sentimientos positivos de calidez, esto indica que necesitas *más* práctica, ¡no menos! *No* es una señal de que la práctica no esté funcionando, sino de que necesitas perseverar. Si fuiste al gimnasio e intentaste cargar cuarenta y cinco kilos para empezar, pero no pudiste, eso no significa que el levantamiento de pesas no sea un buen ejercicio. Es una evidencia de que necesitas ajustar tus expectativas y comenzar con un peso más ligero, para ir aumentando de manera gradual.

Puedes notar que el dolor aumenta al inicio con la práctica de la autocompasión. Cuando comienzas a darte amor incondicional, todas las formas en las que nunca recibiste este tipo de amor se vuelven dolorosamente evidentes. Es posible que hayas pasado décadas sin haber tenido la experiencia del amor y la compasión incondicionales, y reconocer eso suele ser enormemente doloroso.

Kristin Neff advierte que si nos sentimos abrumadas por las emociones:

> La respuesta más compasiva con nosotras mismas podría ser retroceder temporalmente: concentrarse en la respiración, la sensación de las plantas de los pies en el suelo o participar en actos de conducta comunes de autocuidado, como tomar una taza de té o acariciar al gato. Al hacerlo, reforzamos el hábito de la autocompasión, nos damos lo que necesitamos en el momento y plantamos semillas que con el tiempo florecerán y crecerán.[11]

DE LA VERGUENZA A LA CULPA
A LA TRANSFORMACIÓN

"Entonces, Amy, ¿esta historia te sirve?", preguntó mi amigo Dennis. No lo había visto desde hace más de un año y lo estaba poniendo al día sobre la infidelidad y la traición de mi ex, Adam.

"Uh, no", balbuceé, sorprendida por su falta de compasión.

"¿Puedes pensar en algunas ocasiones en las que él fue amable? ¿Honesto? Háblame de esos tiempos", sondeó Dennis.

"Bueno, claro, hubo un momento en que nosotros...", empecé a enumerar todos esos recuerdos felices y divertidos. Pronto estaba sonriendo y riendo mientras los contaba. Y entonces me di cuenta.

Después de la ruptura, denigré a mi ex. En mi oscuridad, tenía una visión cerrada y sólo podía ver lo negativo. No podía recordar nada positivo ni apreciar las cosas buenas que sucedieron en mi vida después de la ruptura. No podía verlas porque no las estaba tomando en cuenta.

Me encontraba en un punto de inflexión. Podía seguir pintando una imagen de lo horrible que era Adam y la relación, o podía crear una nueva imagen que explorara el significado de lo que sucedió y elegir la gratitud. Había llegado el momento de escoger esta última.

Regresé a casa ese día, y en en un hermoso papel rosado, le escribí una carta a mi ex. En ella reconocí los hechos de lo que había ocurrido y asumí la responsabilidad por mi parte en lo que salió mal en la relación. Admití que ambos estábamos haciendo lo mejor que podíamos en ese momento. Reflexioné sobre todas las cosas maravillosas que estaban sucediendo ahora en mi vida: me estaba mudando de país y embarcándome en una nueva carrera. Le dije lo agradecida que estaba por todo lo que había pasado entre nosotros: lo bueno, lo malo y lo feo. En esa carta lo perdoné. En esa carta lo dejé ir. En esa carta le agradecí.

Le envié esa carta. Él nunca respondió. No importó: no era para él, era para mí. Desde ese momento, nunca más volví a sentir una pizca de ira o resentimiento hacia Adam. Fue con el acto de aceptar y perdonar en verdad que al final logré soltar. Y así me liberé.

Éste es el poder del replanteamiento, una herramienta fundamental para desarrollar la resiliencia. Replantear implica llegar a una interpretación diferente, buscar el lado positivo y encontrar la lección para crecer en medio de las dificultades. Te ayuda a pasar de ser impotente en la victimización a sentirte empoderada. El primer paso es ser responsable de una misma.

CULPAR *VERSUS* RESPONSABILIZARTE

"¿Responsabilizarme? ¡Me engañó y me dejó sin nada! ¿Por qué tendría que ser responsable cuando fue él quien me hizo esto? Yo le di todo." Megan, una mujer de cincuenta y cinco años y madre de tres niños, no podía comprender el concepto de responsabilizarse. Su esposo, luego de veintinueve años, le dijo que ya no estaba enamorado de ella y quería el divorcio. Megan internalizó eso como si algo estuviera mal en ella. Incluso se puso a dieta, con la esperanza de que al ponerse en forma volvería a ser sexualmente atractiva para su marido. Fue hasta que ella le dijo que iba a iniciar un juicio cuando él aclaró que tenía una aventura y que la estaba dejando por otra persona.

Megan había hecho todo lo que debía hacer una "buena esposa". Se sacrificó por su familia, apoyó el negocio de su esposo y dejó su carrera a un lado para criar a sus hijos. Dio y dio. Y después de tres décadas de dar, se sintió sorprendida y amargada cuando su esposo la dejó. Dos años después del divorcio, se encontraba en Renew, esperando encontrar un final a su dolor.

Ella no podía perdonar. Se negaba a hacerlo.

Con compasión, le di algunos comentarios de retroalimentación:

"Megan, la mentira y la traición que ocurrió al final de la relación son imperdonables. No estoy quitando lo doloroso que debe haber sido, y tienes todo el derecho a sentirlo. Pero has sufrido lo suficiente, y culparlo no hace que el dolor desaparezca, ni te libera de que siga atormentándote."

LA CARGA EMOCIONAL TE MANTIENE ENGANCHADA

Si todavía estás culpando o analizando a tu ex, o esperando que cambie todavía tienes una relación con tu ex. Cuando culpas te estás encadenando a la persona que te lastimó, le estás dando las llaves de tu libertad emocional. Culpar hace que tu recuperación dependa de las acciones de otra persona, algo que finalmente tú no puedes controlar. Y esta impotencia te mantiene en un estado de sufrimiento.

Cuando delegamos nuestra recuperación o cierre a otra persona dejamos de reconocer que nadie puede brindarnos la curación que anhelamos. Culpar nos mantiene en modo de victimización, esperando que algo externo cambie para que nos sintamos mejor. Pero eso no llega, y pueden pasar meses, años o incluso décadas.

La responsabilización significa que reconocemos lo que sucedió, tomamos medidas para protegernos y evitar que vuelva a suceder y nos enfocamos en la recuperación. También nos permite recuperar una sensación de control interno, frente a lo que se siente como un caos.

PERO ¿QUÉ PASA CON EL PLAN?

Una de las partes más difíciles de una ruptura es la inversión que hiciste en un plan... que se derrumbó. No sólo estás de luto por la relación, sino por el futuro que nunca tuvo la oportunidad de suceder. El problema es que la sociedad, en general, no nos muestra que hay muchos caminos diferentes, y uno no es mejor ni peor, simplemente es diferente.

CUANDO CULPAS TE ESTÁS ENCADENANDO A LA PERSONA QUE TE LASTIMÓ, LE ESTÁS DANDO LAS LLAVES DE TU LIBERTAD EMOCIONAL. CULPAR HACE QUE TU RECUPERACIÓN DEPENDA DE LAS ACCIONES DE OTRA PERSONA, ALGO QUE FINALMENTE TÚ NO PUEDES CONTROLAR. Y ESTA IMPOTENCIA TE MANTIENE EN UN ESTADO DE SUFRIMIENTO.

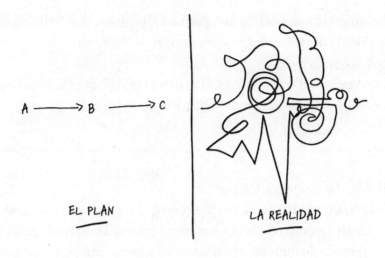

Lo entiendo, la presión es real. Del grupo de amigos con el que crecí, soy la única que no está casada y no tiene hijos. ¡Fui a cinco bodas tan sólo el verano pasado!

Tener citas, casarse, tener hijos... todo antes de los treinta y cinco años. Se suponía que ése también era mi plan, hasta que se descarriló y tuve que reevaluarlo. Y cuando comencé a investigar un poco, me di cuenta de cuánto de mi vida estaba en piloto automático. A medida que me hacía más preguntas, más me daba cuenta de que mi plan predeterminado ni siquiera se me había ocurrido a mí. A través de la socialización y las normas culturales, había absorbido por ósmosis las actitudes de mis padres, mis amigos y los medios de comunicación sobre cómo deberían ser las relaciones.

Quizá mi futuro no esté destinado a terminar en una familia nuclear, o quizá sí. Tal vez decida adoptar, tener una relación abierta o ser monógama. Es probable que mi legado sea no tener hijos, sino dedicarme a ayudar a los demás. O cultivar un jardín.

El caso es que no sé con certeza cuál es mi plan. El plan puede cambiar, y si no tenemos capacidad para fluir con las subidas y bajadas nos podemos romper. Lo más importante es la voluntad para cuestionar las creencias a las que nos aferramos con vehemencia, reflexionar sobre su origen y preguntarnos si nos sirven... o les servimos nosotras a ellas.

No te conviertas en una esclava de tu plan. Sé dueña de tu historia o vivirás constantemente la historia de alguien más.

EJERCICIO: Conecta los puntos

Piensa en un momento de tu vida en el que algo no salió de acuerdo con el plan y, como resultado, sucedió algo todavía mejor. Quizá fue ser despedida de un trabajo sólo para encontrar uno mejor pagado y más satisfactorio. O tal vez fue la horrible ruptura lo que te ayudó a aprender lecciones clave sobre ti misma y finalmente te dio el valor para mudarte de tu ciudad natal. Escribe tres "giros inesperados de la trama" que al final resultaron en algo positivo.

1. _____

2. _____

3. _____

No puedes conectar los puntos mirando hacia delante; sólo puedes conectarlos mirando atrás. Entonces, debes confiar en que los puntos se conectarán de alguna manera en tu futuro. Tienes que confiar en algo: tu instinto, tu destino, tu vida, tu karma, lo que sea.

Steve Jobs

SUCEDIÓ *PARA MÍ*

Si después de mi gran ruptura me hubieras dicho que la angustia, la depresión debilitante y los pensamientos suicidas serían la base para la creación de una empresa te habría dicho que estabas absolutamente loca. Pero eso es precisamente lo que sucedió. Estás leyendo este libro debido a esa ruptura. En retrospectiva, puedo ver ahora cómo la angustia no me sucedió *a mí*, sucedió *para* mí.

He mirado hacia atrás y encontrado evidencia suficiente para saber que cuando algo no sale de acuerdo con lo planeado es porque estoy siendo protegida. Hay algo más para mí. Practico replantear y desarrollar ese músculo del optimismo, porque eso es útil para mi presente y mi futuro.

Es hora de dejar de insistir en los sueños que no estaban destinados a ser y celebrar la posibilidad de lo que nos espera. Si hubiera podido hacer este ejercicio cuando pensaba sin cesar en lo injusta que era la vida habría ahorrado mucho tiempo y energía.

En el ejercicio anterior encontraste evidencia de que ha habido momentos en tu vida en los que algo no salió según el plan, pero resultó en algo mejor. Ahora identificaremos cómo este giro de la trama se puede convertir en algo aún mejor en tu futuro.

EJERCICIO: Juega con la posibilidad

En este ejercicio identifica lo que no salió según el plan y haz una lluvia de ideas sobre cómo esto podría abrirte otra puerta en el futuro. Imagínate dentro de cinco años, mirando hacia atrás y viendo cómo una cosa no salió según lo planeado para que otra saliera bien. Estamos jugando con la posibilidad aquí, así que avanza rápido hacia el futuro y conecta los puntos.

Por ejemplo, si tu plan era casarte a X edad, piensa en tu yo futuro, dentro de cinco años. Tal vez ella tenga una relación sana con una persona asombrosa. Quizá también inició una práctica de entrenamiento para ayudar a las mujeres a superar su angustia. Aquí está el mío, como ejemplo:

Mi plan era *casarme con Adam*. En lugar de eso, *inicié una empresa para ayudar a las personas con el corazón roto, publiqué un libro y ahora tengo una relación amorosa y sana.*

¡Usa tu imaginación aquí! Incluso si no tienes idea de cómo sucedería, o si te parece poco realista en este momento, simplemente juega con la posibilidad. Ponte creativa y vuélvete loca, ¡no te reprimas!

Mi plan era _____.
En lugar de eso, _____.

Mi plan era _____.
En lugar de eso, _____.

Mi plan era _____.
En lugar de eso, _____.

Ejercitar tu mente para ver las posibilidades de tu nuevo futuro es parte de la práctica de dejar ir. Te ayuda a desapegarte del pasado y a redirigir tu enfoque hacia las posibilidades futuras. Esta práctica te ayuda en tu proceso de creación de cierre.

¿PERDONAR O NO PERDONAR?

Quizá te engañaron. Te traicionaron. Te mintieron. Tal vez la persona que pensabas que nunca te decepcionaría te sorprendió. Cuando estás hirviendo de coraje, la idea del perdón puede parecerte imposible. Una parte de ti siente que estás vendiendo tus emociones y, en ocasiones, esa rabia es la última pieza que te queda de la relación.

Nos bombardean con mensajes de que debemos perdonar y que al no perdonar nos estamos envenenando a nosotras mismas. Lo entiendo, el mensaje suena cierto y puede ser una buena cita para Instagram, pero dependiendo de la etapa de dolor en que te encuentres a veces simplemente no estás lista. Y ningún razonamiento cognitivo o mantras te llevarán allí.

El perdón es un proceso, no un destino. Es un viaje intenso, pero hermoso. Algunas personas pueden hacer este viaje en menos tiempo que otras, y es posible que algunas no lleguen nunca, a pesar de sus intentos. Cuando a alguien que está sufriendo se le aconseja que simplemente perdone es como decir: "Supéralo": es vergonzoso y apesta a un aire de superioridad. No resulta una ayuda.

Un objetivo más útil es desarrollar la compasión, comenzando por la autocompasión. Cuanto más practiques la autocompasión, más aumentarás tus provisiones. Esto es importante porque te da una sensación de control sobre tu resultado. No es necesario pasar de cero a cien. Sólo concéntrate en ir de cero a uno, luego de uno a dos. Sin embargo, alcanzar el perdón parece mucho más binario: o perdonas o no perdonas. De cero a cien. La autocompasión, por otro lado, se cultiva poco a poco, grado a grado.

Hasta que podamos dirigir el amor y la bondad hacia dentro, será bastante difícil hacerlo hacia fuera. El objetivo del perdón suele ser demasiado grande y abrumador de manejar en este momento, y está bien. Comienza con prácticas que cultiven la autocompasión. Escribe una lista de actividades de cuidado personal y haz una acción al día. Inicia una práctica de meditación de cinco minutos. Experimenta con diferentes técnicas de atención plena. A medida que sigas construyendo tu reserva interna de amor propio y autocuidado es posible que descubras que llegas de manera natural a un lugar donde el perdón ya no parece inalcanzable.

DEJAR IR

Hay un punto de inflexión claro para las mujeres en Renew, que tiene lugar el sábado por la noche. Mientras que el viernes se centra en abordar el dolor, descubrir las heridas y procesar las emociones, el sábado se trata de reconfigurar patrones y cambiar creencias. Todos los ejercicios y prácticas se suman a un momento culminante: un ejercicio de escritura de cartas para dejar atrás el pasado y dar la bienvenida al futuro.

Son las diez de la noche y todas las mujeres reciben hojas de papel en blanco. Se les pide que escriban una carta a la persona a la que están dejando ir. Para las mujeres que no están del todo listas para escribir una carta a sus ex, se les anima a elegir a otra persona en su vida con la que quieran crear un cierre, ya sea un miembro de la familia, el ex antes del ex...

Con la canción "Immunity" (Inmunidad), de Jon Hopkins, sonando de fondo, las mujeres guardan silencio mientras se concentran en lo que escriben. Escuchas gemidos e incluso sollozos; hay una sensación sombría, pero catártica, en el aire. Después de que cada persona termina, todas salimos, donde nos espera una fogata. Formamos un círculo alrededor de ella y lidero la parte final del ejercicio:

"Aquí estamos, juntas, para ser testigos de nuestro rito de iniciación, para dejar atrás el pasado y hacer espacio para recibir lo nuevo. Una por una, arrojaremos nuestras cartas al fuego y las veremos arder."

Más lágrimas. Algunas son de dolor, mientras éste sale de sus cuerpos. Pero algunas son de poder y orgullo. Todas estas mujeres están listas para dejar ir, para comenzar la siguiente fase de sus vidas.

Ahora es tu turno.

EJERCICIO: La carta de dejar ir

Escribe una carta a alguien a quien quieras dejar ir. Es posible que no estés lista para escribirle una carta a tu ex en este momento, y eso está bien. Puedes elegir a alguien con quien hayas dejado asuntos pendientes. Éste es un ejercicio que puedes repetir y trabajar contigo misma hasta que logres escribir una carta para tu ex. Acepta, encuentra la lección, perdona, genera gratitud. *Simplemente, deja ir.*

Elige algunos artículos de papelería y tu bolígrafo favorito. Encuentra un lugar tranquilo y pon música inspiradora de fondo. Sigue las instrucciones que te doy a continuación para que escribas tu carta.

Y cuando hayas terminado, rompe esa carta o préndele fuego.

- **"Esto es lo que pasó."** Describe los hechos de la situación. Sé precisa, relata tanto los aspectos positivos como los negativos sin adornos, interpretaciones o juicios.
- **"Así es como me sentí/me siento."** Sin lenguaje acusatorio, sé honesta acerca de cómo te sentiste/te sientes. Tus sentimientos no son correctos o incorrectos; simplemente son tu experiencia.
- **"Esto es por lo que asumo la responsabilidad."** Incluso si parece que la otra persona tuvo la culpa por completo, el hecho es que en cada relación se necesitan dos. La victimización no te ayuda. Responsabilízate por tu parte.
- **"Esto es lo que perdono."** Incluso si duele, perdona. Encuentra compasión en el hecho de que tu ex estaba haciendo lo mejor que podía en ese momento. El perdón es un regalo que te haces a ti misma.
- **"Esto es lo que dejo ir."** El dolor, el arrepentimiento, la carga negativa, la culpa... deja ir todo eso. Has terminado de cavilar sobre el pasado y te comprometes a dejar ir lo que ya no te sirve.

- **"Esto es lo que aprendí."** Ilumina tu poder personal. Ve la fuerza y el coraje que has ganado con la situación y que, aunque pudiste haber resultado golpeada, no estás rota.
- **"Esto es por lo que estoy agradecida."** Agradece a la persona o situación por brindarte la oportunidad de crecer.

El cierre no es un simple logro, sino un proceso que abarca el duelo, la aceptación, la responsabilidad, el dejar ir, el perdón y la gratitud.

Jenny: EL CIERRE

"SOLÍA ENOJARME tanto que empezaba a llorar. Me aferraba al rencor e interiorizaba el dolor. Una y otra vez, me castigaba. Poner toda esa emoción cruda en el papel, sacarla de mi sistema y quemarla fue catártico. Para ser honesta, lo he hecho varias veces. Me ha ayudado a ser una mejor persona, una mejor empleadora, una mejor hija, una mejor amiga. Pero, sobre todo, ha sido una herramienta valiosa para crear mi propio cierre. Solía pensar que el cierre llegaría si él cambiaba, si dejaba de molestarme, si era más amable... pero me doy cuenta de que el cierre no se trata de lo que él hace o deja de hacer. Para mí, el cierre es no querer venganza. Es no sentirse triste, no sentir nada hacia él, en realidad. Espero que algún día arregle su vida y sea feliz, pero no pienso en él. El cierre no ocurre de la noche a la mañana. Hay cien pasos, no debes retroceder. No hay forma de evitarlo, tienes que atravesarlo. Reconozco que he aprendido mucho de esa pérdida y eso es lo que me ayudó a dejarlo ir. Cada día es una renovación de la persona que quiero ser y en la que quiero evolucionar."

EL FIN MARCA EL COMIENZO

Las cosas vienen y van; nada es permanente, incluso en aquello que creemos que durará para siempre. Porque la vida es así.

La persona que pensaste que nunca te decepcionaría lo hace. La empresa que pensabas que te valoraba te despide. Una pandemia golpea, lo que te obliga a crear una nueva normalidad y reconocer lo preciosa que es la vida en realidad.

Y por mucho que intentes planificar, controlar y perfeccionar, la realidad es que puedes hacer mucho para prepararte para la espontaneidad que es la vida. Cuanto antes puedas aceptar e incluso sobresalir en la incertidumbre, experimentarás la libertad. Ésta es la resiliencia.

Y entonces, aquí estamos. El plan del que tenías tanta certeza ha cambiado. Cuando estás en medio del asunto no puedes ver lo que viene a continuación, ¡y esto es increíblemente aterrador! Puedes aceptar todo lo que has aprendido hasta ahora, pero hay otro ingrediente en la receta secreta de algunas de las personas más exitosas, felices y realizadas que conozco: la confianza.

La confianza es cultivar la paciencia para dejar que las cosas se desarrollen. Requiere soltar el control de tu ego y tu apego a lo que debería haber sido. La confianza es aprovechar tu conocimiento interior y tener fe en que algo más grande está en juego. El hecho de que tu relación no haya ido de acuerdo con el plan no la convierte en un fracaso.

No existe el fracaso en el amor. Las relaciones terminan, pero no fallan. El amor es sólo un fracaso cuando no aprendes de la experiencia y no vuelves a intentarlo.

6

La fantasía te joderá
(tu cerebro en el amor)

> Las necesidades desesperadas provocan una alucinación de su
> solución: la sed nos hace ver agua, la necesidad de amor nos hace
> creer que hemos encontrado al hombre o la mujer ideal.
> ALAIN DE BOTTON

¿Sabes qué tienen en común Blancanieves y Carrie Bradshaw?

Son unas mentirosas.

Yo estaba esperando. Suspiraba. Cuando era niña, soñaba con mi Príncipe Azul. Pero el príncipe nunca llegó ni, mucho menos, me salvó. A medida que crecí, mi esperanza de encontrar a un príncipe apuesto evolucionó para convertirse en la fantasía de encontrar a mi Mr. Big (para ustedes, la generación Z, me refiero al magnate de las finanzas delicado y encantador que era el interés amoroso de Carrie Bradshaw en la popular comedia *Sex and the City*). Sin embargo, decepción tras decepción, esa fantasía de un hombre que me haría flotar y cambiaría mi vida se mantuvo fuerte.

Esto es lo que crean esos cuentos de hadas, películas románticas y canciones de amor: una cultura de mujeres destrozadas por el amor. Tenemos expectativas poco realistas de lo que es amar y ser amada. Para la mayoría de las personas lo que hoy llamamos "amor" se puede clasificar como variaciones sobre ciertos temas que experimentamos cuando éramos adolescentes: lujuria y anhelo intensos, atracción por la novedad y la emoción, el deseo de "poseer" e idealizar y la esperanza de sentirse especial cuando eres la elegida.

De manera que sí, Blancanieves, Cenicienta, Carrie Bradshaw y el resto de las princesas vestidas de seda han reforzado una forma disfuncional de abordar el romance. Las mujeres que asisten a Renew, por lo general, le han brindado la misma importancia a los cuentos de hadas que yo. Muchas se habían convencido de que estaban con un Mr. Big en ciernes o un Bradley Cooper que necesitaba un poco de domesticación. La mayoría de ellas estaba saliendo con el chico con potencial. Por supuesto, sólo necesitaba más tiempo, más trabajo, más amor.

Aprendamos una lección valiosa que todos esos cuentos de hadas no mencionan: sólo son cuentos. Vivimos en una sociedad en la que hemos sido bombardeadas por ideales fantásticos desde la niñez, nos han lavado el cerebro para forjar expectativas de amor poco realistas. Aunque el ideal de la princesa todavía está dando vueltas por ahí, hoy tenemos otras variantes de cuentos circulando a nuestro alrededor. La mujer moderna puede no tener el deseo de ser salvada, pero seguro que se siente presionada a tenerlo todo, serlo todo y hacerlo todo. Ella es la supermamá, lleva su capa cuando dirige su empresa y es una *agente provocatrice* cuando se convierte en la diosa sexual. Tiene la vida perfecta, la relación perfecta y una elegante cuenta de Instagram que documenta sus románticas vacaciones. Tal vez ella haya cambiado sus zapatillas de cristal por zapatos de diseñador, pero el cuento de hadas moderno sigue creando expectativas poco realistas sobre el amor.

EXCELENTE PARA ENAMORARSE, PÉSIMA PARA PERMANECER EN ELLO

No siempre fue así. Antes de la década de 1750 existía un enfoque más pragmático de las relaciones. Los matrimonios eran comúnmente transacciones estratégicas entre familias que involucraban cuestiones de poder, riqueza, estatus, tierras y religión. La idea de casarse por amor y pasión se consideraba absurda, si no es que francamente irresponsable. El romanticismo surgió parcialmente como una reacción a la Revolución industrial y a la época de la Ilustración.[1] El movimiento fue popularizado en Europa a mediados del siglo XVIII por poetas, pintores y artistas por igual, y ha continuado impregnando la cultura desde entonces.

El filósofo y autor de *best sellers* Alain de Botton advierte que tales ideales románticos crean expectativas poco realistas para las relaciones a largo plazo: *"El romanticismo ha sido un desastre para nuestras relaciones. Es un movimiento intelectual y espiritual que ha tenido un efecto devastador en la capacidad de la gente común para llevar una vida emocional exitosa"*.[2]

El romanticismo nos dice que la emoción y la euforia que caracterizan el comienzo de una relación deben continuar durante toda la vida, que la elección de una pareja debe estar guiada por los sentimientos, que no es necesario que se nos eduque sobre cómo amar y que nuestras parejas deben entendernos intuitivamente. Del mismo modo, lo que una vez fue tarea de muchas personas ahora debe ser responsabilidad de nuestra pareja: debe ser nuestro amante, nuestro cimiento de seguridad, nuestro mejor amigo, nuestro contador, nuestro guardián de secretos, todo mientras se mantiene estable e intrigantemente excitante y sexy. El romanticismo equiparó al sexo con el amor y al amor con el sexo. Y ese sexo debe ser alucinante hasta que la muerte nos separe.

El romanticismo prepara el escenario para la introducción de una historia de amor, pero no nos lleva a través de la parte media y su final. Oh, ya sabes, esa cosa molesta llamada realidad. El romanticismo ha creado una población de mujeres esperanzadas que se vuelven en verdad buenas para enamorarse, pero terribles para permanecer así.

No estoy defendiendo que volvamos a los matrimonios como alianzas estratégicas; sin embargo, creo que hemos llevado el péndulo hasta el otro extremo, de manera que el romance triunfe sobre la practicidad, y eso tan sólo nos está preparando para el sufrimiento. Si buscamos crear relaciones duraderas necesitamos tener una perspectiva equilibrada de ambas mentalidades.

Los ideales románticos corren por nuestras venas y pocas veces son cuestionados. Nos obsesionamos tanto con perseguir mariposas que descartamos posibles parejas adecuadas o salimos de las relaciones en cuanto se desvanecen las chispas. Culpamos a nuestras parejas y a nosotras mismas, pero no nos cuestionamos si lo que estamos buscando es ilusorio.

Si hay un punto importante que debes recordar de este capítulo es éste: la intensa pasión que arde al comienzo de una relación, científica y estadísticamente, no puede durar más de doce a veinticuatro meses.[3] Si estás buscando una relación de pareja a largo plazo y basas tu decisión en cómo te sientes cuando te encuentras en un estado elevado de lujuria, que tendrá una fecha inevitable de vencimiento, terminarás por sentirte profundamente decepcionada.

Tú no quieres enamorarte. Quieres estar enamorada.

Para crear una relación exitosa necesitamos examinar nuestra definición de amor y reemplazar la fantasía de "enamorarse" por permanecer en el amor. El primero es un sentimiento fácil y fugaz; lo último es una práctica. Sobre el primero no tienes control (eres una víctima de la agonía apasionada de las emociones), pero en el segundo tú eliges. Las palabras de Jerry Maguire, "Me completas", aunque dignas de un desmayo, son en realidad disfuncionales, co-dependientes y potencialmente una evidencia límite de adicción al amor (abundaremos sobre esto más adelante).

Debemos cuestionar los sistemas de creencias que no nos sirven y los planes que formamos, basados en nuestra educación y las normas culturales y, luego, debemos crear el tipo de relación que necesitamos, teniendo en cuenta dónde estamos ahora y adónde queremos ir. Para conseguirlo, lo primero que debemos hacer es desmantelar una de esas creencias ancestrales que todavía están circulando: la idea de un alma gemela.

REVENTAR LA BURBUJA DEL ALMA GEMELA

¿Crees en las almas gemelas?

¡Ah, el alma gemela!, ese mito romántico que se perpetúa y sigue avanzando contra viento y marea. Literalmente. Si aún no conoces a tu "alma gemela" no culpes a tu suerte, a tu encanto ni a una irregu-laridad en tu destino. Culpa a la probabilidad numérica. De acuer-do con una encuesta de Marist Poll de enero de 2011, un enorme 73 por ciento de los estadunidenses cree que está destinado a encon-trar a su alma gemela. Suponiendo que tu alma gemela se fija al na-cer, se encuentra aproximadamente en el mismo grupo de edad y es reconocible a primera vista, las estimaciones matemáticas indican que tus posibilidades de encontrarla son sólo de 1 en 10,000 (lo que equivale a 0.01 por ciento).[4] Esa cifra no considera el hecho de que nueve mil ochocientas noventa y un personas del total quizá vivan en un lugar al que nunca irás. Los números no están de tu lado. Es hora de dejar de apostar por encontrar un alma gemela y jugar una mano en el póker más realista en su lugar.

Cuando desarrollas una imagen de cuál es tu tipo ideal —o tu alma gemela— estás creando una historia. Ésta consiste en el anhelo por el sentimiento de estar "enamorada", lo cual amplifica el deseo de un amante idealizado, en particular cuando el objeto de tu deseo es esquivo o no está disponible. Suspirar por ese ideal inalcanzable se convierte en un arrebato de las emociones intensas de estar enamorada, en lugar de un interés en la pareja potencial basado en la realidad. La persecución interminable por encontrar el alma gemela no es diferente de buscar una olla de oro al final de un arcoíris, lo cual, como todas sabemos, es imposible, ya que los arcoíris no son más que una ilusión óptica. La búsqueda de un alma gemela es una forma segura de permanecer soltera, evitar la verdadera intimidad y alejarte de las relaciones en el momento en que se apagan las chispas.

Las investigaciones muestran que las personas que creen con firmeza en el destino son propensas a perder el interés en su pareja mucho más rápido y es probable que se rindan mucho más fácilmente cuando una relación comienza a pasar por dificultades.[5] Ya sea que estés buscando un alma gemela o proyectando tus fantasías sobre alguien, o poniendo parejas potenciales en un pedestal, todas son funciones del mismo comportamiento: evitar la realidad cuando se trata del amor. Digamos que por fin conoces a una persona que se ajusta a las esperanzas y sueños a los que te has aferrado toda tu vida. Se cruzan las miradas. La conexión es rápida, frenética y llena de pasión e intensidad. Tu mente entonces te engaña, omitiendo las cualidades que esta persona podría poseer pero que no son parte del alma gemela, y amplificando las similitudes y todas las cosas que parecen perfectas sobre esa persona. Éste es el sesgo de confirmación echado a andar.

El sesgo de confirmación ocurre cuando estamos motivadas por el deseo de que una idea específica sea cierta. En lugar de ver hechos, o el verdadero yo de alguien, sólo hacemos caso a la evidencia que respalda nuestra creencia inicial. ¿Quieres encontrar a tu alma gemela? Bueno, tu cerebro hará todo lo posible para ayudarte a encontrar a esa persona, pero una vez que la fase de enamoramiento termine, esa persona idealizada se convertirá en otro ser humano normal y defectuoso.

Cuando miro atrás, a los momentos en que me enamoré de alguien, sólo para después sentirme muy decepcionada por cómo me trató o cómo la relación no progresó, está claro que no estaba basando mis sentimientos en la realidad. Estaba drogada con mi propia fantasía. Tendría una imagen de quién era mi persona perfecta, conocería a alguien que se pareciera a esa imagen y, de repente, las campanas de alarma de mi alma gemela sonarían. ¿Y adivina qué? Esa imagen era en realidad mi ego proyectándose hacia el futuro.

Crear una historia falsa sobre alguien hace que desarrollemos ideas sobre una conexión que no es real o amplifica una chispa haciéndola parecer más de lo que en realidad es. Esto es sobre todo cierto si estás ansiosa de una relación o desesperada por conocer al "elegido". Incluso si hay una conexión o chispa auténtica, cuando tu mente se apresura a crear un futuro de fantasía, ya no estás presente. En cambio, tu mente se centra en el siguiente paso de tu meta, que idealiza a la persona para llenar un vacío. Empiezas a aferrarte a ella para que te haga sentir de cierta manera, y aquí la conexión se transforma de un intercambio mutuo a un apego necesitado.

Quizá si yo hubiera aprendido esta lección un poco antes, no habría pasado años suspirando por mi alma gemela, John.

NO SALGAS A CAZAR UNICORNIOS

Cuando conocí a John, experimenté todas las emociones. Se sintió extrañamente familiar. A mi lado místico le gustaba pensar que éramos dos almas que ya habían estado juntas en otra vida y que se estaban reconectando en este plano. Me he esforzado por aplastar a esa romántica desesperada que hay en mí, pero de vez en cuando asoma su cabeza, y con John, las campanas de alarma de mi alma gemela sonaban con toda su fuerza.

Nos aventurábamos y jugábamos como niños. Era dulce, hermoso y, por supuesto, brindaba todo tipo de magia. Él me dijo que no buscaba una relación. No me importó.

Se sentía tan bien y yo no quería que se acabara. Sabía que él estaba atravesando un momento difícil en su vida: estaba estresado en el trabajo y había sufrido una pérdida en su familia. Cuando me dijo que no estaba buscando una relación, pensé que no estaba buscando una en ese momento. En mi cabeza, cambiaría de opinión con el tiempo. Después de todo, teníamos una conexión de alma gemela. Y así comenzó un viaje lleno de arranques y paradas, esperanza y dolor, y el eventual y punzante estallido de la burbuja que inevitablemente tiene lugar cuando te niegas a enfrentar los hechos.

John era un tipo del que resultaba fácil enamorarse. Era guapo, tremendamente exitoso y amable. Su naturaleza gentil y su encanto sureño eran magnéticos. Me sentía atendida cuando estaba con él. Vivíamos en diferentes ciudades y él viajaba todo el tiempo por su trabajo, así que cada vez que nos veíamos era de última hora, espontáneo y emocionante. Desde cenas elegantes hasta besos apasionados y conversaciones profundas, sólo experimenté momentos cumbre con John, pero nunca durante más de veinticuatro horas. Hubo demoras de un mes entre nuestras visitas, durante los cuales yo repasaba esos momentos una y otra vez en mi cabeza. No sólo me derretía por el pasado, también soñaba despierta con nuestro posible futuro.

"Te amo —me dijo durante el almuerzo—. Pienso en ti, por lo general cuando medito."

Hay dos caras de esta historia. La caprichosa y romántica, en la que te encuentras y sientes todos los hormigueos por haber dado con el "elegido". Sólo hay una explicación para la intensidad de estos sentimientos: el destino por fin te ha entregado a tu alma gemela.

La otra cara es la realidad, donde todos esos sentimientos del alma gemela están enraizados en una serie de reacciones químicas (particularmente la dopamina) y acentuadas por recompensas intermitentes que pueden perpetuar un ciclo adictivo. El creciente sufrimiento y añoranza de alguien, incluso cuando esa persona no es recíproca, son el reflejo de tu propia fantasía.

Las fantasías pueden jugar contigo, porque a medida que repasas los recuerdos cargados de emociones del pasado, protagonizados por el objeto de tu afecto y sueñas despierta sobre las posibilidades del futuro, se produce una cascada de sustancias químicas que hacen sentir bien a tu cuerpo. Tu cuerpo no nota la diferencia entre enamorarse de una persona real o de la persona que está en tu cabeza. La liberación de dopamina asegura que ambos se sientan totalmente increíbles, ¡y eso te deja deseando con ansías más, más y más!

Entonces, llegó el día en que John me dijo que se encontraba en una relación de compromiso. Me quedé impactada. Le pregunté por qué, después de bailar de un lado a otro entre líneas grises durante los últimos dos años, no había elegido explorar una relación conmigo. John me dijo que "no me veía de esa manera".

Ouch.

Escuchar eso dolió, como si un dardo hubiera atravesado mi corazón. Fue necesario ese mensaje claro y desgarrador para hacer estallar mi burbuja de fantasía y enfrentar la realidad. Aunque había querido con desesperación creer en la narrativa mística del alma gemela, la realidad era que había estado persiguiendo un unicornio.

Tomé un puñado de momentos hermosos y amorosos, los mezclé con una pizca de proyección y una pizca de polvo de estrellas, y creé una historia romántica y un ideal de un hombre que no estaba arraigado en la realidad.

La fantasía del unicornio era todo lo que yo esperaba, y con eso ocupando una parte significativa de mi corazón y mi espacio mental no dejé entrar a nadie más. Cuando persigues a alguien con un futuro imposible, te engañas a ti misma al pensar que quieres una relación cuando, en realidad, perseguir a un unicornio es un reflejo de tu propia falta de disponibilidad. Los unicornios no requieren que expreses cierta vulnerabilidad, por lo que tu corazón siempre está a salvo. No llegas a la parte en la que tienen que superar los problemas juntos, descubrir cómo resolver cosas y aprender a convivir en el día a día. No tienes intimidad emocional, donde tus vulnerabilidades más profundas salen a la superficie y expones quién eres en realidad.

Las palabras de la coach de vida de Renew, Trish Barillas, dan en el blanco cuando se trata de este tema: "La esperanza te jode. Ten esperanza en la humanidad, en la paz mundial, pero no tengas esperanza de que una persona cambie. La esperanza no va a hacer que tu relación exista".

Una y otra vez, la coach Trish ve cómo sus clientas se aferran a la esperanza, deseando que sus parejas cambien quiénes son y lo que quieren, o comiencen en verdad a ser parte de la relación. Ella explica que nuestras intenciones ocultas comúnmente son lo que nos mantiene aferradas, porque nos distraen de aceptar la realidad. Tal vez si yo hubiera seguido el consejo de Trish, no habría pasado tanto tiempo esperando que John por fin me eligiera.

Me aferré a la esperanza de que tal vez John cambiaría de opinión acerca de mí, tal vez las idas y venidas llevarían a algo más, quizá sólo necesitaba más tiempo para darse cuenta de que yo era su persona. No lo hizo, no lo ha hecho y no lo hará.

Comparto esta historia porque creo que mi comportamiento es algo que todas las románticas esperanzadas reconocerán: queremos la fantasía, el sueño, la sensación de estar finalmente completas. Esto hace que llenemos los espacios vacíos con fantasía. La presión que ejercemos sobre nosotras mismas para encontrar al "elegido" nos impide ver las banderas rojas. Es como usar un puñado de migajas para hacer un pastel, llenando los vacíos con proyecciones y deseos.

SOÑANDO CON EL FUTURO

Cuando sales con alguien, después de algunas citas memorables, ¿lo pones en el pedestal de la perfección? Quizá lo busques en Google y veas el éxito de su carrera o sus atractivas fotos en las redes sociales. Tal vez cuando habla de su sueño de retirarse en Bali, suena la alarma de tu alma gemela: "¡Dios mío, ése también es mi sueño!". Al instante, tu cerebro de fantasía se pone en marcha. De repente, te estás imaginando lo lindos que serán tus hijos, cómo decorarás tu casa de tres pisos y, por supuesto, lo tranquilo que será retirarse juntos en Bali. Empiezas a idealizarlo, y la fantasía de la relación cobra vida propia. En lugar de permanecer presente y con los pies en la tierra para que puedas llegar a conocer en verdad a esta persona, ya le has proyectado un escenario futuro muy complicado. Como era de esperar, tus sentimientos comienzan a intensificarse. Pero la relación no se ha puesto al día ni los sentimientos de él hacia ti. Junto con estos sentimientos intensos, creas expectativas sobre cómo debería comportarse él y cómo tendría que progresar la relación, porque te gusta muchísimo y las posibilidades de tu futuro son tan prometedoras. Pero es bastante probable que él no corresponda a tu nivel de sentimientos (No todavía, como sea). Oh, oh. Hay un desequilibrio de poder. Y cuando la posible relación termina, estás devastada.

SOÑANDO CON EL FUTURO

CUANDO PERSIGUES A ALGUIEN CON UN FUTURO IMPOSIBLE, TE ENGAÑAS A TI MISMA AL PENSAR QUE QUIERES UNA RELACIÓN CUANDO, EN REALIDAD, PERSEGUIR A UN UNICORNIO ES UN REFLEJO DE TU PROPIA FALTA DE DISPONIBILIDAD.

A pesar de que salieron sólo por unas pocas semanas, te encuentras en un profundo duelo. No sólo por los tiempos que pasaron juntos. También estás de luto por todos los planes futuros que no sucedieron.

No dudo que en un corto periodo puedas conectarte profundamente con alguien y sentir chispas que no habías experimentado antes. Pero si tu intensidad emocional no coincide de manera realista con la etapa de la relación, entonces tómalo como una señal de que tu fantasía estaba a cargo. Estabas soñando con el futuro, y eso hace que la caída sea mucho más difícil.

EJERCICIO: La señal de alto
(Detén el viaje de los sueños con el futuro, antes de que despegue)
La construcción de una relación lleva tiempo. Se necesitan intercambios graduales de vulnerabilidad y de compartir en persona. Es un baile. Y a medida que dos personas se van conociendo, se crea una buena relación y se vuelven cada vez más cercanos. Para ayudarte a mantenerte presente con tu pareja actual, aquí hay un ejercicio que puedes intentar la próxima vez que tu mente comience a divagar en el futuro.

Una vez que el pensamiento surge (cuando imaginas un viaje que deseas hacer, tu boda, vivir juntos en una casa de dos pisos), date cuenta. Crea conciencia de que tu mente no está presente.

Después, imagina una gran señal roja de alto o pronuncia la palabra "alto" en voz alta. Si puedes, cambia la posición de tu cuerpo (si estás sentada, levántate, y viceversa). O si es posible, sal a caminar. Es mucho más fácil hacer que tu mente cambie cuando primero modificas tu fisiología.

Ahora, mira a tu alrededor y observa las cosas por las que estás agradecida. Observa con mucha atención. Fíjate en el cielo, los árboles, el hermoso entorno que te rodea, el clima; observa todo y cualquier cosa, y encuentra la gratitud en tu interior.

Una vez que concentres tu atención en enumerar todo por lo que estás agradecida, tu mente automáticamente perderá el control del pensamiento anterior. Pronto te olvidarás de lo que estabas pensando originalmente.

Esto es difícil de alcanzar las primeras veces, pero, con práctica, ¡lo dominarás! Mientras que un ritual de gratitud diario te ayuda a reconfigurar tu cerebro para la felicidad, el ejercicio de la señal de alto es un truco momentáneo para ayudarte a redirigir tus pensamientos para que estés más presente.

¿ES AMOR O LIMERENCIA?

"Soy una romántica empedernida. Me enamoro con fuerza y rapidez, y siempre del chico malo. Simplemente no siento química alguna con los chicos buenos." Natalie deseaba la intensidad de un romance fresco. Florecía con la emoción proveniente del anhelo, con el deseo de lo que no podía tener, y se sintió drogada cuando su última conquista le prestó un poco de atención. Ella racionalizó que esta aceleración, y el choque que inevitablemente vendría después, ocurrió porque era "apasionada". Si fantasear fuera un deporte, habría ganado una medalla de oro. Pero el anhelo de Natalie no estaba relacionado con el amor; sólo con la sensación de estar drogada. De hecho, eso es limerencia en toda forma.

Acuñado por primera vez por la psicóloga Dorothy Tennov, la "limerencia" se puede definir como "un estado interpersonal involuntario que implica un anhelo agudo de reciprocidad emocional, pensamientos, sentimientos y comportamientos obsesivo-compulsivos y dependencia emocional de otra persona".[6] Otros términos que comúnmente se usan de manera indistinta son: "obsesionada" o "adicta al amor". Las investigaciones indican que los procesos bioquímicos que contribuyen a la limerencia duran entre seis meses y dos años en promedio. No es sorprendente que un estudio haya encontrado que 60 por ciento de las parejas heterosexuales no casadas se separan durante el primer año de estar saliendo.[7] El coctel químico comúnmente es tan fuerte que hace que las personas pasen por alto diferencias fundamentales en compatibilidad y valores, y una vez que la química se desvanece, la relación no tiene nada que la mantenga unida. Profundizaremos en la química del amor más adelante en este capítulo, y yo diría que es necesario al menos cierto grado de limerencia para que una relación funcione. Sin embargo, es útil ver en qué parte del espectro sueles encontrarte.

Signos de la limerencia
Tennov identificó las siguientes características centrales de la limerencia:

- Idealización de las características de la otra persona (positivas y negativas).
- Pensamientos incontrolables e intrusivos acerca de la otra persona.
- Extrema timidez, tartamudeo, nerviosismo y confusión frente a la otra persona.
- Miedo al rechazo y desesperación o pensamientos suicidas si ocurre el rechazo.
- Una sensación de euforia en respuesta a signos de reciprocidad reales o percibidos.
- Fantasear o buscar obsesivamente signos de reciprocidad ("interpretar entre líneas").
- Recordar a la persona en todo lo que te rodea.
- Reproducir mentalmente cada encuentro con la otra persona con gran detalle.

- Mantener la intensidad romántica a través de la adversidad.
- Analizar sin cesar cada palabra y gesto para determinar su posible significado.
- Reorganizar tu horario para maximizar las posibilidades de ver a la otra persona.[8]

El hecho de que tengas sentimientos fuertes por alguien no significa que exista una conexión real. Cuando estás en un alto estado de limerencia eres más susceptible a crear una fantasía, volverte adicto a una persona o intensificar tus sentimientos hacia una persona antes de que la relación haya progresado realmente.

Recuerda, para que se desarrolle una relación, ambas partes deben participar de manera activa. Si es unilateral, si se siente frenética y llena de ansiedad, no es saludable. Es importante que hagas un examen personal, no sólo sobre cómo te sientes, sino también sobre la realidad de la situación.

¿El objeto de tu deseo corresponde a tus sentimientos? ¿Está comunicando su interés y ganas de conocerte tanto en sus palabras como en sus acciones? Si no puedes saberlo, pregúntate si se aplican las siguientes afirmaciones:

- Él comienza a hacer planes para verme (no sólo en las últimas horas de la noche).
- Él inicia la comunicación y es constante en su contacto.
- Él hace un esfuerzo por verme y se adapta a mi horario y ubicación (es decir, no se reúne conmigo sólo cuando le resulta conveniente).
- Él establece planes futuros y programa tiempo para verme.
- Él se siente cómodo tomando las cosas con calma y sin apresurarse al sexo.
- Él me presenta a sus amigos.
- Él prioriza verme.

Si respondiste de manera positiva a estas afirmaciones, ¡excelente! Puedes continuar con la siguiente sección. Si respondiste que no a estas afirmaciones, busca el consejo experto de un coach, un terapeuta o una amiga en quien confíes que te brinde una retroalimentación honesta.

¿Su nivel de interés e intensidad de sentimientos coincide con el tuyo, con diferencias mínimas? ¿O es posible que tu plan secreto (la esperanza que tienes en la relación) no te deje ver que estás invirtiendo más que la otra persona? No confundas tu obsesión o esperanza con tu amor. La intensidad de tus sentimientos obsesivos no significa cuán profundamente enamorada estás; más bien, refleja la intensidad de tu limerencia. Y recuerda: la persona adecuada para ti no te mantendrá haciendo suposiciones todo el tiempo.

Incluso cuando parece que estás sintiendo *demasiado* (oh, la agonía exquisita), en realidad, sólo estás esquivando sentimientos. Enamoramiento tras enamoramiento, tu objetivo es tan sólo una fuente de dopamina. Este comportamiento no se trata de conocer a la otra persona, sino de proyectar en él todos los atributos deseados.

La próxima vez que desees una gran dosis de complacencia y de fantasía debes saber que después te sentirás enferma, a menos que te guste ese tipo de cosas... sadismo emocional, eso es. Reconoce cuándo estás en un estado de limerencia y recuerda esto:

No alimentes la fantasía.

"NO SOY ADICTA AL AMOR", DIJO LA ADICTA AL AMOR

En un momento de mi vida, la exitosa canción de Beyoncé "Crazy in Love" (Locamente enamorada) podría haber sido mi himno personal. He estado obsesionada con los chicos desde los cuatro años, cuando empezó mi ansia de atención. Al crecer, mis amigas bromeaban sobre que yo estaba "loca por los chicos". Todo lo que hacía se centraba en lograr que el sexo opuesto se fijara en mí, desde unirme a equipos deportivos en la escuela hasta tomar trabajos de mesera y convertirme en promotora de clubes: el objetivo clave era conocer chicos. Pensar, hablar y fantasear sobre las relaciones era mi pasatiempo; no conocía una forma diferente de ser y pensaba que todas las demás eran exactamente como yo.

Por fin, aprendí sobre la adicción al amor. Durante años, yo exhibía signos de ser una adicta al amor, preocupada de manera constante por el romance, persiguiendo los altibajos de las parejas no disponibles, sintiéndome angustiada por saber si el enamoramiento del día respondía a mi afecto. ¡Pero no, yo no era una adicta! Era una persona ansiosamente apegada, seguro. ¿Pero adicta? No, yo no.

Cuando pensaba en la palabra *adicto*, me imaginaba a un drogadicto en un callejón oscuro, inyectándose. La palabra no era una etiqueta con la que quisiera identificarme.

No fue hasta que recobré "la sobriedad" que me di cuenta de que tenía una adicción en toda regla y que la había tenido durante la mayor parte de mi vida. La adicción al amor era en realidad un síntoma de mi falta de autoestima y mi incapacidad para reconfortarme a mí misma. A medida que comencé a abordar las creencias limitantes que regían mis emociones y acciones, y luego de sanar mis heridas, volverme más segura en mi estilo de apego, tomar decisiones más sanas en las relaciones y de practicar el cuidado personal, me volví menos dependiente de la validación de los hombres como una forma de sentirme bien. Fue como salir de un aturdimiento. Podía experimentar una realidad en la que mis horas de vigilia no estaban dedicadas a mi última obsesión romántica. No sentía una angustia constante y crónica sobre quién me gustaba o a quién le gustaba yo. Dejé de perseguir la sensación de la droga. No fue hasta ese momento que me di cuenta de que había sido una absoluta adicta al amor.

La verdad es que la adicción al amor es más común de lo que pensamos. Es un espectro, y es probable que todas la hayamos experimentado en algún momento de nuestras vidas. Las personas que no son capaces de reconfortarse a sí mismas y tienen un sistema nervioso muy desregulado son más propensas a las adicciones, incluida la adicción al amor.[9] La doctora Alexandra Katehakis, fundadora del Center for Healthy Sex y líder de pensamiento en el campo de la terapia sexual integrativa, sugiere que la falta de modelos sanos sobre cómo reconfortarse a una misma en la infancia puede resultar en problemas de adicción en la edad adulta:

> Los adictos, ya sea que consuman drogas, alcohol, comida, amor o sexo para reconfortarse, suelen estar crónicamente desregulados. Buscan alivio de problemas subyacentes como la depresión o la ansiedad, y no lo logran. Debido a que no recibieron la información y el modelo adecuados sobre cómo buscar y recibir consuelo de sus cuidadores, recurren a sustancias o comportamientos que les darán un alivio temporal de su propia desregulación interna.[10]

Tener una adicción se describe mejor como buscar algo externo para calmar un sentimiento incómodo, ya sea aburrimiento, ansiedad, soledad, tristeza o todo lo anterior. Cualquiera que sea el vicio, un adicto no puede reconfortarse a sí mismo y, por lo tanto, busca de manera repetida algo (o alguien) para obtener un alivio temporal, a pesar de las consecuencias poco saludables que conllevan. Con el tiempo, esta conducta se vuelve habitual y se refuerza, hasta transformarse en un patrón que se vuelve difícil de frenar.

Mientras que la limerencia se caracteriza por la obsesión por una persona en particular, la adicción al amor se manifiesta por perseguir el "subidón" y, comúnmente, se transfiere de una persona a otra. La adicta al amor no puede ir más allá del aceleramiento. Confunde la fantasía que se ha creado sobre la persona del momento, creyendo que están enamorados, cuando en realidad está objetivando a la persona a través de dicha fantasía. El amante del momento se convierte en su "traficante de drogas", dándole ese golpe de intensidad y estado emocionalmente elevado que ansía con desesperación.[11]

Esta intensidad suele funcionar al principio, pero luego la ansiedad comienza a infiltrarse. La adicción se caracteriza por una tendencia a equiparar el amor con la ansiedad en el sistema nervioso. De repente, los miedos de la adicta al amor a ser abandonada y a perder ese sentimiento intenso comienzan a crecer. Esto la deja aferrada, suplicando atención e incluso tolerando faltas de respeto o malos comportamientos, porque está desesperada por obtener el alivio de su "traficante de drogas". Hasta que no reciba su dosis, no podrá volver a funcionar. El ciclo se repite. Las palpitaciones del corazón, las palmas de las manos sudorosas, la opresión del pecho; la adicta al amor confunde esto con el amor, cuando en realidad es el cuerpo el que está sufriendo una abstinencia antes de la siguiente dosis.

Cierto grado de obsesión, fantasía y química es sana y, por lo común, fundamental en las etapas iniciales de una relación. La fiebre neurobiológica es el combustible que ayuda a una pareja a crecer hacia la intimidad más madura que es característica de las relaciones a largo plazo.[12] El doctor Robert Weiss, escritor y experto en el tratamiento de los trastornos de la intimidad y las adicciones en adultos, explica que los adictos al amor viven en limerencia, enganchados al subidón neuroquímico como una forma de escape y disociación de la realidad. Señala que "la diferencia entre los adictos al amor y las personas sanas es que los adictos al amor nunca pasan de la limerencia; nunca 'asignan valor' a nada más allá de la intensidad inicial que experimentan. En cambio, buscan estimular de manera continua el centro de placer de su cerebro con una nueva relación tras otra, al igual que los alcohólicos estimulan sus cerebros con una bebida tras otra".[13]

EXAMEN RÁPIDO: ¿Tienes adicción al amor?

RESPONDE SÍ O NO A LAS SIGUIENTES FRASES:

1. Suelo sentirme necesitada en mis relaciones románticas.
2. Me enamoro muy rápido.
3. Tiendo a mantener una relación aunque sepa que no es sana o que es tóxica para mí.
4. Cuando tengo sentimientos románticos hacia alguien no puedo dejar de fantasear y pensar en él, lo que a veces causa una disrupción en mi vida diaria.
5. Me han dicho que he sido asfixiante en las relaciones.
6. En el pasado, cuando tenía sentimientos románticos hacia alguien, ignoraba las señales de alerta.
7. Me encuentro invirtiendo más en una relación que mi pareja.
8. En el pasado, me involucré sentimentalmente con alguien para evitar sentirme sola.
9. He trabajado duro para amoldarme a la persona que mi pareja quiere que sea. Me corregiré y sacrificaré mis necesidades y valores para complacerlo.
10. Estoy petrificada ante la idea de ser abandonada. Incluso el más mínimo signo de rechazo me hace sentir insegura o que no valgo lo suficiente.
11. He perseguido más de una vez a personas que me han rechazado y he tratado desesperadamente de que cambien de opinión.
12. Incluso si no estoy en una relación, me encuentro fantaseando con el amor todo el tiempo, ya sea con alguien de mi pasado o con la persona perfecta que espero conocer.
13. Me siento impotente cuando me enamoro y tengo la tendencia a tomar decisiones poco sanas porque mis sentimientos son muy fuertes.

14. Necesito una pareja romántica para sentirme bien.
15. Siempre elijo parejas que no están emocionalmente disponibles o que evitan la intimidad.
16. Cuando estoy en una relación, tengo la tendencia a hacer de ella el centro de mi universo.

Si respondiste afirmativamente a más de 50 por ciento de estas frases podría ser un indicador de que estás experimentando una adicción al amor.

Estas declaraciones son una adaptación de un cuestionario creado por Love Addicts Anonymous (Adictos al Amor Anónimos). Para obtener un diagnóstico completo, busca un terapeuta que se especialice en problemas de relaciones o consulta los recursos y programas que se ofrecen en los centro de tratamiento Meadows.

¿CUÁL ES TU RELACIÓN CON LA RELACIÓN?

Cuando Nicole Boyar, una coach del amor que ayuda a las mujeres a pasar del amor adicto al amor conectado, distribuye este examen rápido durante su taller en Renew, se pueden escuchar los susurros en la habitación. Las mujeres murmuran mientras van revisando cada frase: "Sí" y "Dios mío, así soy yo".

Karen, la divorciada que descubrió su creencia de que "no quedan hombres buenos" (en el capítulo tres), levanta la mano y objeta:

—Mis dos ex eran adictos. Estaban fuera de control. Yo era la que mantenía el orden ahí. Imaginarme como una adicta me parece muy duro, cuando sé cómo es un adicto.

Nicole anima a Karen a suspender el juicio de la etiqueta y a explorar su "relación con la relación" en cambio.

—La definición de "adicción" es repetir de manera continua un comportamiento, cualquiera que sea, a pesar de la consecuencia negativa. ¿Permaneciste en la relación a pesar de las consecuencias negativas para tu salud física y emocional? —pregunta Nicole.

—Sí, me quedé mucho más tiempo del que debía. Es confuso porque no empecé pensando que iba a tener una relación tóxica o abusiva. Simplemente ocurrió. Pero sé que algo anda mal porque ya pasó dos veces a estas alturas —admite Karen.

Muchas de las participantes de Renew han salido con personas con adicciones a las drogas y al alcohol. Nicole explica que éste es un emparejamiento común. Las personas con adicción al amor tienen una adicción al proceso de enamoramiento y decepción en lugar de a sustancias, pero el ciclo intenso de estira y afloja es el mismo.

Con la adicción al amor estamos dispuestas a entrar en un ciclo de drama e intensidad. Que nos sintamos atraídas por alguien que tiene una adicción a sustancias tiene sentido, porque estamos dispuestas a tolerar ese ir y venir, y la montaña rusa en la que él se encuentra. Estamos tan consumidas por su viaje y tratando de sanarlo, que no estamos sanando nuestros propios problemas. Creemos que estamos enamoradas cuando en realidad se trata de intensidad, no de intimidad. Es esa intensidad a la que nos volvemos adictas.

La adicción al amor se parece mucho a una adicción a las sustancias, ya que la tolerancia al drama sigue aumentando de manera gradual. En el caso de Karen, ella no vio ningún signo de adicción o abuso al principio. Pero luego vino la noche de borrachera que se convirtió en una pelea terrible. Luego, los insultos que él proferiría después de unos tragos. Se disculparía profusamente al día siguiente, compensando su borrachera con grandes gestos románticos. Karen lo dejaba pasar. Hasta otro incidente, y ella lo dejaba pasar de nuevo. Su tolerancia por el drama y la intensidad de los subidones y bajones aumentaron continuamente con el tiempo.

Pero esas ansias...

Las mujeres escuchan con atención la historia de Karen porque, en el fondo, hay una parte que resuena en sus propias experiencias: sentirse adictas a alguien que es tóxico, perseguir la intensidad y hacer frente a una abstinencia insoportable. Nicole explica que los síntomas de abstinencia son una parte natural del proceso de sanación: "Cuando eliminas a esta persona de tu vida, puedes sentir ansias intensas por estar con ella, igual que alguien con una adicción a cierta sustancia la ansía. Esto podría manifestarse en forma de pensamientos obsesivos o un deseo intenso de llamarlo o verlo. La buena noticia es que las ansias suelen durar entre diez y veinte minutos. Si puedes pasar ese tiempo sin ceder, ¡el ansia se detendrá!".

La próxima vez que experimentes síntomas de abstinencia de tu ex, tómate de diez a veinte minutos para que pasen las ansias. Recuerda que tu cerebro anhela la dopamina y ha asociado a tu ex con la obtención de esa recompensa. Encuentra una forma más saludable de obtener tu dosis de dopamina.[14]

Nicole concluye que nos perdemos en nuestras relaciones porque la idea de la nueva relación se siente mejor que nuestra vida actual: cuando nuestras vidas no son tan emocionantes y surge algo nuevo, nos dejamos ir a ciegas y con prisa como una forma de llenar el vacío de nuestras propias vidas.

Esto nos lleva al siguiente punto: cuando no nos sentimos completas somos mucho más susceptibles a que nos secuestre la fantasía.

EL TRAFICANTE DE FANTASÍA

Ya sea que estés llena de nostalgia por el pasado o borracha de esperanza por el futuro, la fantasía sobre alguien logra que creas que ya encontraste al Señor Perfecto. En ocasiones, tienes la suerte de haber conocido a una pareja que es coherente con la idea proyectada en la agonía inicial del amor. Pero no todas son tan afortunadas.

De hecho, la mayoría de las mujeres no lo son. Aquellas que son más susceptibles al sesgo de la fantasía son quienes caen presa del mejor traficante de fantasía: el narcisista.

"Él me hizo perder la cabeza", suspiró Tracy.

Tracy, participante de Renew, compartió la historia de cómo se conocieron ella y su ahora exprometido, Tom. Fue cuando eran niños y por casualidad se reencontraron treinta años después. Fue rápido y frenético, lleno de escapadas románticas, charlas sobre el futuro, regalos lujosos y sexo ardiente y apasionado. Tracy, apenas unos años antes de volver a conectarse con Tom, había dejado un matrimonio aburrido e insatisfactorio. Su vínculo con Tom era absolutamente embriagador. Llenó todos los vacíos que habían quedado tras su primer matrimonio.

"Era como si él me conociera más que yo misma. Fue tan divertido y emocionante, y me hizo sentir tan viva."

Pero un mes antes de la gran boda, Tracy recibió una llamada.

La llamada.

De la otra mujer.

Al parecer, el perfecto Tom había estado viviendo una doble vida con otra persona durante toda su relación. De hecho, Tom había estado involucrado con la otra mujer durante tanto tiempo que al final de la llamada, ninguna de las dos podía saber quién era la "otra mujer".

Después de estar en Renew y analizar un poco más la relación, a Tracy le quedó claro que hubo señales de alerta todo el tiempo. Pero el estilo de vida, la casa en los Hamptons, el chico soñado, todo eso fue suficiente para pasar por alto esas

señales. Por ejemplo, la vida giraba en torno a las necesidades de Tom: su carrera, sus eventos sociales y sus preferencias sobre dónde deberían vivir. Si alguna vez se sentía molesta o lo cuestionaba, sus sentimientos o preocupaciones eran invalidados: era acusada de ser "demasiado sensible" y "actuar como loca" (hola, *gaslighting*). Tracy se sentía afortunada de que un chico tan encantador como Tom la hubiera elegido y, poco a poco, se tragó la historia que le estaba contando y dejó de dudar de él.

Tracy era el blanco principal para un narcisista. Ella era hermosa e inteligente (rasgos requeridos para un narcisista, que necesita a su pareja para mejorar su estatus y validación), era demasiado complaciente y, por lo general, anteponía las necesidades de los demás a las propias, y dado que había salido de un matrimonio sin amor, estaba hambrienta de pasión y emoción. Cuando llegó Tom fue como si él fuera el remedio para todo lo que la afligía. Tenía las finanzas, el estilo de vida, la buena apariencia y la promesa de una vida emocionante. Tracy deseaba tanto que Tom fuera "el elegido" que llenó los huecos con proyecciones y fantasía. Tenía un letrero virtual de ELÍGEME sobre su frente.

Lamentablemente, la historia de Tracy no es única. En Renew, alrededor de 30 por ciento de las participantes está superando una ruptura con un narcisista o viene al campo de entrenamiento porque todavía tiene una relación con alguien a quien cree que no puede dejar.

Pensarías que detectar a un narcisista es fácil; sin embargo, pueden ser increíblemente encantadores, atractivos y seductores. De hecho, un experimento con las citas rápidas mostró que aquellos con los puntajes más altos en la escala de narcisismo eran percibidos como los más deseables y susceptibles por el sexo opuesto.[15] Estas personas comúnmente se encuentran en posiciones poderosas y están sobrerrepresentadas en campos donde ser el centro de atención es una ventaja, como el entretenimiento, el ámbito empresarial o la política.[16] Son el alma de la fiesta, tienden a rodearse de gente e invierten en su apariencia (es decir, son atractivos). La gente suele suspirar por su atención, y esto resulta sumamente validador cuando esa preciada atención está dirigida a ti.

Cuando el popular y poderoso chico guapo de repente dirige su rayo láser de atención hacia ti, ¡naturalmente se siente genial! Te crees afortunada porque de, entre todas las que podría haber elegido, te escogió a ti. Debido a que es hábil para ser agradable, dice todas las cosas que quieres escuchar. Incluso realiza grandes gestos románticos: flores, viajes, regalos y promesas para el futuro. De pronto, intoxicada por el torbellino del romance, piensas que has encontrado a tu príncipe azul, a Mr. Big y a Harry Styles, todo en uno. Estás enganchada. Y una vez ahí, ocurre el cambio. De repente, el Señor Perfecto se retira y ya no te sientes tan especial. Empiezas a clamar por su atención, su tiempo, esa ráfaga de sustancias químicas que te hacen sentir bien y de las que te inundó al principio. Incluso podrías comenzar a sacrificar tus necesidades para complacerlo, para demandar su validación y atención. Y en cuanto estás a punto de cortar y terminar con él, regresa con fuerza y te bombardea de amor y muestras de afecto para recuperar tu interés. Un tornado de halagos excesivos, obsequios y gestos románticos te devuelven a su vórtice y, de repente, estás enganchada de nuevo.

Los narcisistas también presentan un yo falso, simulan ser la persona amorosa y atenta de tus sueños hasta que no haces lo que quieren. Entonces se volverán castigadores, distantes y fríos. Ellos utilizan el *gaslighting*, un término utilizado por los psicólogos para describir cuando alguien usa la manipulación para que su objetivo dude de su propia cordura, juicio y memoria. El psicoterapeuta Jeremy Bergen explica: "Es una táctica que un miembro de la pareja usa para ejercer poder sobre el otro, ganar control e infligir daño emocional". Agrega: "Una de las grandes señales de advertencia es esta sensación persistente de que lo que viste no ocurrió en realidad. Y lo que experimentaste no sucedió en realidad. Lo que sentiste no fue así en realidad".[17]

Sin la conciencia de que todo esto es un comportamiento narcisista típico, te sientes confundida y comienzas a culparte a ti misma, convencida de que si te comportas de manera correcta, haces más de esto o menos de aquello, el Príncipe Azul que una vez conociste reaparecerá.

EL NARCISISMO COMO EL NUEVO CHIVO EXPIATORIO

El narcisismo es un trastorno del espectro autista y existe en un continuo que va desde unos pocos rasgos narcisistas hasta un trastorno de personalidad en toda regla, que es una enfermedad mental. No hay duda de que comprender la terminología clínica nos ayuda a dar sentido a las cosas, pero debemos tener cuidado de no señalar con (falsas) patologías a los demás como una excusa para las malas relaciones. En la actualidad, con nuestro vocabulario tan consciente, nos hemos armado con un nuevo léxico para que las personas que nos irritan sean diagnosticadas con algún trastorno de la personalidad.

Él podrá ser evasivo o podrá ser todo un idiota. Pero esto no lo convierte automáticamente en un narcisista.

Cuando señalamos acusando falsamente a alguien de tener un trastorno de la personalidad, no vemos ni aceptamos la realidad de la situación. Cuando no admitimos la realidad, no podemos crecer. Nos quedamos atascadas repitiendo las mismas experiencias emocionales, sólo que con diferentes personas: "¡Es culpa de la caminadora! No tiene nada que ver que yo continúe corriendo en ella".

Como sea que quieras llamar a tu ex (imbécil, narcisista, evasivo o loco), si eliges constantemente a personas tóxicas esto dice mucho más sobre tus patrones que cualquier otra cosa.

A PRUEBA DE NARCICISTAS

¿Sabes cuál es el mejor repelente de narcisistas? Un fuerte sentido de autoestima. Las personas que no delegan su validación y necesitan sentirse "especiales" con otra persona son objetivos difíciles de manipular para el narcisista. Si ya te has enamorado de uno, debes asumir la responsabilidad de cómo te enamoraste de él para empezar.

¿Qué te hizo querer tanto la conexión que ignoraste las señales? Porque, seamos honestas, siempre hay señales.

¿Jugaste con la fantasía que te presentó? ¿Anhelabas una validación externa para sentirte especial? ¿Te embriagó el atractivo de la imagen que proyectaba porque pensaste que podría ser un boleto para salir de tu estado actual? ¿Estabas, quizá, tratando de mejorar tu estilo de vida?

Es fácil señalar a alguien por ser narcisista. Pero ¿cuántas de nosotras podemos admitir que también tenemos algunas características narcisistas? ¿Has salido con alguien porque era más fácil aferrarse a su vida, su éxito y su poder en lugar de crear todo eso por tu cuenta? ¿Alguna vez has salido con alguien para mejorar tu autoestima o tu estatus?

Pausa dramática.

EL HECHIZO DE AMOR: UNA PROVOCATIVA PÓCIMA DE QUÍMICOS

Hablando de narcisistas...

Conoce a Justin.

Justin era el chico malo por excelencia: un conocido personaje neoyorquino perpetuamente soltero, un abogado de éxito con un impresionante departamento en Tribeca. Nos conocimos en un festival, en el que yo estaba bebiendo tequila directamente de la botella y él estaba de fiesta en la sección VIP. Bailamos. Me besó. Así comenzó nuestro romance.

Justin me llevó a St. Kitts en nuestra segunda cita. En el segundo mes, nos fuimos en un jet a Tulum. Cada experiencia que tuvimos juntos fue intensa, excitante y apasionada. Por supuesto, éramos principalmente opuestos en los aspectos más importantes: yo creía en la monogamia y él no. Me dijo que quería ser emocionalmente monógamo, pero no sexualmente:

JUSTIN: Lo único que digo es que si casualmente me enganchara con alguien más, eso no debería significar el final de la relación. Todos los chicos engañan, pero mienten al respecto. Yo quiero ser honesto.

AMY: En realidad, no creo que *todos* los chicos engañen. Quiero una relación monógama y sé que puedo encontrar a alguien que quiera lo mismo. ¿Cuál es el valor de tener una relación contigo? ¡Porque no me gusta lo que estás ofreciendo!

JUSTIN: Obtendrías buena reputación por haberme domado.

¿Puedes decir que te dejó con el "corazón derretido"?

Entonces, ¿qué hice? Me quedé con él, *vaya*. Me convencí de que podía manejar mis emociones respecto a él y mantener las cosas en el nivel informal.

Como era de esperar, Justin dominó mi espacio mental. Era físicamente adicta a él, a pesar de que no teníamos nada en común más allá del sexo y el tequila. Estaba desconcertada por mi respuesta química hacia este hombre: el hormigueo en la boca del estómago, el cálido rubor iluminando mis mejillas. Mi corazón no paraba de correr.

Ésa fue la Madre Naturaleza jodiéndome. Ya conoces ese sentimiento.

El amor no es una emoción; más bien, es un sistema de motivación diseñado para que los humanos se apareen y procreen.

Cuando nos enamoramos de alguien hay un aluvión de sustancias químicas y hormonas reaccionando en nuestro cerebro. Si eres muy afortunada, ese coctel químico te estará acercando a una pareja adecuada, pero nuestros impulsos de apareamiento primarios comúnmente pueden engañarnos y nos llevan a apegarnos a alguien que no es una pareja compatible.

La investigadora del comportamiento humano Helen Fisher descubrió que hay tres impulsos de apareamiento que se entrelazan para convencernos de que estamos enamorados: el primero es la *lujuria*, impulsada por la testosterona; el segundo es la *atracción romántica*, impulsada por niveles altos de dopamina y norepinefrina y bajos niveles de serotonina; y el tercero es el *apego*, impulsado por la oxitocina y la vasopresina.[18]

La chispa

La lujuria es impulsada por la hormona testosterona, la cual promueve la agresión, la toma de riesgos, la asertividad y la confianza en una misma, y mejora el aspecto visual (capacidad espacial): nuestro impulso sexual trabaja con todo su poder.

Conocemos demasiado bien "la mirada". La atracción gravitacional que nos une, que la neurociencia denomina nuestros "osciladores adaptativos". Si la mirada es mutua (tal vez desinhibida por el ambiente de un club nocturno, ropa sexy y alcohol) y caes en los ojos de otra persona, tus osciladores adaptativos se bloquean y se forman. Cuanto más fuerte se vuelve esta mirada, más abrumadora es tu lujuria. Una persona tarda menos de un segundo en encontrar a alguien físicamente atractivo e iniciar una mirada.

Para los hombres, que tienden a producir diez veces más testosterona que las mujeres, la chispa de la mirada es mucho más intensa. En microsegundos, el cerebro de un hombre juzga la corporalidad de una mujer y su receptividad hacia él (los cerebros de los animales valoran el potencial de sexo/apareamiento). Ésta es la razón por la que los hombres hablan del amor a primera vista con mucha más frecuencia que las mujeres. Algunas investigaciones sugieren que los hombres con niveles iniciales más altos de testosterona, aunque impetuosos y agresivamente románticos y sexuales durante la fase de lujuria, tienden a casarse con menos frecuencia y a tener más relaciones adúlteras y a divorciarse con más frecuencia.[19]

Para las mujeres, los estimulantes visuales infieren carácter, estatus, dominio y riqueza. En lugar de que el sexo o el apareamiento dicten su mirada, ella está evaluando inconscientemente si una relación puede proyectarse en el futuro, así como las señales de la capacidad del hombre para proveer y proteger. Una vez que él es valorado físicamente, la siguiente evaluación es su voz. Las mujeres, por lo general, perciben a los hombres con voces profundas y que hablan rápidamente como más educados y más guapos. El cerebro femenino se ve impulsado a buscar seguridad y confiabilidad en una pareja potencial antes de tener relaciones sexuales. En un estudio que utilizó escáneres cerebrales de mujeres que se habían enamorado poco tiempo antes, las mujeres mostraban más actividad cerebral en regiones asociadas con la recompensa, la atención y la emoción. Las exploraciones del cerebro de los hombres revelaron que la mayor parte de la actividad se encontraba en las áreas del procesamiento visual y la excitación sexual.[20]

La llama

Aunque la lujuria motiva a las personas a tener relaciones sexuales con tantas parejas como sea posible, la atracción romántica lleva el proceso un paso más allá, ayudando a concentrar la energía de apareamiento en una sola persona a la vez. Este impulso de apareamiento comúnmente se conoce como "amor apasionado" o "enamoramiento", y se caracteriza por un pensamiento obsesivo sobre una persona y un fuerte deseo de unión emocional.[21]

El *playboy* Justin pronto me dijo que estaba en una etapa de su vida en la que estaba listo para establecerse. Me dijo que estaba convencido de que yo era la persona con la que quería hacerlo. Dijo: "En los primeros veinte minutos después de conocerte supe que estaríamos juntos".

Me volví adicta a lo especial que me hacía sentir. Las recompensas y promesas que recibí alimentaron mi adicción y perpetuaron la atracción romántica. Justin me colmaba de atención, deseo y pasión, y justo cuando sentía que nos estábamos acercando, él se alejaba. No respondía, a veces desaparecía por completo. Me hacía a un lado y se acostaba con otras mujeres. A pesar de su comportamiento, yo lo deseaba con mayor ansia. Esto se debía a una hormona relacionada con la dopamina, llamada norepinefrina, que se libera durante la época de atracción. Es responsable de la oleada de energía, los sentimientos de vértigo, la pérdida del apetito y la necesidad de dormir cuando estás en una atracción romántica. Aunque es necesario realizar más estudios científicos, muchos investigadores creen que durante la fase de atracción también hay una reducción de la serotonina, que se caracteriza por sentimientos de obsesión intensos. Las personas que padecen un trastorno obsesivo-compulsivo también muestran niveles igualmente bajos de serotonina.

La quemadura

Antes de Justin, ni siquiera podía sentir atracción por dos personas a la vez sin sentir que estaba engañándolos. Ahora, tres meses después, estaba renunciando a mis valores para ver si podía hacer que esta relación funcionara. Mis sentimientos se estaban configurando. Las noches de citas salvajes se estaban transformando en que yo me quedara, le preparara sus almuerzos para el trabajo e hiciéramos planes para el futuro. Justin pasó de ser el extra sexy al protagonista de mi película. Me estaba apegando. Debería haberme dado cuenta. Ésta era la Madre Naturaleza siguiendo su curso.

De acuerdo con Helen Fisher, este impulso de apego permitió a nuestros antepasados vivir con una pareja el tiempo suficiente para criar a un solo hijo durante la infancia.[22] Cuando había una pareja, las posibilidades de supervivencia de un hijo eran mayores. La hormona en juego aquí es la oxitocina, que tiene un papel importante en la unión de parejas. Promueve la confianza, la empatía, la generosidad y el afecto. Los niveles de oxitocina aumentan cuando abrazamos o besamos a un ser querido, cuando tenemos un orgasmo, cuando una mujer da a luz y cuando amamanta. Debido a que el estrógeno aumenta el nivel de oxitocina, las mujeres tienen reacciones más fuertes a ésta. Por lo tanto, es más probable que las mujeres caigan primero... y con fuerza.

El apego se caracteriza por sentimientos de calma, seguridad, comodidad social y unión emocional. Debido a que su impulso principal es asegurar un apareamiento exitoso, es útil observar los químicos en el cerebro de un hombre cuando su pareja femenina está embarazada. Durante el embarazo, un hombre detecta las feromonas de su pareja, sustancias químicas secretadas que pueden desencadenar respuestas fisiológicas. Esto estimula su cerebro para producir la hormona prolactina. Los hombres con niveles más altos de prolactina parecen estar más alertas y responder a los llantos de sus bebés una vez que nacen, y es más probable que animen a su hijo a explorar e interactuar con los juguetes. Además, las feromonas de la mujer hacen que los niveles de testosterona del hombre caigan alrededor de 30 por ciento. Es posible argumentar que ésta es la forma que tiene la biología de disuadir a los hombres de buscar sexo con otras parejas, para alentarlos a concentrarse en sus familias justo después del nacimiento de un hijo. Sin embargo, los hombres con niveles más altos de testosterona parecen menos propensos a las necesidades de sus hijos.[23]

Al final, debemos entender que lo que conocemos como amor es una convergencia de factores biológicos que alguna vez aseguraron nuestra supervivencia como especie, y no una oleada de verdadera emoción. No siempre podemos confiar en lo que nuestros cuerpos hacen de manera natural. El amor tampoco evoluciona necesariamente de manera lineal desde la lujuria hasta la atracción y el apego. Por eso puedes tener relaciones sexuales con alguien y nunca llegar a una etapa de unión. O, después de años de amistad platónica, de repente desarrollas la lujuria por tu mejor amigo.

Nuestros impulsos de apareamiento se desarrollaron en la parte más primaria de nuestro cerebro. Por más "evolucionados" que creamos que somos como especie, nuestros cerebros siguen funcionando con la misma programación básica. Depende de nosotros ser conscientes de esta realidad biológica y de la verdadera naturaleza de la potencial relación de pareja. Incluso si la biología nos lleva por el camino de la pareja, ésta puede no ser adecuada para ti. Así fue con Justin.

Todas construimos mecanismos de defensa de manera inconsciente para protegernos del dolor; desarrollamos hábitos y mecanismos de afrontamiento para ayudarnos a sobrevivir; creamos líneas de historia para darle sentido al pasado. Sin saberlo, la disfunción se acumula, una capa sobre otra. Pronto, nos sentimos cómodas con ese estatus. Agrega la química, la presión social, los falsos ideales, las fantasías y la ausencia de modelos de cómo se ve y se siente una relación sana a esta mezcla, y nos quedamos con un ciclo complicado. Decimos que queremos una cosa, pero nos regimos por nuestros patrones, condicionamientos inconscientes e imperativos biológicos, por lo que nos comportamos y atraemos otra cosa. Este ciclo continúa hasta llegar al mismo punto cada vez.

Armada con la autoconciencia y el reconocimiento de los impulsos químicos, tienes las herramientas para romper el ciclo, elegir de manera diferente y crear un nuevo comienzo.

Un nuevo estándar para el amor

No puedes elegir si resultas lastimado en este mundo... pero sí puedes tener algo que decir sobre quién te lastima.
JOHN GREEN, *Bajo la misma estrella*

En capítulos anteriores, hemos discutido acerca de cómo nuestras heridas de la vida temprana influyen en quién nos atrae. Nuestra brújula química dirige las elecciones de nuestras parejas, y cuando somos atraídas de manera constante por los tipos de pareja "incorrectos", es una indicación probable de que nuestra brújula química necesita algunos ajustes.

En el pasado, mi vida romántica estaba definida por un patrón de romances de corta duración que terminaban en desastre. Por lo general, me enamoraba por completo de chicos que no estaban emocionalmente disponibles y nunca le daba una oportunidad al "chico bueno". Mi ruptura con Adam fue el catalizador para que comenzara a reflexionar sobre mis patrones en las relaciones. Si quería tener una relación sana y comprometida algún día, debería observar profundamente y hacer un cambio serio.

Como persona altamente analítica, me propuse descubrir los patrones que estaba implementando y los mecanismos de defensa que había construido alrededor de mi corazón. Rápidamente vi que tenía un tipo. Los hombres que me atraían eran todos empresarios ocupados, todos casados con su trabajo. Había desarrollado un sentido de atracción deformado, equiparando la falta de disponibilidad y la inconsistencia con la atracción y la excitación con el amor. Mi modelo de cómo se sentía el amor no era saludable.

Me di cuenta de que mi brújula química me estaba dirigiendo en la dirección equivocada. Demonios, seamos realistas, estaba por completo rota. Me decidí a arreglar mi brújula química para desarrollar atracción hacia hombres más emocionalmente disponibles. Entonces, hice lo que cualquier experto en relaciones haría: realicé un experimento conmigo misma. ¿Podría reprogramarme para sentir química con los hombres que eran buenos para mí? ¿Podría estar abierta a hombres fuera de mi tipo habitual? Tendría que averiguarlo.

COMIENZA EL EXPERIMENTO...

La primera tarea fue abrir mi mente. Tomé la decisión de ser receptiva a salir con personas fuera de mi tipo clásico que, por lo general implicaba una cierta altura y estatus, con una mandíbula cincelada con una ligera barba y un montón de cualidades superficiales. Arrojé la lista a un lado. Si alguien quería tener una cita conmigo y pareciera ser amable, emocionalmente saludable y disponible, entonces lo intentaría. ¿Y adivina qué? En el momento en que hice esto, ¡de repente comencé a notar hombres a quienes había pasado por alto antes! Mostré interés en los chicos que normalmente no habría elegido en el pasado y entablé conversaciones en línea. Con una nueva mente abierta, decidí darles una oportunidad a los "chicos buenos". Y así, tuve algunas citas. Y fui sin expectativas; mi única intención era ser curiosa y divertirme.

EMPECÉ A "DARME CUENTA DE SENTIMIENTOS"

Seis meses después de mi experimento, había tenido muchas citas. Aunque los hombres eran encantadores, reflexivos y atentos, yo no estaba desarrollando ningún sentimiento. Esto fue en verdad frustrante al principio. Cita tras cita, a pesar de mis intentos de ser curiosa y divertirme, estaba aburrida... Pero entonces sucedió algo inesperado.

Estaba cenando con un chico llamado Carter, a quien había visto varias veces durante los últimos seis meses, pero con quien no sentía *ninguna* química sexual, francamente. Al principio, fui sincera en el sentido de que no tenía un interés romántico en él, pero estaba abierta a que nos siguiéramos encontrando como amigos. Expresó que no tenía expectativas, pero que quería que yo fuera parte de su vida. Sin ninguna presión, me sentí libre de pasar tiempo con él de manera informal.

Nos reunimos para cenar una noche, tal vez por sexta o séptima vez. Y algo cambió. Recuerdo el preciso momento en que lo miré al otro lado de la mesa y por primera vez noté lo guapo que era.

Oh. Hola.

Y así nada más, la chispa se encendió. Me sentí atraída por él, no sólo físicamente, sino también por su carácter y su alma. Éste era un tipo de intimidad que no había experimentado antes. Era diferente: lenta, constante, tranquila y pacífica. No tenía los altibajos extremos que yo conocía tan bien, pero era algo mucho más saludable.

CONSTRUIR UNA CONEXIÓN SALUDABLE TOMA TIEMPO

Quizá la química siempre había estado ahí y yo simplemente no la había reconocido. Tal vez mi admiración platónica sólo se volvió romántica. Cualquiera que sea la explicación, ¡mi experimento funcionó! Aprendí que se necesita tiempo para construir una conexión saludable, porque se basa en llegar a conocer a alguien por lo que es, no sólo por lo que representa superficialmente.

Lo que me hizo sentir feliz por el resultado con Carter fue que sentí mi verdadero poder para elegir pareja. No estaba actuando como una esclava de la química. Me di cuenta de que podía tomarme mi tiempo y dejar que las cosas se desarrollaran, estar abierta a diferentes tipos de hombres e incluso tener una conexión duradera con alguien que no fuera mi tipo específico.

Pero aquí está la cosa con los chicos antes de Carter: aunque pensé que el ejercicio de química no estaba funcionando, en realidad sí tuvo resultados, tal como pensé que lo haría. Verás, cada chico antes de Carter se aparecía maravillosamente ante mí. Estaban disponibles, presentes e interesados en salir conmigo. Aunque no sentí química con ellos, me estuve *familiarizando* cada vez más con lo que se *sentía* estar con un hombre saludable y disponible. Sin siquiera saberlo, estaba adoptando una nueva normalidad. Y eso fue lo que me abrió los ojos a Carter.

¡Resulta que había ciencia real detrás de mi experimento! Si los investigadores hubieran escaneado mi cerebro durante mis citas, habrían podido proporcionar una explicación científica de lo que sucedió con Carter. Verás, en ese escenario, la parte de mi cerebro responsable del apego y la vinculación se activó antes que la parte de mi cerebro responsable de la atracción sexual. Lo cual, por supuesto, marcó la diferencia. Como comentamos en el capítulo anterior, hay tres impulsos de apareamiento diferentes en el cerebro, cualquiera de los cuales puede provocar el amor. En el caso de Carter, la lujuria fue la última en encenderse, ya que primero desarrollamos un apego como amigos.

Puedes sentir lujuria o atracción por alguien, pero eso no necesariamente te conducirá al apego y la unión. Si, como yo, el primer o segundo impulso de apareamiento es lo que hace que te metas en problemas, considera comenzar desde el tercer impulso, construyendo primero la conexión y la intimidad emocional.

Comprender la ciencia detrás de tus sentimientos te ayuda a cambiar tu perspectiva cuando se trata de enamorarte. No descartes a una persona con la que eres compatible porque no sientes la intensa llama de la lujuria; esas chispas pueden crecer con el tiempo. Las investigaciones (y, por si te sirve, mi experimento) lo confirman.

LA FAMILIARIDAD GENERA ATRACCIÓN

¿Quién sabe? A esto se le llama el "efecto de mera exposición". Los psicólogos argumentan que cuanto más interactúas con una persona que te gusta (incluso si es sólo un interés leve), más atractivo se vuelve.[1]

Eso fue claramente cierto con Carter.

Pero toma en cuenta que la exposición repetida sólo amplifica algo que ya está ahí. Ésa es la razón por la que, independientemente de cuántas reuniones tengas con el hombre más molesto del trabajo, no te enamorarás de él. La exposición repetida sólo intensifica la emoción dominante en la relación. Por lo tanto, cuando la emoción dominante es el disgusto, la exposición repetida sólo aumentará el disgusto. Sin embargo, cuando la emoción dominante es la atracción, la exposición repetida aumentará la atracción.

Si estás buscando una relación de pareja duradera es fundamental tener en cuenta los valores que conforman el carácter de alguien. Esa chispa, no importa cuán poderosa sea, se desvanece, pero el carácter, los valores y un compromiso compartido con el trabajo en equipo serán lo que mantendrá unidas a dos personas en una relación a largo plazo. Ahora, no estoy diciendo que te obligues a querer a alguien por quien no sientes atracción física. Sugiero que no te apresures a descartar a alguien porque no sientas los fuegos artificiales... en un inicio.

Con Carter, disfrutaba pasar tiempo con él y esperaba con ansias que nos reuniéramos, incluso si no procesaba cognitivamente eso como "química romántica". En ocasiones, la química está ahí, pero tu mente consciente aún no la ha procesado. Consulta contigo misma y ve si disfrutas pasar tiempo con la persona. Si es así, entonces es suficiente para volver a verlo.

¿Y en cuanto a tu tipo? Si conoces a alguien que se ajuste a tu "tipo", es posible que sientas una chispa más evidente, porque eso es lo que te resulta familiar. Si tu brújula química funciona y eso sucede, ¡genial! Pero recuerda: el amor se desencadena de diversas formas: una chispa de pasión, un destello de interés, una llama de combustión lenta. No hay manera correcta o incorrecta.

Si en tu historial te has sentido atraída por hombres que son terribles para ti (comienzos explosivos, que arden rápidamente), considera salir con hombres fuera de tu tipo. Es posible que necesites darle a alguien más tiempo para que se encienda el fuego, pero podría suceder que te sorprendas gratamente. Después de todo, ¡la ciencia está a tu favor!

ESPECTRO DE ATRACCIÓN

La atracción es un espectro. En un extremo del espectro están las parejas potenciales por las que no sentimos ninguna atracción. Luego, en el otro extremo está nuestro "tipo de hombre", los que nos atraen magnéticamente y hacen que nos tiemblen las rodillas. Éstos son los que hacen sonar las alarmas del alma gemela, a quienes incluso podrías percibir como superiores a ti de alguna manera. Los que están en este extremo del espectro de atracción desencadenan tanto nuestro anhelo como nuestra inseguridad.

Como ya mencioné, los sentimientos de atracción inmediata e intensa pueden confundirse fácilmente con el amor. Evocan toda la ansiedad, el anhelo y la excitación que nos hacen sentir drogadas. El encanto, la fantasía y la mayor sensación de excitación se sienten tan bien...

Éstos son los que *no* buscas. Pero eso ya lo sabes... ¡¿cierto?!

Si no lo he dicho lo suficientemente fuerte y claro, hay una razón por la que existe esta intensa carga y, como ahora sabemos, no es porque él sea tu alma gemela. Los que caen en el nivel de atracción a menudo están plagados de patrones hirientes: tu inconsciente detecta las cualidades que te recuerdan tu propio trauma. Tampoco querrás ir por la persona en el extremo opuesto del espectro, a la que algunas personas recurren después del dolor de un rompimiento. Traumatizadas, se asustan tanto por el riesgo del dolor que eligen a personas con las que no sienten ninguna química, pero que en apariencia son amables y afectuosas, porque eso suena más seguro. Aunque es cierto que algo de química puede conducir a más química, por desgracia, la química del cero absoluto generalmente resulta en una insípida dinámica asexual. El desafío con este escenario es que, sin ninguna chispa, la relación puede estancarse con suma rapidez debido al aburrimiento y la falta de pasión.

ESPECTRO DE ATRACCIÓN

Teresa Y EL CHICO PERFECTO EN PAPEL

TERESA ES UNA EJECUTIVA exitosa que trabaja en un fondo de inversión en Nueva York. Su terapeuta le recomendó que viniera a Renew después de su ruptura con Arnold.

"Arnold era amable y exitoso. Tenía un apartamento, conducía una camioneta de lujo. Compartimos cenas elegantes y viajes agradables.

Pero no sentía atracción por él. La primera vez que tuvimos sexo, tuve que beberme una botella de vino antes para que fuera soportable. Pensé que podría obligarme a que me gustara en un contexto romántico y que con suficiente fuerza de voluntad podría sentirme atraída por él. Salimos durante más de un año, pero la atracción nunca llegó."

Teresa tenía un historial de dudas sobre sus propios sentimientos, así que incluso cuando se preguntaba por qué estaba en la relación, racionalizaba las razones para quedarse.

"Sabía que él era una persona estable. Pensé que yo podría mantener el control y crear una buena vida para mí. Me quedé porque tenía miedo de ser lastimada, y con Arnold nunca sería completamente vulnerable. Me quedé porque, aunque no estaba siendo fiel a lo que quería, estaba tratando de obtener esta vida perfecta tomando una decisión que no era la adecuada para mí."

Teresa me dijo, durante nuestra llamada, unos meses después de asistir a Renew, que ya estaba aprendiendo a escuchar más a su intuición. También había comenzado a tomar clases de baile para conectarse más con su cuerpo.

"Estoy mucho más consciente ahora. Recientemente tuve algunas citas con otro Señor Perfecto. Pero me di cuenta de que mi parte favorita de la cita era cuando salía de su casa. Me sentía emocionada: '¡Soy liiiiibre!'"

Aunque en el pasado, esto muy probablemente podría haberse convertido en una relación de varios años, Teresa se dio cuenta de inmediato de que estaba repitiendo un patrón y lo rompió.

"Renew me obligó a mirar cosas sobre mí que no me gustan. Empecé a reconocer estos comportamientos y no a esconderme de ellos. Tienes que enfrentarte a tu mierda... no desaparece simplemente."

Amén.

Si has salido con personas en un extremo o en el otro y no te ha dado los resultados que deseas, te reto a abandonar los extremos. Apunta al medio. Es posible que no sientas el subidón como lo has presenciado en las películas o que no sientas el caos del ex apasionado que "se fugó", pero es más probable que la opción de en medio resulte en una conexión más saludable y sostenible.

> En mi experiencia, las personas que sólo salen con aquellos que se encuentran en el extremo superior de su espectro de atracción tienen muchas más probabilidades de permanecer solteras. Sin embargo, por el contrario, la atracción por las personas que se encuentran en el medio de nuestro espectro rara vez es inmediata; por lo general, se necesita más tiempo para tener una idea de cuán interesados estamos en realidad por esas personas.
>
> Dr. Ken Page

Al cambiar hacia dónde apuntas, cambias también tus expectativas. Esto por sí mismo transforma las reglas del juego. Dejas de basar la potencialidad de pareja en una química inmediata de "quiero arrancarte la ropa" y te abres a explorar la química de "pareces interesante, vamos conociéndonos mejor". Dejas de descartar a las personas porque no te intoxican, porque ya no confundes la intensidad y la angustia como base para un amor duradero.

¿QUIÉN ESTÁ DIRIGIENDO TU EMPRESA?

Tenemos estándares y pautas cuando se trata de nuestra vida profesional, pero comúnmente, cuando se trata de nuestras relaciones románticas, nuestro método de detección se va por la ventana. Para aclarar este punto, la coach Trish les pregunta a las mujeres de

Renew si alguna de ellas ha tenido que contratar a alguien. La mano de Karen es la primera en levantarse.

Trish le pregunta a Karen:

—Cuando buscas contratar a alguien, ¿qué aporta el candidato?

—Un currículum —responde Karen.

—Exactamente. ¿Y qué estás buscando en ese currículum?

—Su experiencia e historial laboral. Básicamente, quiero saber si están calificados para el trabajo.

—Entonces, ¿qué sucede si alguien viene a la entrevista y te das cuenta de que no ha tenido un trabajo durante algunos meses? ¿O que no tiene ningún título académico o el conjunto de habilidades que estás buscando? ¿Qué haces?

—¡Uh, diría adiós! —Karen se ríe.

—¡Sí! Si alguien viene a una entrevista de trabajo y no cumple con los criterios para el puesto, dirías: "Gracias, pero éste no es el adecuado". Ahora, ¿utilizas la misma fórmula al contratar personal que cuando sales a una cita con alguien? Si alguien no reúne las cualidades que son importantes para ti, ¿lo sigues persiguiendo?

—Vaya. Tienes razón. Tengo estándares tan altos cuando estoy contratando, ¡y ni siquiera soy dueña de la empresa! Pero con mi vida amorosa es como si estuviera dispuesta a aceptar a cualquiera que entre por la puerta —dice Karen, y suspira.

El resto de mujeres puede verse reflejado. Se escuchan murmullos de "yo hago eso todo el tiempo" y "eso es muy cierto".

¿Por qué somos tan claras y estrictas al contratar a la persona adecuada para una empresa para la que trabajamos, pero cuando se trata de nuestras vidas personales no tenemos pautas sobre a quién dejamos entrar a las partes más íntimas de nuestras vidas?

Necesitamos tener claro lo que queremos en una pareja, y esto comienza siendo honestas y realistas sobre nuestras necesidades.

¿QUÉ ~~QUIERES~~ NECESITAS?

Revisa tu lista.

Ya sea en papel o en tu cabeza, tu lista existe en alguna parte. Especifica la altura, el trabajo, el estado y la marca preferida de jeans de la pareja de tus sueños. Con la visualización de cómo se ve esta persona perfecta, puedes pensar que estás más cerca de él en la realidad. Tal vez lo mires a los ojos al otro lado de una habitación llena de gente y simplemente "sabrás" que se trata de él. Por desgracia, aunque esta escena de comedia romántica parece muy soñadora, esta noción tan elaborada podría impedirte encontrar a tu pareja real. Algunas situaciones se desarrollarán si estás esperando obstinadamente a la persona perfecta en el papel:

- Conoces a alguien que se parece a la idea de tu tipo perfecto y te apegas tanto a convertirlo en el "elegido" que ignoras quién es en realidad.
- Estrechas tanto tu enfoque que no te das cuenta de los hombres con los que podrías ser compatible.
- Te relacionas con alguien a pesar de que tu intuición te dice que no lo hagas, tan sólo porque él llena todos los requisitos.

Cuanto antes deseches tu lista de cualidades superficiales, más rápido tendrás una oportunidad real de encontrar la combinación adecuada, para ti. Y la forma en que esta persona se presente puede verse por completo diferente de lo que pensabas que querías.

Nuestra amiga Priya del capítulo dos compartió la lista que escribió en su diario cuando tenía veinticinco años y también la que escribió a los treinta y cinco:

Lista de Priya
(escrita a los veinticinco años)

- Alto
- Musculoso y atlético
- Guapo
- Rico
- Gran carrera
- Bien educado
- Ha viajado
- Viste bien
- Romántico
- Dueño de alguna propiedad

Lista de Priya
(escrita a los treinta y cinco años)

- Amable
- Compasivo
- Generoso
- Inteligente
- Curioso
- Un gran oyente
- Alta integridad
- Espiritual (o comprometido con el trabajo personal)
- Cuida su salud

"Las apariencias están al final de mi lista ahora, ya que me atraen más la energía, el aroma y la higiene de alguien —dice Priya riendo—. Si soy totalmente honesta, todavía lucho con la parte del dinero. Sé que un chico adinerado no me hará feliz, pero aún sigo queriendo un chico que esté al menos igual que yo en el ámbito financiero."

En la actualidad, Priya está saliendo con alguien que es mucho mayor que su preferencia de edad máxima especificada en las aplicaciones de citas. Conoció a Nick, un hombre dieciocho años mayor que ella, a través del trabajo. Aunque no es su tipo específico, es divertido y se la pasan bien juntos.

"Nunca me hubiera imaginado salir con un chico mucho mayor que yo. No sé qué pasará, pero en este momento me estoy divirtiendo y él es muy dulce, así que simplemente voy a seguir."

Nick nunca habría cumplido los requerimientos, si Priya no hubiera escuchado lo que necesitaba en lugar de lo que pensaba que quería.

CÓMO ELEGIR MEJOR

Todas tenemos necesidades que son únicas para nosotras. A lo largo de tu aventura de salidas y citas conocerás a muchos hombres; algunos pueden ser increíbles, pero es posible que no sean capaces o no estén dispuestos a satisfacer tus necesidades básicas en una relación. Por ejemplo, yo necesito una comunicación sana y constante (que provenga de una alta inteligencia emocional). Esto es algo no negociable para mí. Hay otras cosas que son preferencias, pero no son lo mismo que las necesidades básicas. Tengo predilección por la aventura en mis relaciones, pero si mi pareja no está tan interesado en explorar o hacer locuras salvajes, está bien. Puedo llenar esa preferencia con mis amigos y la comunidad. Una pareja compatible no significa que encuentres a alguien que sea como tú; más bien, encuentras a alguien que comparte los mismos valores fundamentales y ambos pueden satisfacer las necesidades más profundas del otro. Cualquier conexión más allá de eso se considera una ventaja maravillosa.

Es clave saber lo que necesitas (y que esto puede verse diferente de lo que crees que deseas).

Como sabemos ahora, cuando nuestra brújula química se rompe, tendemos a sentirnos atraídas hacia personas que no son opciones saludables de pareja para nosotros. Y la fiebre química de esa atracción puede llevarnos a tener relaciones (y a permanecer en ellas), incluso si están destinadas a fallar. Para ayudarnos con nuestra toma de decisiones, echemos un vistazo a nuestros valores.

EJERCICIO 1: Elige tus valores

¿Tienes una tendencia a quedarte demasiado tiempo con alguien que no es adecuado para ti? ¿O sueles descartar a alguien rápidamente antes de darle una oportunidad? ¿Estás cegada por la química y no prestas atención a la compatibilidad de valores?

Intenta hacer este ejercicio para averiguarlo.

¿Cuáles son los valores que te importan? Revisa la lista que se muestra a continuación, y encierra en un círculo tus diez valores principales. Una vez que los tengas, estarás en un buen punto de partida para lo que deseas de una pareja.

¿Cuáles son los diez valores más importantes para ti?

Logro/realización:

avance

capacidad

competencia

construir algo

crear belleza

crear cambio

crear información

desafío

eficiencia

emprender

excelencia

experiencia

innovación

Justicia:

autonomía

democracia

diversidad

igualdad

justicia

liderazgo

trabajo en equipo

Coraje:

autenticidad

autoestima

autoexpresión

aventuras

emoción/riesgo

entusiasmo

honestidad

independencia

perseverancia

tenacidad

Emoción positiva:

alegría

diversión

gratitud

juego

ocio

Seguridad:

estabilidad

seguridad financiera

seguridad física

Humanidad:

altruismo

amabilidad

amistades

amor

ayudar a otros

colaboración

compasión

conexión

cooperación

cuidado

escucha

familia

inteligencia social

libertad

nacionalidad

pertenecer a un grupo

Estatus:

fama

influir en la gente

obtener reconocimiento

riqueza

sofisticación

Templanza:

actividad física

armonía

autorregulación

conciencia
 ecológica

equilibrio

escrupulosidad

humildad

integridad

orden

perdón

prudencia

respeto

responsabilidad

salud

tradición

Trascendencia:

esperanza

espiritualidad

fe

humor

inspiración

indagar

serenidad

temor

tiempo en la
 naturaleza

Sabiduría:

amor por aprender

artes

autodesarrollo

autorrealización

conciencia de sí mismo

creatividad

curiosidad

determinación

discernimiento

explorar/investigar

perspectiva

significado en la vida

toma de decisiones

trabajo significativo

En la tabla de la página siguiente, anota los diez valores que son más importantes para ti en la columna uno. En la siguiente columna, califícate a ti misma de 0 (para nada) a 10 (plenamente expresada en este valor), de acuerdo con dónde creas que te ubicas en términos de estos valores. Ahora, en orden cronológico, evalúa las últimas tres relaciones o intereses amorosos que hayas tenido y califica su puntuación con base en estos valores.

¿Qué puntuación obtienen tus parejas anteriores en comparación contigo? ¿Tienes una puntuación superior a setenta? Si no es así, ¿es realista que desees un compañero que obtenga cien puntos cuando tú misma no estás ahí? Por ejemplo, si valoras la generosidad, pero tú eres calculadora, tienes un enfoque de ojo por ojo y vives con una mentalidad de escasez, ¿es realista o justo que esperes que tu pareja sea generosa cuando tú no lo eres?

¿Cada pareja se está acercando cada vez más a tus valores o se está alejando de ellos? Si por lo general has sido una esclava de la química, la próxima vez que evalúes si deseas invertir en una pareja romántica, verifica esta lista. Si encuentras que su puntuación es baja en compatibilidad, ahórrate los meses (si no es que años) de una relación que con el tiempo explotará.

	VALOR	YO	NOMBRE	NOMBRE	NOMBRE
1					
2					
3					
4					
5					
6					
7					
8					
9					
10					
PUNTUACIÓN					

EJERCICIO 2: Identifica el amor sano

Ahora, haz un balance de lo que es el ~~amor~~ enfermizo (nunca ha sido amor, en primer lugar). Si estás leyendo este libro, es probable que hayas tenido un historial de conexiones enfermizas; por lo tanto, ahora sabes que lo que pensabas que era amor no lo era. A continuación, escribe una lista de cómo se sienten el amor y el apoyo saludables. Si no tienes ejemplos románticos de tu vida, revisa si puedes encontrarlos en amigos o familiares. Echemos un vistazo a la lista de Sheena, quien llegó a Renew meses después de haber finalizado su divorcio de un hombre emocionalmente abusivo.

Lista de Sheena

UNA RELACIÓN ENFERMIZA ES:

- *Indisponibilidad emocional*
- *Abuso verbal*
- *Críticas a todos los aspectos de mi vida*
- *Calculador: toma nota de cada transacción (incluidas las monedas para el Metro)*
- *Controlador (por ejemplo, no me permitía usar "sus utensilios de cocina" y tuve que comprar los míos para cocinar)*
- *Falta de prioridad*

Cuando se le pidió que escribiera su lista de amor saludable no pudo encontrar nada basado en su experiencia real. No tenía idea de lo que era el amor saludable porque no lo había experimentado con sus padres o parejas románticas.

Como punto de partida, Sheena reflexionó sobre cómo se sentía el amor y el apoyo cuando estaba con sus amigos de mayor confianza. Luego pudo elaborar una lista de sus ideas sobre cómo podría ser el amor saludable.

EL AMOR SANO ES:

- *Paciencia*
- *Respeto a los límites*
- *Honestidad*

- *Amabilidad*
- *Comunicación abierta y directa*
- *Compromiso*
- *Estabilidad*
- *Estar ahí y brindar apoyo*

Sheena tuvo que empezar desde cero, reconstruyendo cómo es el amor sano, ya que la mayor parte de lo que había experimentado románticamente había sido lo contrario.

Ahora es tu turno.

UNA RELACIÓN ENFERMIZA ES:

_____

_____

_____

EL AMOR SANO ES:

_____

_____

_____

Empieza aquí. Acepta la diferencia a nivel cerebral para que puedas comenzar a reconocer el amor sano a nivel experimental. Con la conciencia como primer paso, lo segundo es dejar de elegir a las personas que muestran signos de disfunción emocional.

A medida que continúes ajustando tu brújula química y elijas parejas más sanas, queda la posibilidad de encontrarse con otro obstáculo. Quizá conozcas a alguien con quien tengas química y compatibilidad, pero luego te enfrentes a un bloqueo que te impida recibir su amor. Y les pasa hasta a las más generosas.

NO TODAS LAS GENEROSAS SON IGUALES

¿Te identificas como generosa? ¿Has tenido tendencia a dar en exceso? Cuando hago esta pregunta en Renew, toda la sala levanta la mano. Lo entiendo, muchas hemos sido socializadas para nutrir, dar y dar un poco más. Estamos orgullosas de ser generosas. Pero ¿y si te dijera que tu exceso de entrega es en realidad una forma disfrazada de tomar?

Existen diferentes motivaciones para dar. Claro, el regalo parece igual en el exterior, pero la *raíz* del regalo es la que crea la energía. ¿Qué motiva tu deseo de dar?

- ¿Das desde un *lugar de inseguridad* y estás sobrecompensando para ganar la validación?
- ¿Das desde un *lugar de escasez*, constantemente ejecutando el cálculo mental de lo que el destinatario te debe?
- ¿Das desde un *lugar de manipulación*, donde la razón de dar es una ganancia personal? El regalo endeuda a alguien contigo o te da poder o control sobre él. Incluso puedes suspender el amor como una forma de castigar.
- ¿Das desde un *lugar de abundancia*? Das por amor. Independientemente de cómo lo reciba la otra persona, e incluso si no recibes crédito, das sin expectativas y sin llevar el control.

Si la raíz de lo que das es la inseguridad, la escasez o la ganancia personal, no estás dando en realidad, estás extrayendo energía del destinatario de tu "regalo". Éste es un acto egoísta, no un acto de entrega. Todas hemos sido culpables de dar desde un lugar impuro en algún momento y, comúnmente, esto se hace de manera inconsciente.

Es importante que reconozcas la verdadera intención detrás de lo que das. Si no proviene de un lugar puro, haz una pausa y vuelve a evaluar si debes seguir adelante con tus "regalos".

Es posible que hayas estado en el otro lado de las intenciones impuras. ¿Alguna vez recibiste un cumplido, un favor o un regalo y te sentiste incómoda al sentir que algo estaba mal? En lugar de experimentar alegría, ¿sentiste una sensación rara en el estómago? ¿O ansiedad? Éste podría haber sido un caso en el que la persona que te estaba dando no tenía buenas intenciones y tú lo percibiste de manera inconsciente. Esa persona parecía darte, pero en realidad estaba tomando tu energía porque sus intenciones eran impuras.

HOLA, MI NOMBRE ES AMY Y SOY SÚPER GENEROSA

Durante la mayor parte de mi vida me enorgullecí de ser generosa. Ya fuera en el trabajo, con amigos o con parejas románticas, era generosa hasta el extremo y luego terminaba resentida con aquellos a quienes les daba. Llegué a la conclusión de que la gente me estaba "quitando" demasiado y eso me hacía sentir exhausta y decepcionada. Pero en la mayoría de los casos no estaba dando, sino compensando en exceso.

Cada vez que desarrollaba sentimientos por alguien, ponía el pie en el acelerador para dar. Cocinaba para él cenas de varios platos, le preparaba aperitivos y le compraba bonitos regalos. No me importaba que la persona nunca me pidiera esas cosas, ni que las quisiera en realidad. ¡Tenía tanto amor que sólo quería darlo! Pero todo este dar tuvo el efecto opuesto en el resultado deseado de crear conexión. O él empezaba a alejarse o yo comenzaba a sentirme resentida, porque mis esfuerzos no estaban siendo correspondidos, y ansiosa por el creciente desequilibrio. Un chico con el que me involucré me dijo durante la segunda semana de citas: "Aprecio lo amorosa que eres, pero no me he ganado nada de esto". No me detuve a reflexionar sobre sus palabras y, en cambio, me puse a la defensiva.

En ese momento no me di cuenta de que no estaba siendo

generosa porque tenía "mucho amor para dar". Era porque, en el fondo de mí, creía que era digna de ser amada sólo si era útil. No me creía suficiente, así que el amor era algo que debía *ganarme*.

Hoy, como generosa en recuperación, todavía necesito hacer una pausa antes de caer en mis viejos hábitos. Hay ocasiones en que alguien hace algo bueno por mí y de inmediato quiero compensarlo o incluso superar lo que esa persona acaba de hacer por mí. En esos momentos, me aseguro de verificar mis intenciones para ver cuál es la raíz de mi ofrenda, y muchas veces he tenido que dejar de dar.

SOY GENEROSA Y LLORARÉ SI QUIERO

Es mucho más fácil hacerse la víctima y culpar a la otra persona por tu experiencia emocional. En caso de seas generosa en exceso es posible que sientas resentimiento hacia los demás porque no son agradecidos o recíprocos. Pero recuerda, *tú* te designaste a ti misma para ocupar ese puesto.

Para ilustrar esta idea visualmente durante una sesión en Renew, pido una voluntaria. Miki, una madre soltera de cuarenta y cinco años de Miami, acepta y pasa al frente de la sala. Le pido a Miki que sostenga un vaso vacío. Mientras yo sostengo una jarra de agua, le pregunto si tiene sed. Miki dice que no. Le ofrezco agua de nuevo. Confundida, responde que no por segunda vez. Entonces vierto agua en su vaso y sigo vertiendo hasta que se desborda y se derrama por todo el piso.

—¡¿Qué estás haciendo?! ¡Basta! —grita.

—Bueno, tengo toda esta agua y quiero dártela. Aunque tú no la querías, y tu vaso sólo podía contener cierta cantidad de agua, yo tenía toda esta agua que te quería dar, así que seguí —la sala estalla en risas—. ¿Con qué frecuencia hacemos esto en nuestra vida diaria? —pregunto a las mujeres de la habitación—. Le damos a alguien que quizá no quiere lo que estamos ofreciendo. ¡Pero tenemos tanto para dar! Damos incluso si la persona no desea lo que brindamos, no está lista para recibirlo o no tiene la capacidad para manejarlo.

La habitación se queda en silencio. En el rostro de las mujeres se dibuja una expresión de asombro. Escucho murmullos de "Dios mío, eso es exactamente lo que hago".

Miki me confiesa que al principio no entendía lo que yo hacía. Pero como una orgullosa generosa, la demostración visual la hizo pensar en la frecuencia con la que se ha excedido en su vida, a menudo sin detenerse a reflexionar si la persona a la que le estaba dando quería lo que ella le estaba ofreciendo.

LA ECUACIÓN DE RECEPCIÓN

Ahora que hemos cubierto el acto de dar, veamos el otro lado de la ecuación: recibir. Marca cualquiera de los siguientes casos que aplique para ti:

- Me incomoda contar con otros para satisfacer mis necesidades.
- No pido nada a nadie.
- Siento vergüenza por tener necesidades o estar necesitada.
- Cuando se me presenta un regalo (psicológico, espiritual o físico), no me siento cómoda al aceptarlo, porque tengo miedo de estar en deuda con la persona o dudo de sus intenciones al dármelo.
- Siento resentimiento con los demás porque me quitan demasiado.
- Siento que mi tanque está vacío la mayoría de las veces por atender las necesidades de todos los demás.
- Me encuentro invirtiendo demasiado en las relaciones.
- Si alguien me da, siento la necesidad de compensarlo de inmediato o devolver incluso más.
- Me siento incómoda cuando alguien me brinda un cumplido.

Si respondiste de manera afirmativa a cualquiera de estos escenarios es posible que tengas un bloqueo en la recepción y los mecanismos de defensa inconscientes que te impiden recibir abiertamente.

Dar y recibir son polaridades del mismo circuito: no puedes tener uno sin el otro. Quizá creas que dar es un acto generoso, y lo es, pero también debes crees que recibir lo es. Si no recibes, le robas a la otra persona la capacidad de completar el circuito y el flujo entre ustedes dos se detiene.

Una de las razones por las que puedes tener dificultades para recibir es porque puedes confundir recibir con tomar. Hay una connotación negativa de ser alguien que toma o arrebata, con la que quizá no quieres estar asociada. Es importante que comprendas la diferencia entre las dos.

Los que toman o arrebatan no tienen intención alguna de dar a cambio; bueno, a menos que haya algo de beneficio para ellos al hacerlo.

Los que reciben o receptores, por otro lado, no tienen motivos ocultos ni piensan de manera transaccional. En cambio, comprenden el flujo de energía que ocurre entre dos personas cuando tiene lugar el dar y el recibir, con una conciencia establecida en la abundancia y el amor, no en la carencia. Una persona que recibe, acepta lo que se le está dando porque cree que es digna de recibir.

He aquí algunas explicaciones adicionales de las razones por las que puedes mostrar cierta renuencia a recibir:

- **Quieres controlar.** Como comentamos, recibir significa volverse vulnerable, y la vulnerabilidad desencadena miedo. Estar en la posición de dar ofrece una sensación de control (*tú* eres la que hace los favores, *tú* eres la que se ocupa, *tú* eres la que demuestra lo indispensable que eres). Al negarte a recibir, crees que mantienes una posición de poder, lo que podría alimentar tu ego, pero no tu alma.

DAR Y RECIBIR SON POLARIDADES DEL MISMO CIRCUITO: NO PUEDES TENER UNO SIN EL OTRO.

NUEVO ESTÁNDAR PARA EL AMOR

- **En el fondo, no te sientes digna de ser amada.** Tu mente lógica sabe que quieres y mereces amor, pero tienes una creencia inconsciente de que eres indigna de él. Esto se materializa en el sabotaje de las relaciones saludables y el aferramiento a personas que refuerzan tus sentimientos de no merecer. Ya sea que alguien te haga un cumplido, un regalo o un acto amoroso de amabilidad, no puedes absorberlo. Puedes desarrollar la capacidad de fingir gratitud pero, en el fondo, no te sientes merecedora del amor, el apoyo o el regalo. Puedes pasarlo por alto, desviarlo o rechazarlo.
- **Es un mecanismo de defensa para evitar tener demasiada intimidad con alguien.** Para que una relación se profundice debe haber una conexión, y para que haya una conexión tiene que haber un flujo, tanto de dar como de recibir. Piensa en ello como un circuito: si sólo estás dando o sólo estás recibiendo, estás creando un cortocircuito. Cuando bloqueas la recepción, obstruyes también la conexión, lo que te impide acercarte y crear intimidad con alguien. Si tienes dificultades para recibir, pregúntate si la raíz está en que en realidad tienes miedo de dejar que alguien se acerque demasiado a ti.

CÓMO EMPEZAR A RECIBIR AMOR
EN SUS MUCHAS FORMAS

No pasarás de ser una generosa excesiva a una receptora de corazón abierto en un instante. Si no has podido recibir durante la mayor parte de tu vida necesitarás desarrollar músculos para ello. La buena noticia es que puedes practicar... ¡y es divertido!

EJERCICIO: Empieza por aceptar cumplidos

Cuando alguien te felicita, ¿desvías la atención, le restas importancia, te muestras en desacuerdo o lo minimizas? Por ejemplo, si alguien dice: "¡Me encanta tu atuendo!", respondes con algo como: "Oh, ¿esta cosa vieja? Lo tengo a la venta". O si alguien te da una retroalimentación positiva: "¡Estuviste genial en esa presentación de hoy!", tú respondes: "Uf, ¿en serio? Estaba tan nerviosa que me apresuré en la introducción".

La próxima vez que una persona te felicite, resiste tu impulso de restarle importancia y desviar la atención. En cambio, sigue estos pasos:

- Haz una pausa para asimilar las palabras.
- Escucha el contenido de lo que te están diciendo.
- Siente el amor y la positividad detrás de ellas.
- Expresa tu agradecimiento y acepta el cumplido.

Incluso si no deseas recibir el cumplido, el primer paso es decir "gracias". Date permiso para sentir la incomodidad. Cuanto más practiques, más fácil te resultará. ¡Muy pronto, los cumplidos incluso se sentirán bien!

EJERCICIO: Observa tu tendencia a dar algo a cambio de inmediato para "equilibrar las cosas"

¿Cómo respondes cuando alguien te da algo? ¿Te sientes inclinada a devolver el favor de inmediato para mantener el equilibrio? Tu práctica durante la próxima semana es simplemente aceptar cualquier regalo, favor o cumplido que se te presente. Lo más seguro es que sientas la necesidad apremiante de retribuir, pero resiste y disfruta de la sensación de recibir.

Recuerda que eres digna de recibir. En palabras de la coach de tantra de Renew, Lauren Harkness: "recibir también es generoso". Dale a alguien la oportunidad de darte. Eso es un regalo en sí mismo.

EJERCICIO: Haz una lista

Ahora estás familiarizada con el poder de cultivar la gratitud y llevar un diario. Con estas herramientas, lleva un registro de toda la experiencia de recibir que experimentas día a día. Esto te ayudará a darte cuenta de cuánto obtienes realmente de los demás y, por lo tanto, aumentará tu capacidad para seguir recibiendo. Entonces, durante la próxima semana, lleva un diario en el que registres cada vez que recibas algo. Es tan simple como que un extraño te abra la puerta, que un compañero de trabajo te haga un cumplido o que recibas un favor de un amigo. El propósito de este ejercicio es crear conciencia sobre el acto de recibir.

EJERCICIO: Una semana de peticiones

Durante los próximos siete días tu práctica consistirá en pedirle ayuda a alguien. Dependiendo de lo cómoda que te sientas pidiendo/recibiendo, puedes comenzar con peticiones pequeñas y aumentar de manera gradual el tamaño. Aquí hay unos ejemplos:

Bajo
(bajo compromiso de la persona que te está ayudando, es instantáneo/se cumple rápidamente):

- En la tienda de comestibles, pídele a un miembro del personal que te ayude a elegir la calabaza perfecta.

- En el Metro, si te duelen los pies, pídele a un extraño que te ceda su asiento.

Medio
(compromiso medio, requiere algo de tiempo/esfuerzo):

- Pregúntale a alguien si podrías tomar prestado un libro (u otro artículo práctico).
- Pídele a alguien que traiga algún platillo a la cena que estás organizando.

Alto
(un mayor compromiso, requiere que alguien haga un esfuerzo, lo que tú podrías considerar que implica que se "salga de su ruta" para ayudarte):

- Pregúntale a una amiga si estaría dispuesta a hablar por teléfono contigo para resolver un problema relacionado con el trabajo.
- Pídele a alguien por quien tengas un interés amoroso que te ayude a arreglar algo que no funciona en tu casa.

Tener un balance entre dar y recibir es un arte. Como hemos comentado, se necesitan práctica y tiempo: la incomodidad de pedir lo que quieres se empieza a desvanecer, y ser capaz de recibir, sin culpa ni duda, finalmente se vuelve algo más natural.

LA INTIMIDAD REQUIERE EQUILIBRIO

Si no puedes dar, no puedes tener intimidad. Si no puedes recibir, no puedes tener intimidad. La intimidad requiere equilibrio para crecer y sostenerse de manera saludable. Esto no significa que debas llevar un control o jugar ojo por ojo. Habrá fluctuaciones naturales en todas las relaciones, donde es posible que tú te ubiques más en el lado de recibir o en el de dar en ciertos momentos pero, en general, hay un equilibrio. Y si ese balance no va y viene de manera natural, se creará una disfunción que se manifestará en el resentimiento, la desconexión y las luchas de poder.

Para profundizar en cómo la intimidad y el poder están conectados, prestemos atención a las confesiones de una *dominatrix*.

Saca provecho de tu *dominatrix* interior

Soy dura, soy ambiciosa y sé exactamente lo que quiero.
Si eso me convierte en una perra, está bien.
MADONNA

Esa opresión en tu pecho cuando él no llama. Ese proverbial golpe en el estómago cuando rompe contigo. Esa angustia cuando tú
quieres más y él quiere que sea casual. Ese sentimiento de vacío...
cuando sabes que has perdido el poder.

Conoces este sentimiento. Yo también lo conozco. Todas hemos
estado allí.

Las mujeres que vienen a Renew ciertamente conocen este sentimiento. Aquí tienes a Kathleen, la enérgica y divertida directora
financiera de una compañía multimillonaria de los medios de comunicación que a sus cincuenta y ocho años seguía saliendo con
hombres narcisistas. Y a Loretta, de treinta y un años, que vendió
su primera empresa a los veintiocho y, a los pocos años de su relación, descubrió que su novio tenía otra novia, pero aun así no podía
dejarlo ir. Está Tammy, que estaba criando a cinco hijos mientras se
desempeñaba a un nivel superior como socia en su bufete de abo-
gados y, años después, todavía estaba obsesionada con el exnovio
que la había dejado. Ellas son algunas mujeres talentosas. Todas
son poderosas y consumadas, pero cuando se trataba de sus rela-

ciones románticas, se habían rendido y entregado ese poder a alguien más.

Culturalmente, muchas personas creen que el poder se gana mediante la agresión, tomándolo por la fuerza o ejerciendo control sobre la otra persona. Esta idea nos aleja de lo que es el poder en realidad. El verdadero poder viene de dentro. Es una forma de pensar. Es una energía. No ejerces poder, vives empoderada. El primero es falso: es un comportamiento de compensación excesiva para suplir lo que falta en el interior. El último, se gana. El empoderamiento no proviene del endurecimiento; todo lo contrario. Procede de ser fuerte, resistente, compasiva y llena de amor por dentro, que te sientes cómoda en tu propia piel, capaz de soportar las dificultades sin crear muros defensivos que te impidan sentir.

Todas tenemos poder. La clave es aprovechar el poder interior. Entonces, ¿cómo aprendemos a lograrlo?

Comencemos con algunas confesiones de una *dominatrix*.

UNA *DOMINATRIX* DESCUBRE SU ALMA

En Renew, uno de los aspectos más destacados del fin de semana es cuando la *dominatrix* profesional Colette Pervette dirige un taller sobre dinámica del poder. A primera vista, no adivinarías que el trabajo de Colette es ayudar a sus clientas a desarrollar sus fantasías sexuales más salvajes usando *bondage*[1]/disciplina, dominación/sumisión, sadismo/masoquismo (BDSM, por sus siglas en inglés).

Colette mide un metro sesenta de alto, tiene el cabello largo y negro, y un flequillo que enmarca su rostro delicado. No usa maquillaje y habla en voz baja con una actitud tranquila. A lo largo del fin de semana se mezcla discretamente con las otras mujeres y puede describirse como "linda" y "dulce". Las mujeres desconocen que Colette tiene un doctorado de Berkeley, que recibió una beca de la Fundación Bill y Melinda Gates y ha sido una *dominatrix*

profesional durante catorce años. Seguro puedes imaginar su sorpresa cuando, durante la sesión, Colette se transforma por completo de una chica sin pretensiones y de aspecto inocente en el símbolo
del poder definitivo.

COMIENZA LA SESIÓN

Colette se para ante el grupo de mujeres con su atuendo típico de
pantalones deportivos negros y una camiseta con el toque adicional
de un antifaz de encaje.

"Tengo algunas cosas que contarles —confiesa—. Yo era esa chica que se mataba de hambre y, cuando comía, vomitaba. Era esa
chica que tenía todo tipo de trastornos alimentarios. Vomitaba en
las escaleras de mi dormitorio porque me daba más privacidad que
el baño público. Tomé pastillas para adelgazar hasta los veintinueve años, cuando todo mi cuerpo se apagó y estuve defecando sangre
durante meses. Era la chica asiática que quería ser blanca. Mi mamá
me dio un nombre vietnamita, del cual me sentía tan avergonzada
que le rogaba que lo cambiara a Sarah, algo supernormal, para que
nadie supiera que soy hija de inmigrantes. Tenía ideas de lo que era
ser perfecto: ser blanca, estar delgada, ser rica. Y yo no era nada de
eso. No me daba cuenta de que lo que me impedía ser perfecta era
simplemente la idea de que no lo era."

Colette tiembla cuando le cuenta al grupo su historia. Puedes
sentir su lucha irradiando de su cuerpo. Es palpable. Las lágrimas
resbalan por los rostros de algunas de las mujeres, mientras ella relata su pasado, porque pueden identificarse con el dolor de escon-
derse, de no ser suficiente.

Y entonces, ella se quita la ropa, comenzando por los calcetines.

"Ahora, estoy lista para dejar ir la vergüenza de mi cuerpo y sentirme cómoda con mi forma. Estoy lista para dejar ir la vergüenza
por ser de mi raza —luego procede a quitarse la camiseta negra—,

estoy orgullosa de ser hija de inmigrantes vietnamitas que arriesgaron sus vidas para venir aquí en un bote. Mi mamá untó las heces de mi hermana por sus muslos para que no fuera violada por piratas. Estoy muy orgullosa de ser la hija de una madre tan valiente —Colette se quita entonces su última prenda, sus pantalones deportivos holgados, para revelar su atuendo completo: un corsé negro, un traje de cuero con tiras y medias de red. Luego se pone unos tacones de aguja de trece centímetros y camina hacia el centro de la habitación—. Estoy lista para dar un paso hacia mi verdad. Estoy lista para demostrar mi poder. El nombre que me dio mi madre, mi nombre, es Hanh —se quita el antifaz de encaje y lo tira al suelo—, amo mi nombre, amo todo de mí.

”¿Por qué les digo esto? Porque todas estamos buscando nuestro poder. Todas estamos buscando intimidad. Y a veces no sabemos dónde ni cómo encontrar nuestro poder, porque lo buscamos fuera de nosotras. Y creemos que tal vez el poder esté en tener el trabajo, el dinero o el hombre adecuado. Tenemos una idea de cómo luce el poder, así que seguimos mirando fuera de nosotras.

”Pero el poder radica en la verdad que está dentro de nosotros, esperando salir. Esa verdad que hemos estado escondiendo. Esa vergüenza que callamos. Cómo pasar esa vergüenza por el proceso alquímico para convertirla en poder es nuestra expresión. Se convierte en nuestro poder una vez que lo dejamos salir, a través de hablarlo, a través de poseerlo.

”En el momento en que puedas ser dueña de tu historia, podrás ser dueña de ti misma... ése es tu poder.

”Hay poder en la vulnerabilidad, porque cuando eres vulnerable, puedes tener intimidad. Y la persona más importante con la que necesitas intimar en primer lugar eres tú misma.”

Colette explica que durante la primera mitad de su carrera como *dominatrix* parecía una mujer poderosa por fuera, pero no se sentía así por dentro. Llevaba una doble vida: ocultaba su profesión a sus padres y a ciertos amigos que temía que la juzgaran o la rechazaran. Pero la verdad saldría a la luz de una forma u otra, y, un día, su hermana la expuso a sus padres. Su hermana les contó a sus padres el secreto de Colette, pintando un sombrío cuadro de cómo Colette se estaba poniendo en peligro. Esto creó una gran brecha en la familia y los padres de Colette le exigieron que renunciara a su trabajo. Ella se negó y decidió que a partir de ese momento empezaría a decir la verdad. Emprendió una búsqueda para enfrentar su vergüenza y comenzó un viaje de cinco años de autoexploración para aprender a aceptarse y amarse a sí misma. Realizó varios retiros silenciosos, se sumergió en el estudio espiritual, exploró varias ceremonias de medicina herbolaria y dio inicio a una práctica disciplinada de autocuidado, junto con una rutina diaria de meditación. Cada vez que sentía una emoción intensa, se sentaba, la exploraba y aprendía de ella.

¿Quién hubiera pensado que una *dominatrix*, el símbolo máximo de una mujer empoderada, se volvió verdaderamente poderosa sólo cuando ese poder vino de dentro hacia fuera, y no de fuera hacia dentro?

Ver a Colette transformarse de una tranquila persona introvertida de voz suave a una *dominatrix* vestida de cuero que rompe pelotas (sin sentido figurado), dando una lección importante a las mujeres en Renew, es muy poderoso. Ella enseña que el cambio puede suceder en un instante, que la *domme*[2] interior vive dentro de todas y cada una de nosotras, esperando ser liberada. La decisión de abrazarla es tuya.

EL PODER ES VERDAD. LA VERDAD ES PODER

Colette les muestra a las mujeres que al aceptar todas las partes de sí misma, incluyendo los aspectos de los que se sentía avergonzada, descubrió su verdad. Sobre su verdad encontró su poder. El poder no es algo que puedas delegar, porque en el momento en que lo haces, lo pierdes. Cuando basas tu validación, tu amor, tu sentido de felicidad o tu autoestima en cualquier cosa fuera de ti, pierdes tu poder.

Piensa en cómo te sientes cuando tienes mucha hambre. Es más probable que consumas comida chatarra o lo que consigas más rápido en estos momentos para aliviar la incomodidad. Pero si estás bien nutrido, eres mucho más selectivo al elegir lo que quieres comer. No sólo estás tratando de aliviar el hambre lo más rápido posible; estás eligiendo honrar tu cuerpo.

Las relaciones no son diferentes. Si estás hambrienta de atención, amor o validación, te vuelves desesperada y necesitada, y las otras personas pueden sentirlo. Cuando estás desesperada, no tienes poder.

La profesión de Colette consiste en una transacción donde los roles como dominadora y su cliente, como sumiso, están claramente definidos. Un sumiso busca sus servicios para renunciar conscientemente a su poder. Tiene fantasías de lo que ella le hará y cómo se sentirá. Por lo general, estos hombres son muy dominantes en su vida diaria, pero en las manos (o esposas) de Colette experimentan no controlar, no decidir y no dar instrucciones. Pueden, durante esas pocas horas, rendirse y sentir la satisfacción de haber cumplido sus fantasías.

Esta dinámica no es diferente de cuando tienes una cita y de inmediato empiezas a checar si el chico encaja en una fantasía que has estado conjurando en tu mente. Cuando dejas el presente y avanzas rápidamente hacia el futuro, atando al chico a lo que crees que debe hacerte sentir (deseable, amada, especial), te conviertes en la sumisa. Cuanto más esperas que tu fantasía se haga realidad, cuanto más haces proyecciones, cuantas más expectativas creas, más poder cedes.

La diferencia es que, en el caso de Colette, sus clientes le pagan para que haga el papel de traficante de fantasías. Y una vez finalizada la sesión, tanto Colette como su cliente vuelven a sus vidas normales. Pero cuando nosotras tenemos una cita y comenzamos a atar nuestras fantasías, expectativas y proyecciones a una pareja, la renuncia al poder no es consciente ni consensuada.

Colette distingue dos tipos de fantasías: las que te empoderan y las que te desempoderan. Las fantasías de empoderamiento son aquellas en las que tienes control total para llevarlas a cabo. Éstas pueden tener un objetivo, como desarrollar el dominio de una habilidad o pasatiempo, escribir ese libro con el que siempre soñaste. Las fantasías de desempoderamiento se centran en personas o situaciones que están fuera de tu control. Éstas incluyen desear que el pasado sea diferente, quedarse atascada en lo que tu ex debió hacer diferente o esperar que tu ex cambie de opinión.

Ella sugiere que si te encuentras atrapada en un bucle con una fantasía que te quita el poder, la examines de cerca, identifiques la necesidad insatisfecha e intentes satisfacerla tú misma.

Las fantasías y proyecciones que asociamos con otros pueden ayudarnos a descubrir nuestras necesidades insatisfechas. Tus fantasías viven fuera de ti y revelan información reveladora sobre los sentimientos, emociones, deseos, anhelos y necesidades que han sido suprimidos o ignorados.

Colette anima a las mujeres a practicar la exploración de la realidad cuando las fantasías surgen: "Existe una manera fructífera de comprometernos con nuestras fantasías, al examinarlas, tratar de comprender sus raíces y encontrar formas de satisfacer esas necesidades de manera positiva (practicando el amor propio y el autocuidado). También hay una forma infructuosa de participar en nuestras fantasías, que es perderse en ellas y alimentarse adictivamente de esas sustancias químicas que nos hacen sentir bien, perseguirlas o intentar recrearlas en la vida real (es decir, pensar que necesitamos a esa 'persona' en dicha fantasía) para volver a sentirnos bien. Y eso es lo que nos lleva a estar desempoderadas. Eso hace que perdamos el control de la realidad, lo que disminuye nuestra percepción de las opciones que tenemos".

EL AUTÉNTICO YO

Una herida desarrollada en la niñez es el rechazo del auténtico yo, y mientras rechacemos nuestro auténtico yo estaremos desempoderadas. John Bradshaw, padre del movimiento de autoayuda, explica en su libro *Homecoming: Reclaiming and Championing Your Inner Child*:[3]

> Cuando un padre no puede afirmar los sentimientos, necesidades y deseos de su hijo, rechaza al auténtico yo del niño. Entonces, éste debe establecerse un falso yo. Para creer que es amado, el niño herido se comporta de la forma en que cree que debe hacerlo. Este falso yo se desarrolla a lo largo de los años y se ve reforzado por las necesidades del sistema familiar y por los roles sexuales culturales. Gradualmente, el falso yo se convierte en la identidad de la persona. Olvida que el falso yo es una adaptación, un acto basado en un guion que escribió alguien más. Es imposible tener intimidad si no tienes sentido del yo.[4]

Los siguientes ejercicios te ayudarán a explorar tus diferentes lados para que comiences a reconocer tus partes ocultas y des vida a tu auténtico yo. Cuanto más traemos las sombras a la luz, aceptamos y abrazamos nuestras múltiples facetas, más nos convertimos en un yo integral, plenamente expresado.

EJERCICIO: Saca la sombra a la luz
Saca tu diario. Este ejercicio de escritura es para ayudarte a explorar tus sombras. Tus sombras son las partes de ti que escondes: tus

inseguridades, tus traumas, tus heridas, tu oscuridad. Cuanto más reprimimos y ocultamos esas partes de nosotras mismas, más difícil será acceder a ellas. En ocasiones, en un esfuerzo inconsciente por restablecer el equilibrio, esas partes se expresan de manera poco saludable. Vamos a sacarlas a la luz.

Parte 1: el calentamiento

Mientras reflexionas sobre las siguientes preguntas, busca los temas y patrones comunes que hayas experimentado al crecer. Las indicaciones son para ayudarte a explorar cómo y por qué adaptaste ciertas ideas en torno a lo que "debería" y "no debería" ser.

- ¿Cuál fue el primer mensaje predominante que te enseñaron sobre el sexo y la sexualidad al crecer? ¿Se discutió el tema con franqueza o se te enseñó que el sexo era malo o pecaminoso? Reflexiona sobre los mensajes que pudiste haber absorbido de tu familia, tu cultura y tu sociedad sobre la sexualidad mientras crecías y cómo eso ha afectado tu relación con la sexualidad en la actualidad.
- ¿Quién tenías que ser para tu madre mientras crecías? ¿Quién tenías que ser para tu padre? ¿Cómo influyó eso en quién eres hoy?
- ¿Hay aspectos de ti que no te sentías segura de expresar cuando eras niña? ¿En relaciones pasadas? ¿Hubo partes de ti de las que sentiste vergüenza y tuviste que esconder?

Ve a una página en blanco de tu diario. Pon un temporizador de diez minutos. Comprométete a escribir sin quitar el lápiz del papel y deja que todo lo que venga a tu mente fluya como palabras en la página. ¿Estás lista? El mensaje es: "La verdad que he estado ocultando es...".

Como hemos aprendido anteriormente sobre la vergüenza, cuanto más nos escondemos, más crece ésta. La vergüenza tiene poder sobre nosotros mientras sigamos enterrándola. Para completar este ejercicio, piensa en alguien en quien puedas confiar, que sepa que no te rechazará por decir la verdad. Lee la entrada de tu diario a esta persona.

Parte 2: la máscara

¿Creciste con una idea de quién y cómo "deberías" ser? Ya sea que esta idea se elabore a partir de las expectativas de los padres, las normas culturales o las presiones sociales, es probable que haya una imagen en tu cabeza alrededor de esto, y las partes de ti que no encajan en esa imagen han sido reprimidas, escondidas, o editadas.

En la máscara de abajo, escribe palabras para describir a la persona que has aprendido que "deberías" ser. Ésta es la máscara que usas para el mundo: el "tú" que se espera.

Luego, escribe palabras para describir partes de ti que has escondido, partes que quieres que sean expresadas. Tal vez contradigan por completo el lado que le has estado mostrando al mundo.

Ahora es el momento de elegir un nombre de *domme*. Éste es tu yo plenamente expresado. Ella es todo lo que siempre quisiste ser, todos tus lados. Elige un nombre que la describa. Usando el esquema que encontrarás a continuación, escribe los adjetivos que la definan. Algunas de las palabras pueden contradecirse, ¡está perfectamente bien! Sé audaz y no tengas miedo de definirte de manera integral, desinhibida, plenamente expresada. El yo que está dentro de ti, deseando salir, tráelo a la vida a continuación.

Parte 3: visualiza tu *domme* interior en acción

1. Recuerda un escenario en el pasado en el que sentiste que habías perdido tu poder. ¿Qué sucedió? y, todavía más importante, ¿cómo reaccionaste? Imagínate a ti misma: ¿cómo estabas parada?, ¿cuál era la expresión de tu rostro?, ¿cómo sonaba tu voz?, ¿cómo te sentías?

2. Utiliza tu imaginación para visualizar tu yo *domme*, ¿cómo vive, expresa amor y se conecta con los demás?, ¿cómo maneja el rechazo?, ¿cómo entra en una habitación?, ¿cómo consigue lo que quiere?, ¿cómo maneja los límites?

3. Ahora, cierra los ojos y revisa el escenario que describiste en el primer número, ¿cómo habría manejado tu yo *domme* esa misma situación? Reproduce el escenario en tu cabeza, pero esta vez, aborda la situación como una *domme* poderosa y plenamente realizada.

Mi desafío para ti es canalizar a tu *domme* interior al menos una vez al día. Tal vez te encuentras en un restaurante y recibiste la orden equivocada, y tu yo "debería ser" no quiere causar inconvenientes. Ése es el momento en que canalizas a tu *domme* interior. ¿Qué haría ella en esa situación? Canalízala cuando necesites un empujón extra para trazar límites, pide lo que quieras, camina más erguida, coquetea con el chico guapo a tu lado en el tren, cualquier situación en la que quieras sacar tu yo feroz, crudo, sensual, juguetón y poderoso. Ella está en ti. Sólo tienes que dejarla salir. Te está rogando que la liberes.

DEJA DE REGALAR TU PODER

El poder no es algo que puedas fingir, al menos no por mucho tiempo. El poder no se trata de cuánto tiempo esperas para responder o cuán distante pareces en esos mensajes; el poder es una energía que se puede sentir. El poder no se trata de perfección. Cuando estás operando desde un lugar de miedo o necesidad, cuando estás emitiendo una energía que necesitas a alguien más para llenar lo que falta dentro de ti, no estás en tu poder.

Los capítulos anteriores de este libro te han instruido sobre las heridas que crean este tipo de codependencia y han demostrado que, a medida que continúes trabajando en ti, crearás una base más sólida. Esto significa que cuanto más te conviertas en tu propia fuente de validación, amor, paz y abundancia, más firme será el terreno sobre el que te pares y más poderosa te volverás. Eso es un trabajo en progreso; no sucede de inmediato. Mientras tanto, necesitas encontrar formas de sostenerte en tu poder. He delineado algunas situaciones comunes que pueden surgir y en las cuales puedes practicar respondiendo de una manera empoderada.

Satisfacer el impulso con una pausa

En el instante mismo en que sientas la necesidad de aferrarte, perseguir o hacer algo drástico en lugar de permitir que las cosas se desarrollen en el espacio y el tiempo, ésta es tu señal para hacer una pausa. Comúnmente, cuando sentimos una emoción, ya sea angustia, miedo o necesidad de validación, la reacción es deshacerse de esa incomodidad tomando medidas inmediatas. Entonces, nos distraemos, nos medicamos, tomamos sustancias o nos acercamos a la persona que sentimos que es la fuente de esa incomodidad (o la cura para ella) y, como en un juego de la papa caliente, le aventamos la responsabilidad de aliviarnos. Por supuesto, la persona en el extremo receptor siente tu necesidad en un nivel inconsciente y tal vez no responda de la manera en que tú deseas. Entonces crece esa incomodidad original y te vuelves más necesitada, más desesperada, menos poderosa. Por ejemplo, cuando tienes una discusión con tu pareja, ¿envías un correo electrónico reactivo o lanzas una verborrea emocional? Podrías creer que estás tratando de resolver el problema, pero en realidad estás reaccionando a tus sentimientos. Estás tratando de reconfortarte buscando la reacción de la otra persona. Mientras sigas reaccionando a esos sentimientos de incomodidad delegando el alivio a algo externo, no desarrollarás tu músculo para ubicarte en tu poder. Lo más simple, pero lo más difícil, es establecer una pausa en estos momentos y no hacer nada. Sentirte cómoda con la incomodidad es una práctica que empodera.

En Renew, cada persona recibe un bloc de recetas médicas en blanco a su llegada. Usando todas las herramientas que aprendieron en el retiro, durante una sesión las mujeres adaptan su propia receta con "calmantes" para usar la próxima vez que quieran reaccionar. Al utilizar todas las herramientas que has aprendido del libro hasta ahora (cuidado personal, sacudir tu cuerpo para un cambio de estado de ánimo, respiración profunda), ¿qué puedes prescribirte para que la próxima vez que quieras reaccionar no regales tu poder?

Haz coincidir tu nivel de compromiso con la realidad

Digamos que fueras desempleada. Piensa en cómo sería tu estado de ánimo si tuvieras dos años de ahorros en el banco en lugar de dos semanas. Lo primero te permitiría estar relajada acerca de tu situación laboral, y quizá te tomarías ese tiempo para encontrar el mejor próximo trabajo justo para ti. La última situación te haría sentirte más desesperada y más propensa a aceptar el primer puesto que te ofrecieran.

Supongamos que comienzas a tener entrevistas y uno de los posibles empleadores te dice que está interesado en pasar al siguiente paso del proceso, ¿dejarías de entrevistarte con todas las demás empresas de inmediato? Si lo hicieras, todos tus huevos estarían en esa canasta. ¿Qué pasa si nunca consigues otra entrevista y mucho menos una oferta de trabajo?, ¿en qué lugar te dejaría todo esto?

Obviamente, debes seguir con las entrevistas en tantas empresas como te sea posible y, hasta que recibas una oferta seria, no cortar a los otros prospectos. Entonces, ¿por qué no aplicamos una estrategia tan efectiva cuando se trata de citas?

Muchas mujeres (incluyéndome) declaramos lealtad (aunque sea en nuestras cabezas) desde el momento en que nos gusta un chico, a pesar de que no se ha hablado de compromiso o de un indicador claro de que la otra persona está tan interesada como nosotras.

"Quiero mantener mi energía limpia para no estropear mis oportunidades con este tipo."

"No quiero limitarme, me gusta involucrarme de lleno y poner el cien por ciento."

"Soy naturalmente monógama. No me pueden gustar dos personas a la vez."

¿Alguna vez has pensado o dicho estas cosas? Seguramente yo sí. ¿Y sabes lo que obtuve de esto? Obsesionada con alguien antes de que él se comprometiera conmigo, cancelaba mis actividades con las otras personas, dejaba de tener citas y me enfocaba con láser en mi objeto del deseo, lo que aceleraba mis sentimientos y la intensidad de mi apego a él. Aunque posiblemente comenzamos equilibrados en nuestros sentimientos, la otra persona, de manera inconsciente, detectó mi movimiento e inevitablemente se alejó si no estaba listo para estar donde yo me encontraba. Esto me dejó anhelando más tiempo, atención, compromiso. Ya sabes cómo termina la historia.

La lección es la siguiente: cuando comienzas en modo de escasez (es decir, con una mentalidad de dos semanas de ahorro en el banco), estarás mucho más desesperada y tal vez aceptarás un mal trato y no negociarás tus términos. Necesitas que suceda porque tienes miedo de que sea lo único que tendrás. Sin opciones = falta de poder.

No hay sólo uno, hay muchos

Ya hemos hablado del mito del alma gemela y de que hay más de una persona para ti. Esto parece absurdo: no hay nadie más como él, podrías pensar, ¡y por una buena razón! Tal vez hayas estado casada durante veinte años con alguien y hayas alcanzado un nivel de comodidad que no conseguirás con nadie más; tal vez pienses que nunca conocerás a alguien que adore tus manías como él o cuyo cuerpo esté tan perfectamente equipado para ti.

Y tal vez todo eso sea cierto: no encontrarás a alguien que sea como él, pero hallarás a alguien que sea increíble a su propia manera, y descubrirás formas nuevas y especiales de conectarte. ¿Recuerdas cuando eras niña y sólo tenías una mejor amiga? No podías imaginar la vida sin tu mejor amiga. Estoy bastante segura de que has conocido a muchas amigas extraordinarias desde entonces, que aportan valores diferentes y son únicas en distintas formas.

Entrénate para salir de la mentalidad de "sólo hay uno". Esto es útil en las relaciones amorosas, así como en las conexiones laborales, las amistades... ¡todas las relaciones, en realidad! Pensar que hay sólo uno de cualquier cosa te catapultará a una mentalidad de escasez. En ese estado de miedo, estarás desesperada, incluso si eso significa conformarte con alguien por debajo de tus estándares.

Desarrolla tu músculo de mentalidad de abundancia

Tener una mentalidad de abundancia es conocer tu mérito y tu valor, y que si te conectas con una persona podrás conectarte con muchas más. También se trata de confiar y tener fe en que algunas veces, cuando has hecho tu parte, el resto puedes dejarlo en manos del universo. Presta atención al flujo y a la resistencia: es el universo que te está dejando señales. El flujo es una luz verde. La resistencia es una luz roja que te dice que te detengas, que no presiones el acelerador.

La resistencia no significa que debas esforzarte más para conseguir lo que (crees) que quieres. La resistencia es una señal de que requieres una pausa y una reevaluación.

Entonces, ¿cómo se traduce esto de la teoría a la práctica? La próxima vez que estés molesta y quieras enviar un correo electrónico enojada, escribe un borrador y déjalo reposar durante cuarenta y ocho horas para que puedas volver a leerlo cuando estés en un estado menos reactivo y puedas reevaluar tu decisión. Si quieres ver a alguien y sigues escuchando excusas, da un paso atrás y deja que las cosas respiren. Cuando alguien te deja plantada, recuerda lo increíble que eres y que hay muchos otros que te apreciarán y te corresponderán.

Deja de perseguir. El correcto no requerirá que lo atrapes.

Cómo ganar la lucha por el poder cuando los hombres se alejan

Al chico le gusta la chica.
A la chica le gusta el chico.

El chico empuja a la niña.
La chica persigue al chico.
(Ya sabes lo que sucede después.)

El vaivén de la dinámica de poder en una relación es común, y es posible que tú te encuentres como la "evasora" o como la "perseguidora" de la intimidad y la conexión. La evasora responde al estrés de la relación alejándose de su pareja. Quiere distanciarse física y emocionalmente del otro. La perseguidora hace lo contrario, avanza hacia su pareja con urgencia para buscar cercanía, conexión y satisfacción.

Es más probable que los hombres sean evasores y las mujeres perseguidoras. Una hipótesis es que los hombres son más sensibles fisiológicamente a los estímulos estresantes y se retraen como una forma de reconfortarse a sí mismos. Otro argumento es que se socializa a los hombres para que sean menos dependientes, mientras que a las mujeres se les socializa para que sean más apegadas y busquen la cercanía.[5] Ninguno de los patrones está mal, pero la dinámica puede volverse tóxica cuando ambos se atrincheran en sus roles de perseguidor y evasor.

Parte de tu práctica de permanecer en tu poder es no vincular tu autoestima a las fluctuaciones del sube y baja. Permanecer en este ciclo sólo lo perpetúa. En su lugar, redirige tu atención en hacer que él responda y mueve esa energía hacia dentro. Ésta es tu oportunidad para sentirte más segura en tu apego y cómoda con una autonomía real. Si ambos miembros de la pareja pueden sentir compasión por las necesidades del otro durante el conflicto es posible que la relación se fortalezca.

Comprende que el distanciamiento es un mecanismo de afrontamiento aprendido desde la infancia

Muchas personas están volviendo a vivir sus terribles dos años: una etapa de desarrollo en la que el niño pone a prueba los límites, salta entre ejercer la independencia y actuar de manera apegada, e intenta comunicarse sin contar con el vocabulario emocional para hacerlo. La forma en que responden los cuidadores del niño afecta de manera significativa cómo éste aprende a lidiar con la satisfacción de sus necesidades. El niño aprende que hacer berrinches es la única manera de que se atiendan sus necesidades, o puede retraerse cuando se le regaña. Estas reacciones repetidas se convierten, con el tiempo, en patrones que originan su programación predeterminada para lidiar con conflictos, emociones incómodas y confrontaciones como adultos.

Si tu pareja se está distanciando, recuerda que no es personal y ten compasión al entender que tal vez esté manifestando sus heridas desde la niñez. Encuentra un momento en el que ambos se sientan conectados para conversar sobre sus diferentes estilos de comunicación. El momento de esta conversación es clave, no querrás tenerla durante una pelea. Cuando ambos estén en un estado de calma pueden conversar sin estar a la defensiva y en guardia, e idear un plan sobre cómo comunicarse de manera más efectiva la próxima vez que ocurra un momento de desconexión.

No regañes

Si te sientes irritada por su distancia y reaccionas regañando, exigiendo o criticando, el hombre se evadirá, se bloqueará o se alejará todavía más, según el principal investigador y escritor sobre el tema del matrimonio, el doctor John Gottman.[6]

Una teoría de por qué ocurre esto es que los hombres son sensibles a los ataques porque han conservado la programación de los tiempos prehistóricos, cuando estaban constantemente en estado alerta por los depredadores. Las habilidades de defensa y supervivencia eran luchar o huir. Miles de años después, los hombres todavía tienen esta programación, y cuando se ven inmersos en una discusión cargada de emociones, las mismas hormonas del estrés inundan sus sistemas. Demasiada emoción crea una respuesta física: "Tengo que salir de aquí", y entonces él escapará de la intimidad para crear distancia.

Según la doctora Shelley Taylor, profesora de psicología en la Universidad de California en Los Ángeles, las mujeres tienen una respuesta diferente al estrés: es más probable que "atiendan y se muestren amigables". Esta respuesta es estimulada por la hormona reproductiva femenina oxitocina y endorfinas, que se liberan en las mujeres cuando se sienten estresadas.[7] Los regaños pueden recibirse como un ataque, y tú quieres estar asociada con la seguridad, lo opuesto al peligro.

Sal del juego o cámbialo

Durante la fase inicial del noviazgo, es posible que el contacto, el esfuerzo y el tiempo para el otro sean recíprocos. O puedes experimentar que estás siendo perseguida, y la abrumadora cantidad de atención y reconocimiento establece tus expectativas de lo que crees que será la norma. Pero justo cuando te sientes cómoda con esta nueva cadencia de placer, él comienza a alejarse. La inconsistencia crea ansiedad y tratas de alejarte. Una vez que lo haces, ¿adivina quién volverá? Tal vez en forma de un comentario de Instagram, un texto dulce o un bombardeo de amor en toda regla. Tu pareja vuelve a comprometerse y tú estás de nuevo en un estado de euforia. Tal vez la bajada anterior fue sólo un bache, piensas. Hasta que lo vuelve a hacer. Caliente, frío, se repite. El ciclo sigue y sigue, hasta que decides dejar de jugar, de verdad.

Necesitas determinar si esto es en realidad un "bache" o si se trata de un patrón crónico.

Un bache ocurre cuando tu pareja está involucrada emocionalmente y tiene la intención de hacer crecer la conexión, pero siente miedo. Puedes notar la diferencia si él está dispuesto a comunicarse y tener una conversación abierta sobre el miedo que está experimentando. Con comunicación y compasión, su conexión seguirá avanzando. Un patrón crónico, por otro lado, vuelve a la fase fría como la norma, desde donde proporciona migas de esperanza, suficientes para evitar que mueras de hambre, pero no para saciarte. Ya sea que él esté haciendo esto consciente o inconscientemente, la raíz del comportamiento frío/calor es el control. Con él controlando la válvula de presión, puede sentir el amor y la conexión cuando quiera y retroceder sin resultar herido. Cuando se trata de un patrón crónico, la única forma de detener el ciclo es saliendo de él. Eres digna de una relación que no te haga adivinar todo el tiempo, y cuanto más sigas sintiendo que el amor está lejos de tu alcance, más desesperada y desempoderada te vuelves.

Pero, pero... él es taaaan increíble

Si estás saliendo con alguien que crees que es absolutamente increíble, pero tú te sientes muy lejos de ser increíble porque él no te da prioridad, te aleja o desaparece por lapsos, aquí tienes una noticia: él no es increíble *para ti*. No tengo ninguna duda de que el tipo sea increíble, tal vez sea bueno, exitoso y rescate perros en su tiempo libre. ¡Eso es genial! Pero lo que importa en una relación de pareja es que él sea asombroso *por ti* y *para ti*. ¿Ves la diferencia? Que sea increíble por sí solo no importa.

La inconsistencia no es sorprendente. La falta de seguimiento no es sorprendente. Aparecer de manera amorosa sólo cuando sea conveniente para sus intenciones no es sorprendente. Es probable que no sea una mala persona, pero si alguien no está disponible, listo y dispuesto, la cantidad de energía que necesitarás ejercer para convencerlo de que quiera algo que no desea será agotadora para ti. Y no va a funcionar.

Tocar tierra. Redirigir tu atención

Si te encuentras en este ciclo es posible que te sientas desempoderada. Puedo empatizar con lo incómodo que es esto. Pero aquí es donde tienes la oportunidad de apoyarte en tu poder. Así es, puedes mantenerte firme y recordar tu valor, independientemente de cómo se muestre la otra persona. En este momento, tu atención está fluyendo hacia fuera, hacia lo que él hace y lo que deja de hacer. Esta atención hacia el exterior provoca que tu ansiedad e impotencia crezcan, lo que te lleva a un estado de escasez. Y ahora sabemos que la escasez significa desesperación, y la desesperación significa impotencia. Necesitas redirigir esa atención hacia ti. Concéntrate en lo que quieres y necesitas, y en lo que puedes hacer para llenar tu propio tanque de amor. Repite conmigo: *Soy increíble. Soy digna de amor.*

Si alguien se está distanciando, ¡no dejes que esto te quite lo increíble! No caigas en la trampa de analizar lo que te pasa o de criticarte. Cuando entren esos pensamientos de inseguridad, usa los trucos de este libro para salir de la trampa del pensamiento, reconfortarte tú misma y regresar al presente.

¿Otra gran forma de redirigir tu atención? Sintoniza tu energía sexual.

UNA VERDADERA PLÁTICA SOBRE EL SEXO

La energía sexual es energía creativa. Ya sea que la llames sexualidad, sensualidad, tu fuego o tu luz, ésta es la parte salvaje, libre y desinhibida de ti. Cualquiera que sea tu género, orientación sexual, edad o antecedentes, todas la tenemos; pero muchas de nosotras estamos desconectadas de ella. Y está bien. Pero que esa energía sexual pueda sentirse un poco aburrida o incluso precaria a veces, no significa que esté muerta. Simplemente quiere decir que tienes la oportunidad de volver a conectarte con ella, lo cual requiere intención, habilidad y práctica.

¿Cómo aprendiste sobre el sexo por primera vez?, ¿tuvieron tus padres una conversación contigo?, ¿te topaste con la pornografía?, ¿te avergonzabas por tocarte?, ¿tuviste un trauma relacionado con el sexo? Todas tenemos una historia sobre cómo aprendimos sobre el sexo y, por desgracia, muchas no recibimos una educación sexual adecuada, si es que recibimos alguna. Ésa es la razón por la que en Renew tenemos varias coaches, desde maestras de tantra hasta educadoras sexuales, que enseñan sobre el tema.

Dedicamos una mañana entera a aprender sobre sexualidad de la mano de Amy Jo Goddard, coach de empoderamiento sexual y autora de *Woman on Fire: 9 Elements to Wake Up Your Erotic Energy, Personal Power, and Sexual Intelligence* (Mujer en llamas: 9 elementos para despertar tu energía erótica, poder personal e inteligencia sexual) experta sobre feminismo y sexualidad desde hace más de dos décadas.

Una a una, las mujeres comparten sus desafíos en torno al sexo. Hay temas superpuestos de vergüenza sexual: relacionados con sus cuerpos, con tener (o no tener) orgasmos, y con la presión de tener sexo como una estrella porno para sentirse deseada.

SIEMPRE HE PENSADO en el sexo como algo para alguien más. Nunca pensé en ello como para mí.

EXISTE una idea errónea de que el orgasmo de una mujer es menos importante que el de un hombre.

SIENTO QUE necesito tener sexo todo el tiempo para que alguien se sienta atraído por mí. Esto es lo que vemos en las películas. Los hombres desean a mujeres que siempre quieren tener sexo. Siento que tengo que ser así.

CREO QUE teniendo sexo haré que él se quede conmigo. No se trata de mí y de lo que quiero.

SIENTO QUE muchos hombres de mi generación están imitando el porno que han visto. Eso me saca del momento y no sé cómo rechazarlo, sin sentir que soy aburrida.

Amy Jo siente empatía y señala que es común que las mujeres piensen en la sexualidad como algo que es para otra persona, como si la sexualidad fuera algo que se debe ceder: "En primer lugar, tu sexualidad es para ti. No es para otra persona. Puedes decidir si hay personas con las que quieres compartirlo y es increíble cuando encuentras a esas personas, pero de todas maneras es para ti. Incluso cuando estás en una relación, es importante ser tu propio yo sexual y tener tus propias prácticas sexuales".

Amy Jo analiza las historias culturales en torno al sexo y cómo el deseo espontáneo se posiciona como la norma. Bromea sobre la típica escena de sexo en las películas, donde no se ve ninguna negociación ni se habla de anticonceptivos o condones: "De repente, ya estamos desnudos, teniendo orgasmos mutuos, alucinantes, colgando de la lámpara, y enseguida estamos fumando un cigarrillo y hay paz mundial. Eso es lo que se supone que es el sexo. Pero el sexo real se ve afectado por nuestro contexto".

Ella llama a esto nuestro ecosistema sexual, que comprende muchos factores diferentes, desde la dinámica con tu pareja hasta tus pensamientos y entorno: "Si estás distraída en la vida y haces múltiples tareas todo el tiempo y no puedes estar presente contigo misma o con tu pareja también vas a tener problemas en el sexo. No vamos al dormitorio y mágicamente las cosas suceden de manera diferente. Llevamos exactamente lo que somos en nuestras vidas a nuestro dormitorio".

La charla de Amy Jo permite a las mujeres reescribir sus guiones en torno al sexo, y les brinda diferentes ideas sobre cómo hacerlo. Les entrega hojas, animándolas a darse permiso para explorar su sexualidad, honrar sus deseos que pueden estar fuera de las normas culturales típicas y abrazar su auténtico yo sexual. Algunas ideas que sugiere son:

¡Una sesión de masturbación! Masturbarte frente a un espejo puede ser una forma poderosa de aprovechar tu expresión sexual, dice Amy Jo. Planea una noche de mimos y de hacer el amor contigo misma. Usa juguetes, vístete con algo que te haga sentir sexy, pon música sensual y crea una atmósfera ideal. ¡Genera un ambiente sexy para excitarte!

Inicia el sexo. Amy Jo comenta cómo en las parejas suele haber una persona que inicia el sexo, lo que deja a la otra persona "permanentemente pasiva, respondiendo a lo que se ofrece en lugar de ir por lo que quiere". Si sueles ser más sumisa, intenta ser la dominante. Ahora sabes cómo canalizar tu *domme* interior. Juega con diferentes roles.

Crea una práctica sensual. Recuerda: tú eres la responsable de tu propia excitación. Con frecuencia pensamos que es responsabilidad de otra persona hacernos sentir sexys. Pero ¿qué pasaría si enciendes tu propio fuego, tu propio deseo y tu propio placer? Comienza creando una práctica sensual y explora lo que te hace sentir deseada. Pon una lista de reproducción y baila con ella. Consigue un poco de aceite de rosas y frótalo lentamente dando un masaje a tu cuello y senos. Párate desnuda frente a un espejo y toca tus brazos, tus piernas, tu estómago. Adora y aprecia tu cuerpo.

Habla de sexo. ¡La comunicación, la negociación y la curiosidad son sexys! ¡Sostén una conversación libre de juicios sobre cuáles son tus deseos, qué te enciende y qué te apaga!

Aprende sobre el sexo. Toma la iniciativa en tu educación sexual. Compra un libro sobre el tema: consulta el trabajo de Amy Jo Goddard, Emily Nagoski, Michaela Boehm, Lauren Harkness, Regena Thomashauer (también conocida como Mama Gena) y Esther Perel, por nombrar algunas. Prueba una clase de tantra o ve a una *sex shop* local e investiga qué talleres ofrecen.

Haz una lista de sí, no, tal vez. Antes de negociar lo que quieres sexualmente, es útil que tengas claridad sobre lo que quieres y lo que no: ¿qué sí te excita?, ¿qué te parece sexy, divertido y atractivo?, ¿cuál fantasía quieres explorar?, ¿qué es un no absoluto?, ¿qué hay en tu lista de tal vez?, escríbelo todo. Siempre existe la posibilidad de probar algo novedoso y emocionante, que puede explorarse en el contexto adecuado. Amy Jo advierte que si es un *tal vez*, se trata de un *no por ahora*. Cuando no es un sí rotundo, es cuando la gente termina arrepintiéndose de sus experiencias sexuales, al dejarse llevar por un sí que no era tal, de modo que se sienten mal después. Esta lista es algo que debes revisar con regularidad. Puedes intentar algo en tu lista de sí y decidir que no quieres volver a hacerlo, y pasará a tu lista de no. Esta lista es para ti, no para tu pareja; es una herramienta que te ayuda a crear claridad sobre cómo quieres participar en tus juegos sexuales. Usa la plantilla creada por Amy Jo.

SÍ	TAL VEZ ALGÚN DÍA	NO
Cosas que quiero hacer o me gustaría hacer sexualmente/románticamente	*Cosas que he pensado que podría hacer sexualmente/ románticamente, pero no estoy segura*	*Cosas que no quiero hacer sexualmente/ románticamente*

Simone: UN TRÍO DESAPARECIDO

SIMONE ES UNA INGENIERA de treinta y tres años que había estado en una relación intermitente durante siete años con Rodney. Él nunca se comprometería por completo, romperían y luego él lanzaría su bomba de amor para trazar su camino de regreso al corazón de Simone. Ella cambió tanto durante la relación que cuando llegó a Renew ya no se reconocía. Temía que él la abandonara y hacía cambios constantes en sí misma en un esfuerzo por retenerlo:

"Rodney era un tipo muy abierto sexualmente. Mientras yo sólo había tenido dos parejas antes, él se había acostado con muchas mujeres. Sentía que tenía que esforzarme y ser más aventurera en el plano sexual, aunque no me sintiera cómoda. Él quería tener un trío, y aunque a mí no me gustaba la idea, siguió mencionándolo hasta que finalmente cedí. No salió bien. El trío fue con una mujer con la que él ya había estado en su pasado, y todo se convirtió en una situación terrible y dramática."

Aunque el desastre del trío debió ser una pista para que Simone dejara de hacer algo con lo que no se sentía cómoda sexualmente, no terminó ahí. Rodney quería ir más lejos. Le pidió que se uniera a un club de sexo.

"El trío fue sólo el comienzo. Lo siguiente fue que él quería explorar cuartetos, quintetos... Llené una solicitud para unirme a un club de sexo. Eso no me gustaba, no me excitaba ni me llenaba el espíritu, pero lo hice de cualquier manera." Ahora que está fuera de la relación, continúa con una coach, centra su atención en construir su relación consigo misma y se siente mucho menos estresada: "Es muy difícil caminar siendo alguien que no eres. Es como llevar una máscara. Ahora reconozco por qué lo hice y cómo sucedió. No ocurrió de inmediato. Al principio era yo misma, pero luego, cuando ya estaba muy involucrada, hubo un cambio, y entonces mi miedo a perder a la persona me hizo convertirme en alguien más, alguien que no era". Cuando le pregunté qué era diferente ahora, Simone compartió: "La raíz de mis patrones era que no me gustaba a mí misma y no me valoraba. Eso está cambiando ahora. Saber las cosas que sé ahora me ha empoderado, y mi esperanza es que cuando me involucre en una relación algún día no me aferre a alguien como lo hacía antes".

Han pasado diez meses desde la última vez que Simone habló con Rodney, lleva un registro mensual en su calendario para realizar un seguimiento.

Si has estado delegando tu poder, validación y propósito a otras personas durante toda tu vida, será necesario un poco de práctica para marcar un alto y dejar de hacerlo, porque parecería poco natural al principio. Puedes llegar allí, ya has aprendido cómo. Es el momento de integrarlo. Cada vez que dices tu verdad, creas límites saludables (y los mantienes), te alejas del acuerdo equivocado y eliges la compasión, incluso cuando estás herida, te vuelves más fuerte y te empoderas más. Pronto, tu energía comienza a cambiar. La gente comienza a reaccionar de manera diferente ante ti. Tu base cambia. De hecho, los humanos tienen un instinto natural que los lleva a sentirse atraídos por el poder.

Cuando te sientes conectada a la tierra, generosa y fuerte desde dentro, automáticamente esto se irradia hacia fuera. Tu postura cambia, tu tono de voz se vuelve más autoritario, la cantidad de contacto visual que sostienes aumenta, la energía que emites se transforma de "Es fácil que te aproveches de mí" a "Tengo un alto nivel de respeto por mí misma y no toleraré más que amabilidad y honestidad".

Todo el libro abordó cómo trabajar en la creación de un cambio desde dentro hacia fuera, de modo que no tengas que ofrecer una falsa confianza o engañar a alguien para gustarle. Tu poder viene de dentro, y no cambia si estás soltera, en pareja o alguna situación intermedia.

Éste es el poder: acceder a la fuente que ha estado dentro de ti todo el tiempo.

AQUÍ ESTOY, CHICA INDÓMITA

Sé más recatada. No digas malas palabras. A los hombres les gustan las chicas femeninas. No muestres tu locura hasta que tengas un anillo en el dedo. Haz todo para verte bonita. Asegúrate de que él se sienta necesitado. No llores delante de él. Usa maquillaje, pero no demasiado. Sé inteligente, pero no demasiado.

Este tipo de mensajes han estado arraigados en mi cabeza desde que era niña: provenientes de mi familia, mi grupo de compañeras, la sociedad, la cultura, las revistas, las películas, los programas de televisión y los libros de autoayuda. En respuesta, trabajé duro para presentar la imagen perfecta de la mujer que pensé que debía ser para atraer y mantener a un hombre. Ésa era mi prioridad. ¡Sólo quería ser la esposa de alguien, maldita sea!

Con la intención de cumplir mi misión, ocultaba aspectos de mí que no eran perfectos. Dios no quiera que, ante una pareja potencial, quede expuesto que puedo enojarme, entristecerme o sentirme destruida porque le gusté un poco pero nunca lo suficiente. Entonces, me transformaba en lo que pensé que los hombres querían: una mujer sumisa, cariñosa, femenina e indefensa, pero a la vez independiente, sin necesidades ni demandas. Ah, y, por supuesto, una sensual fantasía también. Todo al mismo tiempo.

Y cuando un hombre me trataba mal o me rechazaba, me culpaba, analizando lo que estaba mal en mí o lo que estaba haciendo mal. *Mejora. No eres lo suficientemente buena. Eres demasiado emocional. Eres demasiado intensa. ¡Mostraste demasiado interés!*

¿Cuántas de ustedes se pueden identificar con un juego de contorsionismo emocional para encajar en el molde preferido del tipo

EL AMOR A OTRO
NO PUEDE EXISTIR
CUANDO NO TE
AMAS A TI MISMA.
LA MEDIDA EN
QUE TE AMAS ES EL
BARÓMETRO DE TU
CAPACIDAD PARA
AMAR A ALGUIEN
MÁS.

que les gustaba? Si es así, tal vez se hayan sentido decepcionadas con los resultados. Así fue para mí.

Tuve muchos mini romances: comienzos intensos y finales abruptos. Intenté escuchar todas las cosas que me dijeron que hiciera y nada funcionaba.

Ahora me quedo con... sólo yo. Cruda, vulnerable, intensa, vibrante, emocional, analítica, obstinada, femenina y masculina, yo. No partes selectas como una prenda a la medida. Sino *toda yo*.

He dejado de ajustarme, acomodarme y apaciguarme para atraer a alguien que no pueda manejar lo increíble que soy. Desde el tipo al que no le gustó que yo iniciara el sexo porque "eso lo hacen los hombres", el que me dijo que yo era demasiado analítica para su gusto, el que se quejó de que me importaba demasiado mi carrera, hasta el que trató de convencerme de que si "accidentalmente él tuviera sexo casual con alguien" no debería terminar la relación porque emocionalmente era monógamo.

No soy una víctima aquí. Reconozco que fui una participante activa en todos estos escenarios. Asumo la responsabilidad por lo ingenua que fui todos esos años, cuando consideraba la incomodidad de estos hombres como señales de que yo necesitaba cambiar, bajar el tono, ser más de lo que ellos querían.

Mujeres, el gato por liebre no es una estrategia sostenible. Si no empiezas a reconocer y amar todas las partes de ti: tus sombras, tu luz, tus magulladuras y tus cicatrices, estarás corrigiéndote constantemente. Eres el paquete completo, no sólo el hermoso moño del regalo.

No eres "demasiado" o "muy poco" de nada. Amarte a ti es reconocer que eres un ser humano perfectamente imperfecto y que todas y cada una de nosotras somos un trabajo en progreso.

El amor a otro no puede existir cuando no te amas a ti misma. La medida en que te amas a ti es el barómetro de tu capacidad para amar a alguien más.

Es hora de crear tu nueva declaración de amor, que no requiera que te hagas más o menos de algo que no sea auténticamente tú. Repite:

Aquí estoy, chica indómita.

Si quieres ser mi pareja, será mejor que puedas igualar lo increíble que soy.

Debes saber en lo que te estás metiendo, porque mis días de suprimir mi personalidad ya terminaron.

Amo y siento profunda e intensamente... y sin disculpas. No lo haría de otra manera.

Soy poderosa, dominante y salvaje.

Soy muy analítica y audazmente emocional.

No soy "demasiado" o "muy poco" de nada.

No creas que puedes sentirte atraído por mi fuerza vital y luego castigarme por el mismo rango emocional que me da la capacidad de tocar tu corazón.

No necesito tu dinero, tu estatus... o ser tu acompañante. Porque he generado todo eso por mi cuenta.

No te estoy buscando para completarme o validarme. Así que no, no te necesito, pero puedo elegirte.

No quiero andar de puntillas a través de tus problemas relacionados con la intimidad.

Si vas a bailar conmigo, prepárate para descubrir esos lados de ti que también han sido reprimidos durante mucho tiempo.

Porque quiero todo de ti.

No toleraré tu mal comportamiento ni correré detrás de ti si huyes del conflicto.

Pero si estás dispuesto a jugar, trabajaré contigo en las partes difíciles cuando tu niño interior se esté volviendo loco de susto.

No puedo prometerte que será fácil, pero sé que valdrá la pena.

Atraviesa el fuego conmigo.
Tomaré tu mano.
*Bailaremos a través del dolor y nos elevaremos a través de las
    llamas.*

Éste es el tipo de amor que vale la pena crear.

9

Los secretos

La manera en que una persona parece mostrarse ante nosotros
está íntimamente conectada a la manera en que elegimos
cómo mostrarnos ante ellos.

Marianne Williamson

Hemos recorrido un largo camino juntas. A medida que procesabas el dolor de tu pasado, sanaste viejas heridas y reconfiguraste patrones y creencias inútiles, ahora eres una persona diferente. Con tu base sólida, tu autoestima alta y un arsenal de herramientas a tu disposición para ayudarte a manejar los altibajos de la vida con resiliencia y empoderamiento, ya estás lista para repensar tu enfoque de las relaciones. Para hacerlo, aprenderemos sobre la ciencia de la atracción y el arte de la conexión.

Como se explora en este libro, la lujuria es el resultado de un coctel químico que, si se mezcla y se agita de la manera correcta, conduce a un amor comprometido y unido.

Si tanto hombres como mujeres experimentan las mismas sustancias químicas en el proceso de las citas, entonces ¿por qué esos encuentros ardientes y apasionados no se convierten en mayor proporción en relaciones duraderas y comprometidas? Comúnmente me hacen preguntas sobre el momento adecuado para tener relaciones sexuales y escucho historias de mujeres que cuentan la cantidad de citas para no "rendirse demasiado pronto". También escucho historias de mujeres que se culpan a sí mismas por tener relaciones sexuales muy rápido, pensando que, si hubieran esperado un poco más, el tipo se habría quedado.

No existe una regla firme o una cantidad ideal de tiempo que deba pasar antes de tener relaciones sexuales. Cada persona, cada situación y cada contexto serán únicos. Lo más importante aquí es que sea un acto consciente y deliberado con alguien con quien estás compartiendo las partes más íntimas de ti, física y emocionalmente. Si tienes la tendencia a apegarte con rapidez después de tener intimidad, entonces explora la posibilidad de conocer a alguien por un periodo más largo, para permitir que el vínculo y la confianza se desarrollen antes de involucrarte profundamente. No hay una única manera, pero hay investigaciones que sugieren que hombres y mujeres experimentan un coctel químico diferente después del sexo, lo que afecta la forma en que se unen.

Para conocer más sobre esto, entrevisté a Dawn Maslar, bióloga y experta en la ciencia del amor. Ella plantea la hipótesis de que las mujeres se enamoran de manera diferente que los hombres, y tiene mucho que ver con cómo están conectados nuestros cerebros.

CÓMO SE ENAMORAN LAS MUJERES

Una mujer necesita una combinación de dopamina y oxitocina para enamorarse. Maslar explica que se trata de una acumulación gradual hasta que se llega a un punto de inflexión, químicamente hablando. Después de tener un orgasmo, una mujer recibe una oleada de dopamina y oxitocina que puede llevarla más allá de un punto hacia *love-love land*.[1] Aquí tienes todos los detalles:

La chica conoce al chico y tienen una cita. Se la pasa bien y se libera dopamina. Se siente muy atraída por él, por lo que recibe mucha dopamina (esto la hace sentir bien y quiere más). Ambos hablan por teléfono y ella comienza a pensar en él. Se libera oxitocina (el químico de la unión). Tienen más citas, se toman de la mano y se besan, y más y más oxitocina inunda el cerebro de ella. La oxitocina es el neurotransmisor de la confianza, por lo que comienza a sentirse más cómoda y segura con él. Ahora, cuando tienen citas, sin estar conscientes de que lo están haciendo, se miran a los ojos durante más tiempo, lo que produce más dopamina. Hay un ciclo de retroalimentación positiva en el que la dopamina activa más oxitocina y la oxitocina activa más dopamina. Cuanta más oxitocina, más querrá ella estar cerca de él. Cuanto más positivas son las interacciones, más dopamina se produce. Todo es maravilloso, ya que estas sustancias químicas se conjugan. Y entonces, tienen sexo por primera vez.

La chica tiene orgasmos y una oleada de oxitocina se libera. Se siente increíble y siguen saliendo y teniendo sexo. Entonces, un día, aunque técnicamente todavía están en la fase de citas casuales, la chica no puede dejar de pensar en él. Ella sólo lo quiere a él y su compromiso. Ha escalado la montaña de dopamina-oxitocina hasta la cima y ahora se ha caído al vacío: está enamorada.

CÓMO SE ENAMORAN LOS HOMBRES

Los hombres también experimentan esta acumulación de dopamina y oxitocina; sin embargo, no les afecta igual que a las mujeres. De acuerdo con Andrew Trees, autor de *Decoding Love* (Decodificando el amor), la oxitocina tiene un mayor efecto en las mujeres, mientras que los hombres necesitan también una acumulación de vasopresina. La vasopresina comúnmente se denomina "hormona del compromiso"; se ha relacionado con la monogamia para los hombres y también parece hacer que éstos sean más posesivos con respecto a sus parejas.[2]

Maslar sostiene que para que un hombre se enamore, la dopamina y la vasopresina deben acumularse con el tiempo hasta que los niveles lleguen a un punto de inflexión, pero esto requiere más tiempo para un hombre que para una mujer. Ella explica por qué: "Primero, los hombres tienen niveles mucho más altos de testosterona que las mujeres, lo que mitiga los efectos de unión de la oxitocina (técnicamente hablando, bloquea la capacidad de la oxitocina para unirse con el receptor)". Un poco de ciencia elemental: cuando un neurotransmisor no puede unirse a un receptor bloquea la capacidad del neurotransmisor para afectar el cerebro.[3] Maslar usa esta analogía para explicarlo claramente: "Un receptor es como un sitio reactivo. El neurotransmisor es un mensajero químico. Trabajan juntos como una cerradura y una llave. Imagina que hay una puerta con un montón de cerraduras. Cada una necesita una llave para abrirse. Puedes pensar en los neurotransmisores como llaves y en los receptores como cerraduras. Los neurotransmisores se pegan o se unen a los receptores. Se necesita una cierta cantidad de neurotransmisores que activen esos receptores hasta que todos estén abiertos. Una vez que todos están abiertos, la persona se enamora".

Entonces, incluso si el hombre está recibiendo la misma cantidad de oxitocina, no está afectando su cerebro como el de una mujer.

La vasopresina es una hormona vinculada al apego a largo plazo. Es necesario que un hombre se vincule y se comprometa, pero para que pueda sentir los efectos, el cerebro necesita tener receptores para el neurotransmisor. La formación de estos receptores lleva tiempo y el proceso comienza con la presencia de la vasopresina, que envía una señal al cuerpo que dice: "¡Necesitamos receptores para toda esta vasopresina!". Lo mismo ocurre con la oxitocina.

Aquí hay dos jugadas del cerebro masculino sobre el amor.

Escenario uno: la lujuria se convierte en amor
El chico conoce a la chica y tienen una cita. El chico quiere tener relaciones sexuales y este deseo sexual hace que aumente la vaso-

presina. Pero ella no tiene sexo con él... todavía. Entonces, él está pensando en tener sexo con ella (la vasopresina está aumentando). Se relajan y ven juntos Netflix, y su juego de seducción es fuerte (la oxitocina está aumentando). Mientras él espera con ansias a que ella esté lista para pasar a la tercera base, sus receptores de vasopresina y oxitocina se están formando. Después de un periodo, ha creado los receptores de vasopresina y oxitocina, lo que significa que cuando los neurotransmisores están presentes, se unen a los receptores y afectan su cerebro. Siente los efectos de la unión y quiere comprometerse. Su dopamina, oxitocina y vasopresina se han acumulado; ha subido la montaña y ha caído sobre el punto de inflexión y ¡pum! Quiere algo estable. El inicio.

Escenario dos: la lujuria se queda en lujuria

El chico conoce a la chica y tienen una cita. El chico quiere tener sexo y este deseo sexual hace que aumente la vasopresina. La chica tiene sexo con él después de su segunda cita. Su vasopresina y oxitocina aumentan después del orgasmo, pero también su testosterona, por lo que mitiga los efectos de los neurotransmisores vinculantes. Al día siguiente, sus sentimientos por ella siguen siendo los mismos, mientras que los de ella se han disparado. A la chica le empieza a gustar más y más el chico cada vez que tienen sexo. Después de unos meses, la chica está enamorada y quiere ser exclusiva, pero él no. Fin.

CULPA AL ORGASMO

Ahora sabemos que cuando dos personas tienen relaciones sexuales ocurre una serie de cambios químicos. Los hombres reciben una descarga de testosterona durante el orgasmo, que suprime la oxitocina. También obtienen un subidón de dopamina, que es la hormona del placer adictivo (traducción: quieren más sexo, pero no necesariamente con la misma persona). Las mujeres también sufren una sacudida, pero debido a que no alcanzan el mismo aumento de testosterona, se quedan con los efectos de la unión.

Para las mujeres, durante un orgasmo, hay una oleada de oxitocina en el cerebro. Es lo que nos hace querer unirnos y vincularnos, rompe las barreras emocionales, reduce nuestras defensas y aumenta nuestros niveles de confianza y empatía. Las mujeres producen mucha más oxitocina que los hombres y, comúnmente, imitarán los sentimientos de apego, ya sea que éste sea recíproco o no. Cuando él no esté cerca y ella no produzca tanta oxitocina, su cuerpo lo anhelará.

A menudo, el cuerpo de una mujer no es capaz de diferenciar entre tener sexo casual o aparearse con el amor de su vida: las mismas hormonas se liberan y se suprimen sin considerar ese aspecto. Si estás teniendo relaciones sexuales con alguien que tiene potencial matrimonial, ésta es la naturaleza trabajando para ti; el sexo ayuda al proceso de vinculación con esa persona.

Pero si tu intención es mantener la relación relajada, no te sorprendas cuando comiences a sentir algo por la persona. Es más probable que las mujeres se arrepientan de una relación sexual y luego experimenten vergüenza.[4] La doctora Helen Fisher advierte: "No copules con personas de las que no quieras enamorarte porque, de hecho, puedes hacerlo. La testosterona puede reactivar los dos neurotransmisores del amor, mientras que un orgasmo puede elevar las hormonas del apego".[5]

Entonces, aunque estás programada para enamorarte más después del orgasmo, el chico está programado para tener más sexo. La oxitocina es una perra.

CITAS FALSAS

> Si el tren no se detiene en tu estación, no es tu tren.
> MARIANNE WILLIAMSON

Quizá las sustancias químicas sean las culpables de la gran cantidad de mujeres con las que he trabajado que han tenido citas falsas. Esto es cuando alguien actúa como si estuviera en una relación, pero no hay compromiso de su contraparte. Suele ser difícil de detectar, porque conscientemente ella puede decir que está de acuerdo con la dinámica casual y la falta de etiqueta. Pero en el fondo sólo está aceptándolo porque teme que eso sea lo único que consiga. ¿Te suena familiar?

Si quieres una relación de compromiso, pero has estado saliendo casualmente con alguien durante un año, esperando algo más, odio decírtelo, pero es probable que te encuentres en una dinámica de "citas falsas". Es una historia muy común esto de brindar la experiencia de novia a alguien que se niega a ser tu novio. Das más, inviertes más y sacrificas más, con la esperanza de que con el tiempo él se despierte y tenga un momento que lo lleve a descubrir que eres el amor de su vida. Entrevisté a algunos hombres para conocer lo que en realidad pasa en la cabeza masculina en estos escenarios.

Mantener citas casuales significa que ella no me gusta lo suficiente. Si no me comprometo con ella en los primeros meses, cuando es más emocionante y divertido, es poco probable que me comprometa un año después, cuando la fase de luna de miel ya haya pasado. Salí casualmente con una chica durante cinco años. Ella decía que estaba de acuerdo con eso, pero, en retrospectiva, yo sabía que ella quería más. Yo lo interrumpía durante unos meses cada vez que ella expresaba que quería más, o cuando yo conocía a alguien nuevo y tenía un romance. Cuando eso se apagaba, volvía con ella. La verdad es que nunca me gustó lo suficiente como para comprometerme, y ningún periodo iba a cambiar eso.

PETER, 37 años, Nueva York

La última persona con la que salí era un gran ser humano, un paquete completo. Era amable, divertida e inteligente. Era modelo y estaba yendo a la escuela para convertirse en doctora, y lo hacía todo bien. Una relación con ella habría sido genial. Yo quería que me gustara, pero al final, simplemente no lo sentí. Cuando amas a alguien, hacer cosas se siente diferente. Las cosas molestas son parte del paquete, pero cuando no la amas, las cosas molestas son en verdad molestas.

LESLIE, 30 años, Los Ángeles

Una razón por la que no me comprometía era porque sentía que ella estaba construyendo una fantasía, en lugar de simplemente ser quien era. Podía sentir que ella estaba más preocupada por el futuro y la etiqueta. Se trataba más de llegar que de ser. Algunas personas quieren escalar la montaña para llegar a la cima; a otras les encanta la escalada y la cima es sólo un buen descanso. Las presiones sociales transforman la aprobación de una persona en un modelo basado en el miedo y el temor a perder cosas.

BOB, 53 años, Nueva York

He mantenido relaciones casuales porque el sexo era muy bueno y porque me gusta la atención y la compañía. Pero no tanto, así que no pasa de lo casual.

CAMERON, 28 años, Austin

Si te dice que no está buscando una relación, créele.

Si estás saliendo con alguien, ya sea en las primeras etapas para conocerlo o si han pasado ya muchos meses juntos, la retroalimentación que he recopilado de varios hombres es que lo mejor es ser sincera sobre lo que quieres. Muchas mujeres temen que expresar cómo se sienten y lo que quieren en una relación asuste al hombre. Pero, de hecho, lo que hace es brindar a ambas personas más datos sobre la situación y la capacidad de tomar una decisión consciente.

En una entrevista, Drew, un soltero de treinta y cinco años en Nueva York, compartió que cuando una mujer es franca sobre cómo se siente, le brinda la claridad que necesita para eliminar el área gris:

"Si alguien me dice que le gusto y quiere explorar una relación y me gusta, me siento extasiado. Eso me da la tranquilidad que me permite animarme y ser más vulnerable, lo que sienta las bases. Pero si realmente no me gusta o no veo un futuro con ella, y lo sé desde el principio, eso deja claro que no está bien relacionarse con ella de manera casual."

La conclusión es la siguiente: los hombres comúnmente "saben" si existe un potencial de relación futura bastante pronto en el proceso de citas. En general, lo mantienen informal no porque sean personas terribles, sino porque disfrutan pasar tiempo con la persona (y tener relaciones sexuales), pero no tienen sentimientos lo suficientemente fuertes como para comprometerse por completo. No hay nada que puedas hacer para que alguien sienta algo más por ti. Esperar, hacer más o esforzarse más no hará que él cambie de opinión.

Si expresas tu interés y cómo te sientes, pero no coincides con lo que él siente, no es tu persona. Sigue adelante. Pero si expresas que te gusta alguien y él está igual de interesado, esto acelera la conexión. Ambos resultados aportan beneficios para todos.

Karolina: CONFORMARSE CON LAS MIGAJAS

KAROLINA ESTABA en una relación que no era relación. En su mente, estaba saliendo con Ivan de manera exclusiva. En la de Ivan, no tanto.

Esto quedó claro dos años después de mantener su "relación", cuando él le dijo en tono casual, mientras se encontraban en una fiesta de comida mexicana, que estaba emocionado por una cita que tendría.

"Me dio la noticia en el mismo tono casual en el que me pedía que le pasara la salsa", exclamó Karolina.

Karolina e Ivan habían sido amigos durante seis años, y cuando él pasó por el proceso de su divorcio, cruzaron la línea de amigos a amantes. Esto duró alrededor de tres meses. Pero después de ese periodo, aunque Ivan seguía yendo a su casa todos los días, durmiendo, comiendo y haciendo las tareas del día a día con ella, ya no tenían intimidad. No tenían relaciones sexuales ni compartían ningún afecto físico. Al principio, Karolina dio a conocer sus necesidades de contacto e intentó abrazarlo o besarlo. Ivan la rechazó y le dijo: "Tengo que arreglar mi vida".

"Yo le abrí mi corazón, mi hogar, mi cuerpo. E incluso cuando él no correspondía, no dejé de dar, simplemente dejé de esperar algo a cambio." Karolina sabía que Ivan era incapaz de estar en contacto con sus propias emociones o su intimidad más profunda. Él admitió que nunca había abierto en realidad su corazón a nadie, incluida su exesposa, con quien había vivido durante veintidós años. Confió que la comunicación era un problema con todos en su vida, incluso su familia. Pero su historia no le importaba a Karolina, quien pensó que lo que tenían era lo suficientemente especial como para que él cambiara. "Yo sabía que no estaba dispuesto para mantener una relación sana, pero pensé que podría aprender cómo y qué cambiaría, porque yo valía la pena."

Karolina pensó que su falta de intimidad significaba un punto difícil de la relación, tan sólo una fase en la que él se estaba descubriendo después del divorcio. Ella racionalizó que seguiría apoyándolo y dedicándose a él, sin siquiera mencionar las cosas que le molestaban para evitar ser conflictiva. Esta "no relación" se prolongó durante otros dieciocho meses, hasta ese fatídico día en que él le dijo, mientras comían nachos, que tendría una cita con otra persona.

Cuando Karolina contó esta historia a su llegada a Renew fue un cuento lleno de proyecciones. Ofendió a Ivan como el idiota que la había traicionado, que se había aprovechado de su corazón. Pero a lo largo del fin de semana, cuando aprendió a separar los hechos de la ficción, se dio cuenta de que nunca había tenido una relación con él en realidad. Lo había deseado tanto que se conformó con cualquier migaja, sin discutir la verdad de la situación porque en secreto tenía miedo de perderlo.

Unos meses después de su asistencia a Renew, hablamos. Aunque Karolina todavía está atravesando altibajos, ahora se da cuenta de su parte en la situación y acepta las lecciones que llevará consigo en el futuro.

"Con las herramientas con las que cuento ahora, si tuviera que retroceder en el tiempo, habría tenido claro lo que yo necesitaba antes de cruzar la línea de amigos a amantes. Y si él no hubiera estado listo, dispuesto y capaz, no habría invertido en él como lo hice. También me doy cuenta de que debido a que Ivan 'aparecía' en la casa todos los días, y nunca había recibido eso de otros hombres con los que salía, racionalicé todas las otras cosas que no estaba obteniendo en la relación."

Su relato sobre el personaje de Ivan cambió de ser un villano a ser un buen tipo al que, en última instancia, le gustaba a ella, pero a él ella no le gustaba tanto. Hecho. Fin de la historia.

La verdad duele en el momento de darse cuenta. Pero al final te hará libre.

CITAS REALES

Ahora sabemos cómo *no* deben ser las citas. No debemos invertir en personas que no invierten en nosotros, sabemos que la química por sí sola no hace que una relación dure y que, incluso si resultamos heridas en las relaciones, tenemos la resiliencia y las herramientas para recuperarnos y volver, más fuertes y más sabias. Ahora exploremos cómo se ven las citas reales, comenzando con algunos trucos que te ayudarán a aumentar tu magnetismo personal.

R.I.P., cara de odiosa

Cuando dos solteros cruzan miradas de uno al otro lado de la habitación y sienten una atracción inmediata, ¿quién crees que da el primer paso: el hombre o la mujer? Muchas de ustedes quizá supondrán que es el hombre quien da el primer paso, pero los estudios revelan que esto no es necesariamente cierto. Una investigación llevada a cabo en la Universidad de Bucknell mostró que los hombres rara vez se acercan a las mujeres sin que haya ocurrido un significativo juego visual primero. De hecho, las mujeres tenían que dirigir un promedio de trece miradas cortas y directas antes de que un hombre se atreviera a acercarse.[6]

Pero antes de que el hombre se acerque, se involucrará de manera inconsciente en "movimientos de maximización del espacio", para lo cual usará su cuerpo para parecer más grande y dominante. Por ejemplo, podría estirar los brazos sobre el respaldo de las sillas, abrir las piernas mientras está sentado o colocar los pulgares en las presillas del cinturón. Se trata de movimientos corporales abiertos que transmiten poder social y personalidades persuasivas, mientras que las posiciones corporales cerradas, como los brazos cruzados o los hombros redondeados, transmiten una posición inferior en el orden jerárquico. El estudio demostró que los hombres hacían un promedio de diecinueve gestos de maximización del espacio (todo

LOS SECRETOS

311

mientras miraban de manera furtiva a la mujer objetivo para medir el interés) antes de acercarse.

Para las mujeres que desean mejorar su atractivo y aumentar el número de pretendientes interesados es importante dominar la mirada. La psicóloga Monica Moore afirma que ningún encuentro romántico exitoso ocurre sin que los ojos se encuentren primero, e identificó tres formas principales de mirada en la danza de cortejo. Primero, está la mirada que abarca la habitación, una exploración de la habitación de cinco a diez segundos (durante la cual una mujer levanta la barbilla, arquea la espalda y saca el pecho). En segundo lugar, está la mirada rápida y corta, que se dirige a un hombre específico y se repite varias veces. En tercer lugar, está la mirada directa que dura más de tres segundos. Sonreír al iniciar la mirada es extremadamente poderoso para despertar interés. Una vez que se hace contacto visual, comienza el baile. La cabeza y el cuello de la mujer se convierten en el punto focal, y ella inconscientemente llama la atención sobre esta área moviendo su cabello o pasando sus dedos por su cuello. También podría reír y asentir con la cabeza, y ajustar su cuerpo para quedar de frente al objeto de su deseo.[7]

Dar luz verde

Entonces, ¿es la mujer más bonita la que recibe más atención? No. Es la mujer más accesible. Los hombres están programados para evitar el rechazo, por lo que de manera inconsciente buscan señales de cuán receptiva es una mujer hacia él. La accesibilidad es más importante que la apariencia pura cuando se trata de alentar a los hombres a hacer un movimiento. Se llevó a cabo un estudio que examinó los efectos del lenguaje corporal y la atracción en un grupo de mujeres que tenían un nivel similar de atractivo físico. Las mujeres que mostraron más de treinta y cinco señales receptivas por hora fueron abordadas por un promedio de cuatro hombres, mientras que aquellas con un lenguaje corporal menos coqueto ni siquiera fueron tomadas en cuenta.

Solteras, tomen nota. Si su lenguaje corporal es cerrado e intimidante y su vibra es hostil, es probable que nadie se atreva a acercarse a ustedes.

Si estás interesada en conocer a alguien da señales de luz verde todo el tiempo, lo que significa que necesitas un lenguaje corporal abierto y hacer contacto visual. Verte feliz y receptiva. Deseas emitir señales no verbales de que estás abierta a que se acerquen a ti.

Ser "atractiva" de esta manera es una habilidad que se aprende. No se trata de cómo te ves.

Cuanto más practicas, más natural se vuelve y se configura como parte de tu ser. Un área especial de atención debe ser tu habilidad para el contacto visual.

ALGUNOS JUEGOS FUNCIONAN...

Cuando camines por la calle, intenta mirar a las personas que están alrededor de ti y mantén su mirada. Al principio, es algo extremadamente incómodo y notarás que la mayoría de la gente desvía su mirada. Pero asegúrate de hacer contacto visual y sostener una mirada con todos aquellos con los que te encuentres, desde el barista hasta el mesero. Cuanto más hagas esto, mejor podrás hacer contacto visual y provocar la conexión humana. Con el tiempo, esto se convertirá en un hábito y ni siquiera tendrás que pensar en ello. Cuando te sientas cómoda haciendo contacto visual (y sosteniéndolo), y cuando con el tiempo conozcas a alguien que te resulte intrigante, tendrás la confianza para usar tu contacto visual, señalar tu interés y despertar la atracción.

Siempre ~~cerrando~~ conectando

La base del amor es la conexión. No establezcas tu objetivo en enamorarte, sino en crear una conexión. Lo primero no es algo que
puedas controlar; la última es una elección que haces todos los días.

La conexión es un arte. Cuanto más practiques, mejor te volverás y esto aplica para todas las relaciones, no sólo las románticas. Te
vuelves buena para relacionarte, una habilidad social clave. El objetivo es ser un imán de personas: que los otros graviten naturalmente hacia ti.

Aunque algunas son naturalmente mejores para conectarse que
otras, la buena noticia es que ésta es una habilidad que se aprende.
En *The Game*, de Neil Strauss, un libro que narra las tácticas de seducción de los artistas del ligue, señala la principal diferencia entre los
que fracasan en el "juego" y aquellos que tienen éxito: "El tipo que
falla en el juego es el que sale buscando mujeres para sentirse bien
consigo mismo. El tipo que tiene éxito en el juego es el que sale y
hace que los demás se sientan bien consigo mismos".[8]

¡Ta-raaan! Así de simple, en serio. El primer tipo de persona
es una chupadora de energía, que se aprovecha de la validación, la
atención y las reacciones de los demás para llenarse a sí mismo. El
segundo, es alguien con quien es fácil estar: exuda carisma y energía
positiva, y deja a la gente sintiéndose inspirada, cómoda y alegre. Sé
esa persona. No sólo porque estás hablando con un bombón, sé así
con el mesero, con el conductor del Uber, con el extraño que entabla una conversación contigo en la fila. Si tienes la intención de tratar mejor a todas las personas a través de estar presente, ser curiosa
y amable, te convertirás en un imán de la gente.

Éstos son algunos consejos sobre cómo aumentar tu factor magnético.

Sé curiosa: por desgracia, no es posible fingir la curiosidad. Si estás recitando un montón de preguntas obligadas sólo para actuar

como si sintieras curiosidad, la otra persona podrá sentir tu falta de sinceridad. Si eres tímida, introvertida o tienes problemas con las conversaciones triviales, está bien. Para desarrollar el músculo de la curiosidad, siempre que hables con alguien, ya sea el barista de tu café local o alguien que acabas de conocer, juega a "lo que puedo aprender". Sostén una conversación con el objetivo de conocer algo nuevo. Esto convierte la interacción de una temida conversación obligatoria en un juego divertido. Por ejemplo, si me doy cuenta de que el taxista está particularmente alegre, le pregunto sobre su secreto para una vida feliz o sobre la persona más interesante que se ha subido a su auto. He aprendido una sabiduría bastante profunda de las personas más inesperadas de esta manera.

Sé juguetona: puedes pensar que estás demasiado ocupada, que eres demasiado impaciente o demasiado [inserta cualquier excusa aquí] para ser juguetona, o que simplemente eso no va contigo. Todas éstas son creencias limitantes que dañan tu factor magnético. Todas tenemos a nuestra niña interior a la espera de salir a jugar. El problema es que la sociedad le ha dicho que se calle, que se conforme y que deje de ser tonta. Tenemos que aprender a aprovechar nuestro lado juguetón: el que baila, que mira a su alrededor con asombro, que imagina, que se ríe, que no se toma las cosas tan en serio. Es divertido estar con esa persona, se siente bien. Las otras personas se sienten atraídas por lo que se siente bien. Entonces, ¿cómo jugar otra vez? Una buena forma es tomar una clase que te permita expresarte de manera creativa. Inscríbete en una escuela de baile y descubre tu cuerpo. Toma clases de pintura. Realiza alguna actividad que no tenga un objetivo o resultado específico, más allá de disfrutar.

Establece una buena relación: esto requiere una serie de pasos que por lo común son naturales (tal vez ya hayas llevado a cabo muchos de éstos). Primero, crea comodidad. Eso significa que vayas a la par de la otra persona, tanto como sea posible, en términos de energía (no grites de emoción si la otra persona está tranquila y serena). Coincide con su ritmo y tono y conviértete en reflejo de su lenguaje corporal. En segundo lugar, haz que la persona se sienta segura. Esto significa que escuches de manera activa sin juzgar (y sin poner los ojos en blanco, resoplar o mostrar disgusto). En tercer lugar, deja que la conversación se desarrolle. Hay una razón por la que la gente habla del clima: representa algo en común. Empieza con un tema sencillo y seguro en el que la otra persona pueda participar y ve desarrollando y construyendo lentamente a partir de ahí. La vulnerabilidad es la clave para la vinculación; sin embargo, no inundes a la persona con tus secretos más profundos y oscuros desde el principio. Piensa en compartir y revelar más como un destello: tú muestras un poco, él muestra un poco y, gradualmente, vas de un lugar a otro para encender una llama.

VITAMINAS *VERSUS* TOXINAS

Tengo una amiga llamada Devon, y cada vez que la veo siento que soy un mejor ser humano. Ella es curiosa y compasiva, y encuentra el lado humorístico en cualquier situación. Devon tiene energía positiva. Esto no significa que no haya pasado por dificultades en su vida, pero tiene una actitud de gratitud y es refrescante, honesta y auténtica. Siempre que me encuentro en una situación en la que me siento crítica o antisocial, me pregunto: *¿Qué haría Devon en este momento?* Pensar en ella me inspira a actuar con más compasión y afabilidad. Devon es una dosis de vitaminas. Deja a la gente sintiéndose más ligera, más inspirada y más conectada. Por otro lado, solía tener una amiga llamada Pam (uso el tiempo pasado porque he dejado de pasar tiempo con ella de manera deliberada). A Pam le encantaba chismear y quejarse, y dominaba constantemente las conversaciones. Si no era acerca de ella, le daba el giro para que fuera acerca de ella. El drama la seguía a todas partes; siempre había alguna situación nueva en la que le estaban haciendo daño. Pam es lo que yo llamo una toxina. Deja a la gente sintiéndose agotada y estresada.

¿Tú actúas como vitaminas o como una toxina?

EJERCICIO: Sé la vitamina

Piensa en tres personas con las que te encanta pasar el tiempo. Éstas son "vitaminas" porque te hacen sentir bien y son buenas para ti. Escribe a continuación lo que sientes cuando estás con ellas y después reflexiona sobre lo que ellas hacen para hacerte sentir así. ¿Validan tus sentimientos? ¿Hacen preguntas y escuchan con atención? ¿Están presentes? La próxima vez que te encuentres con ellas, presta especial atención a su lenguaje corporal, preguntas, tono de voz y cualquier otro gesto que contribuya a los buenos sentimientos que obtienes al pasar tiempo con ellas.

Vitamina: _____

Vitamina: _____

Vitamina: _____

Piensa ahora en tres personas de las que temes estar cerca: las "toxinas". Ya sabes, la gente que te deja sintiéndote agotada, negativa y molesta. ¿Cuáles son las tres ideas que se te vienen a la cabeza después de estar con ellas? ¿Qué hacen estas personas para perturbarte? ¿Qué es lo que no hacen que te gustaría que hicieran? ¿Interrumpen? ¿Fanfarronean? ¿Dominan una conversación?

Toxina: _____

Toxina: _____

Toxina: _____

Durante la próxima semana, cuando interactúes con las personas, compórtate de manera deliberada en cómo las haces sentir. El objetivo es que experimenten lo mismo que tú después de que estuviste con alguien que te inspira. Emplea los gestos y la inteligencia social de esas "vitaminas" en tu vida. Si te das cuenta de que estás exhibiendo comportamientos de las "toxinas", obsérvalos y detente.

Al final del día, evalúate en tus interacciones. El simple hecho de ser consciente de cómo quieres que se sienta alguien cuando está cerca de ti y evaluar lo que funciona y lo que no, puede ayudarte a desarrollar tu dominio social.

Recuerda: ser inspiradora, irradiar energía positiva y ser alguien con quien la gente quiera estar son habilidades que puedes desarrollar. Todo esto es integral y no sólo debes reservarlo para las posibles parejas románticas. Derrama tu luz en el mundo y tu mundo entero mejorará, no sólo tu vida amorosa.

INTENTA CON UN PUENTE DIFERENTE

El amor no es algo que necesitemos "encontrar".

El amor siempre está dando vueltas a nuestro alrededor, esperando las condiciones adecuadas para hacerse visible. Sólo necesitamos dejar de bloquearlo de nuestra vista.

Abrir tu corazón y sentirte vulnerable y cómoda con la intimidad requiere práctica. Se necesita todavía más práctica si has tenido una serie de malas relaciones. Definitivamente, primero tienes que hacer mucho trabajo contigo misma. Pero llegará un momento en el que tengas que dejar este libro, salir al mundo y aplicar el conocimiento que has acumulado.

No repitas tus viejos patrones para volver a salir con el mismo tipo de hombres y atravesar los mismos puentes. Te sugiero que busques *otro* puente, uno que pueda conducirte a un nuevo lugar, uno completamente fuera de tu zona de confort.

El objetivo es que no te presiones para encontrar al "elegido"; es que te sientas cómoda con la expansión y la posibilidad, y que te abras. Necesitas estar preparada para la próxima y mejor relación en tu futuro. Ahora, ya lo estás.

EJERCICIO: Crea tu propio experimento de citas

Ser "buena" en las citas es una habilidad. ¡Este ejercicio es para ayudarte a entrar en el proceso de las citas y que puedas divertirte y disfrutar, incluso después del dolor de un corazón roto!

Comprométete a tener una cita con tres tipos diferentes de personas. El objetivo es salir del lugar al que siempre has ido y no emitir una energía ansiosa y necesitada sobre el futuro. Tus próximas tres reuniones no están diseñadas para que encuentres al "elegido". Tu misión, en caso de que decidas aceptarla, es:

- Si nunca has hecho citas en línea, crea un perfil y acuerda una.
- Déjate guiar por un *matchmaker* o casamentero.
- Sal con alguien que no sea tu "tipo". Tal vez sea más bajo que tu requisito de estatura habitual, trabaja en una industria que considerarías aburrida o tiene un origen cultural diferente.

EL AMOR NO ES ALGO
QUE NECESITAMOS
"ENCONTRAR". EL
AMOR SIEMPRE ESTÁ
DANDO VUELTAS A
NUESTRO ALREDEDOR,
ESPERANDO LAS
CONDICIONES
ADECUADAS PARA
HACERSE VISIBLE. SÓLO
NECESITAMOS DEJAR
DE BLOQUEARLO DE
NUESTRA VISTA.

- Pídele a tus amigas más cercanas que te sugieran a alguien con quien piensen que serías compatible e invita a esa persona a salir a tomar un café.
- Si tú nunca tomas la iniciativa, invita a alguien a salir.
- Si no has tenido relaciones sexuales en meses, busca un amante.
- Si ya estás saliendo con alguien, preséntate una noche como tu yo *dominatrix*. Canalízala y disfruta de una velada divertida.
- Sal con alguien de cinco a diez años más joven.
- Sal con alguien de cinco a diez años mayor.

Añade lo necesario a esta lista para que se adapte a tus intereses y tu disposición para ser aventurera. Recuerda, estás experimentando y practicando. No te presiones para sentir chispas o conocer a tu futuro esposo; evita la carga de angustia que antes ya te llevó al desastre. Y registra tu proceso, ¡esto es importante! Reflexiona sobre tus experiencias: ¿qué te molestó y qué te inspiró?, ¿qué aprendiste sobre tus necesidades, deseos y anhelos?, ¿qué está más cerca de cómo quieres sentirte o de cómo no quieres sentirte?, ¿qué puedes aplicar en el futuro?

EL AMOR ES UNA ENERGÍA. SINTONÍZATE CON ELLA

Manifestar la relación que deseas significa que debes vibrar en la frecuencia de lo que deseas atraer. Si estás cerrada, a la defensiva, cautelosa y cansada, es poco probable que atraigas una energía luminosa, abundante y amorosa hacia ti.

La energía no miente. Las personas pueden sentirla, incluso si son incapaces de procesar lo que sienten de manera consciente. Algunas personas nos atraen y otras nos repelen, y todo está relacionado con la captación de la energía.

"El amor promueve el amor", de modo que la persona que
ha dejado ir mucha de su negatividad interior está rodeada
de pensamientos amorosos, eventos amorosos, personas
amorosas y mascotas amorosas... Debido a que todos
los seres vivos están conectados en niveles de energía
vibratoria, nuestro estado emocional básico es captado
y genera reacciones en todas las formas de vida que nos
rodean.

DAVID R. HAWKINS[9]

Tú obtienes del universo lo que pones en él. La creencia de la espiritualidad pop es que si repites mantras positivos, hasta que tu cara se ponga azul, obtendrás ese millón de dólares, la casa de tus sueños y el Príncipe Azul. Pero si, en tu inconsciente profundo, no te sientes digna de esas cosas, estás llena de dudas y tu estado predeterminado es de escasez, no hay mantra o hechizo mágico que haga desaparecer todas esas décadas de energía negativa.

Ésta es la razón por la que muchos capítulos de este libro se han centrado en llegar a esas creencias profundamente arraigadas que generan un efecto dominó en tu comportamiento, tu entorno y la sonoridad que emites al mundo. Este libro ha sido planeado para ayudarte a crear una alineación entre tu consciente (lo que dices que quieres) y tu inconsciente, lo que internamente crees que mereces, de lo que eres digna.

No puedes manifestar lo que en realidad no crees que sea verdad.

Así es. Sin duda alguna, manifestar es creer que lo que quieres es posible y ya está en camino. Creer completamente y eliminar cualquier duda es el primer paso, y el siguiente es experimentar las emociones de su manifestación, como si ya hubiera sucedido. Estás entrando en la vibración de tener algo *versus* la vibración de la carencia, de buscar algo. Para demostrar cómo podemos ir más allá de las dudas y aprovechar nuevas posibilidades, realiza este ejercicio de visualización.

EJERCICIO: Muévete más allá de los confines de tu mente

1. Párate derecha con los pies juntos. Con la mano derecha recta frente a ti, usa tu dedo índice y apunta hacia delante.
2. Manteniendo los pies apoyados en el suelo, gira el cuerpo en el sentido de las agujas del reloj tanto como puedas y observa dónde se detiene naturalmente. Toma nota mental de hacia dónde apunta tu dedo índice; éste es tu punto de parada.
3. Deja caer la mano y vuelve a la posición inicial, de pie, con las manos a los lados esta vez.
4. Cierra los ojos y, esta ocasión, visualízate haciendo exactamente el mismo ejercicio. No muevas tu cuerpo; sólo visualiza tu dedo índice extendiéndose frente a ti, girando en el sentido de las agujas del reloj y, esta vez, pasando de su punto de parada y yendo el doble de lejos.
5. Mantén los ojos cerrados, esboza una sonrisa y anota mentalmente tu nuevo punto de parada y cuánto más lejos pudiste girar. Repite la visualización una vez más, desde el principio, y haz que el dedo llegue todavía más lejos.
6. Abre tus ojos. Aún deberías estar en la posición inicial. Ahora, haz el ejercicio como lo hiciste al principio. De pie con los pies juntos y el dedo índice apuntando hacia delante, mueve físicamente el brazo y gíralo para ver qué tan lejos llega.
7. ¿Cuánto más alcanzaste?

Cuando hacemos este ejercicio en Renew, todas las personas se sorprenden de lo lejos que pueden llegar usando la visualización. El potencial para ir más lejos estaba ahí desde el principio, pero sólo llegamos hasta donde creemos que podemos llegar. ¿Con qué frecuencia hacemos esto en nuestra vida diaria?, ¿con qué frecuencia nuestras creencias limitantes y dudas nos impiden alcanzar nuestro máximo potencial? La visualización es una técnica útil para ir más allá de los confines de la mente y entrar en expansión y posibilidad.

EJERCICIO: Manifiesta tu día perfecto

Ahora que entendemos el poder de la visualización, daremos un paso más y la usaremos como una herramienta para manifestar. Recuerda: la clave para la manifestación es crear los sentimientos y el estado energético como si lo que deseas ya fuera cierto; es aprovechar el potencial que ya existe, al igual que con el ejercicio de los brazos que hicimos antes. Imagina que lo que quieres no es algo que estás buscando, sino algo que estás viviendo aquí y ahora, y genera los cálidos sentimientos y la gratitud que sentirías. Este ejercicio consta de dos partes. Primero, visualizarás tu día perfecto, y una vez que lo hayas ensayado mentalmente, lo escribirás.

Parte 1

Cierra los ojos y respira profundamente para entrar en un estado de calma y relajación. Avanza rápido un año a partir de ahora. Imagínate que estás despertando y estás a punto de tener tu día perfecto. ¿Qué ves?, ¿estás sola o en pareja?, ¿la luz del sol entra a raudales por las ventanas?, ¿puedes escuchar los sonidos del océano? Visualiza lo que hay alrededor de ti: lo que oyes, lo que ves, lo que hueles, lo que sientes.

Visualiza a tu pareja y experimenta los cálidos sentimientos de amor y apoyo que compartes. ¿Cómo te sientes con tu pareja? Imagínate lo que ambos están haciendo. Imagina una experiencia con tu pareja que te haga sentir todo lo que sueñas sentir, como si ya fuera verdad. Abraza este sentimiento de amor. Siente el apoyo, la confianza, la energía pacífica.

Ahora continúa visualizando tu día. Tal vez salgas a caminar o vayas al trabajo. Pasa el resto de tu día perfecto y experimenta lo satisfecha que te sientes, lo amada, lo apoyada; reúne todos esos sentimientos de calidez y muéstrate emocionada y agradecida por la vida que has creado.

Una vez que hayas completado tu día perfecto, abre los ojos.

Parte 2

Saca una hoja de papel o utiliza tu diario. En la parte superior de la página, escribe la fecha correspondiente a un año a partir de hoy. Imagina que ésta es la entrada de tu diario dentro de un año. Describe la visualización que acabas de hacer y, en primera persona, narra este día perfecto que acaba de desarrollarse. Escribe cada detalle, incluyendo cómo te sentiste. Invoca los sentimientos de calidez, amor y gratitud mientras escribes.

Hacemos este ejercicio el último día en Renew. Se anima a las mujeres a que revisen lo que anotaron y utilicen la herramienta de visualización para darle vida. En el primer aniversario de su retiro, las mujeres abren sus diarios y comparten lo que se ha hecho realidad en su chat grupal.

Mandy

MANDY LLEGÓ AL CAMPO de entrenamiento el día de san Valentín en 2018, para recuperarse de una ruptura con su primer amor. Ella estaba viviendo en San Francisco en ese momento y tenía el sueño de mudarse a Los Ángeles. Exactamente un año después, asistió a su segundo campo de entrenamiento. Se encontraba en una nueva relación (la que la hizo recitar su discurso de odio en el auto) y quería aprender cómo manejar su apego ansioso. Ella trajo la entrada de su diario de manifestaciones que escribió un año antes y la compartió con el grupo.

Estoy sentada en mi hermoso jardín de mi nueva casa en Los Ángeles. El sol brilla en mi rostro y mi perro (un lindo bulldog francés) está corriendo y jugando en el césped. Estoy tomando una taza de té, escribiendo en mi diario y me siento por completo en paz y tranquila. Mi pareja está en la cocina preparando el desayuno. Yo me siento muy agradecida por su amor y su apoyo. Él es amable, generoso, cariñoso y nos divertimos mucho juntos...

La entrada del diario continúa describiendo cómo se desarrolla su día, su gratificante trabajo como enfermera y la nueva comunidad de amigos que ha creado. Aunque no todos los elementos se habían manifestado, muchos sí. Se había mudado a Los Ángeles, vivía en una hermosa casa con jardín, tenía un perro y había sido aceptada en el programa de enfermería con el que soñaba. Un año después, el 4 de febrero de 2020, recibí un mensaje de texto:

Quería compartirte algunas noticias maravillosas. Por fin me encuentro en una relación de pareja consciente, muy hermosa y saludable, y les debo mucho a las lecciones que aprendí en los retiros. Ayer comenzamos a trabajar en nuestro contrato de amor y fue una experiencia muy hermosa, segura y vinculante. A él le encanta la lista de verificación de valores y esto nos ayudó a confirmar que somos compatibles, más allá de la química. Así que te agradezco por ser una luz y guía en mi vida amorosa. Después de todas las lágrimas, esto ha valido la pena.

10

Feliz por siempre jamás 2.0

Sólo puedes curar un corazón roto permitiendo que se abra de nuevo; un corazón cerrado sigue siendo un corazón herido. Se pueden perder muchas batallas, pero no estás roto y no eres tus heridas.

Christine Evangelou[1]

Existe una técnica en Japón llamada *kintsugi*, que consiste en reparar con resina de oro las piezas de cerámica rotas. Las grietas no se ocultan; por el contrario, se acentúan, lo que hace que la pieza sea más hermosa de lo que era antes. El *kintsugi* puede ser una gran metáfora de la vida. Nuestras cicatrices, nuestra historia, incluidas las partes de nosotras que alguna vez se sintieron rotas, son las que nos dan carácter y belleza.

No eres la misma persona que eras cuando empezaste este libro. Se han plantado nuevas semillas y seguirán creciendo a medida que integres este conocimiento en tu experiencia. Es importante que recuerdes que el viaje no termina aquí; en realidad, apenas está comenzando. Con tu nueva sensibilización, esa mayor conciencia y un arsenal de herramientas a tu disposición, el objetivo no es que te sientes a descansar, ya sea que estés soltera o tengas una pareja. Debes mantenerte trabajando. Sigue esforzándote por evolucionar y crecer. Éste es un viaje que nos toma toda la vida. No se trata de perseguir el tradicional "feliz para siempre", porque eso no existe.

Este libro te ha enseñado cómo crear una nueva versión del feliz para siempre, que no tiene nada que ver con tus parejas románticas, sino sólo contigo. Cuando tu núcleo emocional es fuerte, puedes manejar los altibajos sin desmoronarte, permaneces conectada a la realidad, eliges la compasión... te conduces con amor. Tu sensación de plenitud no está dictada por tu relación. Te sientes en paz, independientemente del estado de tu relación. Éste es el feliz para siempre por el que espero que sigas luchando.

LA GENTE SANADA SANA GENTE

He hecho que la misión de mi vida sea ayudar a las personas a sanar sus corazones. Creo que un corazón roto es como un arma mortal, y si la angustia pasa desapercibida, la gente continúa haciéndose daño a sí misma y a cualquiera que se cruce en su camino. El dolor tiene un efecto dominó. Lo mismo ocurre con un corazón que ha sanado. Las personas cuyos corazones están llenos de amor, transmiten amor a los demás. Es un efecto dominó positivo.

El último paso en tu proceso de sanación es ayudar a otra persona. El último ejercicio que hacemos en Renew consiste en escribir una carta de amor a otra mujer que esté sufriendo el dolor de un corazón roto. Se anima a las mujeres a que canalicen a su sabio interior y, utilizando las lecciones que han aprendido, escriban una carta de apoyo para el siguiente grupo de participantes de Renew. Todas terminan sus cartas de la misma manera:

De una mujer a otra, no estás sola.

El siguiente grupo de participantes recibirá las cartas el primer día del retiro. Es un hermoso ciclo de amor compartido porque, después de todo, somos una hermandad conectada. Y todas estamos en esta vida. Tu último ejercicio para este libro, si te sientes inspirada a hacerlo, es escribir una carta así a otra mujer.

Canaliza a tu sabio interior y escribe una carta en la que compartas lo que ahora sabes. Transmite tu sabiduría y dile a alguien más que, aunque ella no lo crea así en este momento, estará bien. Cuando hayas terminado, toma una foto de tu carta y mándamela. Publicaremos una selección de cartas de amor en RenewBreakupBootcamp. com y, de esta manera, mujeres de todo el mundo tendrán la oportunidad de sentir la fuerza de otras mujeres en los momentos de su dolor más profundo.

UNA HISTORIA DE AMOR

Adam y yo estamos sentados en mi cafetería favorita en Soho. Siete años después de nuestra ruptura, aquí estamos, riéndonos y burlándonos un poco el uno del otro. Bromea diciendo que debería ser accionista en mi negocio y me da consejos sobre cómo escalarlo. Yo le doy consejos amorosos sobre cómo comunicarse mejor con su novia. Oh, la ironía de todo esto.

Ha sido necesaria una ruptura traumática, palabras hirientes y mucha sanación del dolor para llegar a un lugar en el que nos amamos de manera genuina. Nuestra relación no fue un fracaso, sino un punto necesario en nuestras vidas, que nos ayudó en nuestro camino de sanación y autodescubrimiento. Hoy, considero a Adam uno de mis amigos más cercanos, y ambos queremos lo mejor para el otro.

Creo que todos los hombres que han entrado y salido de mi vida han sido puntos importantes a lo largo de mi viaje. Cada uno me enseñó una lección y en ese crecimiento me acerqué a un estado en el que en verdad me amo. Cada uno me obligó a reflexionar sobre las heridas de mi infancia y las historias negativas que había acumulado a lo largo del tiempo. Cada uno me ayudó a darme cuenta de que nadie tiene la responsabilidad o el poder de hacerme feliz o sentirme realizada más que yo misma.

He aprendido a basar mi felicidad en las cosas que puedo controlar: mi energía, mi amabilidad, mi capacidad para ayudar, inspirar y ejercer una influencia sobre los demás... mi empoderamiento. Con una base de alegría y paz, los acontecimientos de la vida y las dificultades pueden herirme, pero no me romperán.

El dolor es algo que nuestra sociedad evita. Dejamos de abrirnos y mostrarnos vulnerables, de conectarnos en verdad con los demás por miedo al trauma. Pero las emociones que acompañan al dolor (lo bueno, lo malo y lo feo) forman parte del espectro de sentimientos que dan color a la vida.

Y cuando experimentas un dolor de tipo romántico puedes llegar a un lugar de aceptación, a sabiendas de que una angustia no te destruirá. Puedes optar por recuperarte. Y lo harás. Ese viaje es empoderador.

Esto me lleva a la parte del amor de esta historia, y no, no hay ningún príncipe involucrado.

Verás, ésta es y siempre ha sido mi historia de amor, y no tiene nada que ver con Adam ni con nadie más. Más bien, ésta es una historia en proceso... durante mucho tiempo. Todas las angustias, las lecciones, los altibajos, los diversos personajes que han hecho acto de presencia, todo ha sido fundamental para la trama. Porque a través de esos giros y vueltas me he dado cuenta de que las historias de amor comienzan y terminan contigo. Cualquiera que comparta una parte de ese viaje es una ventaja adicional.

Conocer los riesgos de ser vulnerable y de mantener tu corazón abierto, pero seguir adelante con una imprudente osadía, con el espíritu de crear algo espectacular e inspirador, eso es tener valor.

Dialogar con las emociones negativas que provienen de la angustia en lugar de adormecerte, eso es fuerza.

Enfrentar tus miedos al abandono y el rechazo sin permitir que la decepción te endurezca, volver a enfrentarlos con una hoja en blanco, eso es resiliencia.

Saber que nadie tiene el poder de hacer o deshacer tu alegría, eso es empoderamiento.

Y en un momento en el que te duele el corazón, sentir compasión por ti misma y por la persona que te lastimó, eso es amor.

LOS DOLORES DEL CORAZÓN VALIERON LA PENA

Cuando tenía veinticinco años, mi novio llegó a casa y me dijo que quería romper porque ya no sentía "mariposas". Esto fue después de que yo había comprado un departamento para nosotros.

Cuando tenía veintinueve años, el hombre con el que pensé que con el tiempo me casaría me engañó. El dolor era tan insoportable que caí en una espiral de depresión.

Cuando tenía treinta y tres años, mi novio rompió conmigo y me dijo que no era atractiva sexualmente para él. Más tarde me enteré a través de Instagram de que me había estado engañando todo el tiempo que estuvimos juntos.

Cuando tenía treinta y siete años, finalmente aprendí a amarme a mí misma lo suficiente como para amar de verdad a alguien más.

Decir que he tenido problemas en el amor sería quedarme corta. Ésa es exactamente la razón por la que convertí en el trabajo de mi vida la comprensión de este misterioso hecho, que puede traer tanta alegría y tanto dolor.

Me ha costado mucho aprender que no es el amor lo que duele, sino lo que confundimos con el amor. En retrospectiva, creo que nunca supe en verdad lo que era el amor. Busqué el amor de los demás para satisfacer lo que no tenía en mí misma, y eso no es amor, es codependencia. Ha sido todo un proceso. He volcado cada piedra para entender el origen de mis heridas y sanarlas. He cultivado prácticas de amor propio, compasión y atención plena que a lo largo de los años han tenido un enorme efecto acumulativo en mi sentido general de alegría y paz interior. He desarrollado la disciplina para hacer una pausa antes de reaccionar a cada emoción que surge. He aprendido a sentirme cómoda con la incomodidad, a reconfortarme a mí misma y a sentirme perfectamente satisfecha en mi propia compañía. También he besado a decenas de sapos en el camino. Me caí y me volví a levantar, una y otra vez. Ha habido varias ocasiones en las que ya sólo quería cerrar mi corazón para siempre. A pesar de todo, la única afirmación a la que me he aferrado es ésta:

Nuestra mayor lección en esta vida es practicar la apertura de nuestro corazón, incluso cuando duele. Sobre todo cuando duele.

Abrir nuestros corazones es una práctica constante de elegir la compasión sobre el juicio, el amor sobre el miedo y la suavidad sobre la dureza. Cada vez que actuamos con compasión, hacemos una pausa antes de reaccionar o abordamos un conflicto con curiosidad en lugar de estar a la defensiva; todos ésos son pasos arraigados en el amor. Los pasos se suman. El amor es el viaje. La buena noticia es que cada día es un nuevo día y tú puedes elegir la dirección que tomas.

Me llevó algunas décadas amarme a mí misma y llegar a un lugar donde las personas que me atraían (y las que atraía) fueran saludables y se encontraran disponibles. Atrás quedaron los días de tolerar el mal comportamiento o de perseguir a hombres que no me gustaban. Pero, a pesar de que la calidad de los hombres con los que me estaba encontrando era drásticamente más alta, aún no me había encontrado con mi pareja. No fue sino hasta que tuve un momento de certeza, después de una conversación con un amigo, que vi que tal vez no tenía el corazón tan abierto como pensaba.

Mi amigo Hugo es una de las personas más sensibles, autoconscientes y emocionalmente inteligentes que conozco. Un día estábamos poniéndonos al día con sendas tazas de té frente a nosotros, y él me estaba hablando de su nueva novia. Se había comprometido con ella rápidamente y le pregunté por qué había tomado esa elección.

"Decidí saltar con ambos pies y amarla con imprudente osadía."

Sin embargo, Hugo no estaba haciendo esto por imprudencia. Su decisión de abrir por completo su corazón y comprometerse no provenía de un lugar de dolor o inseguridad. De hecho, era todo lo contrario. Hugo tiene una base tan sólida y una brújula química en tan buen estado que incluso si abriera su corazón con total vulne-rabilidad y no funcionara, estaría bien. Su "casa" todavía estaría en pie. Él no se rompería en un millón de pedazos, porque su identidad y sentido de autoestima nunca se basarían en su relación.

Esa noche reflexioné sobre nuestra conversación. Me di cuenta de que todavía me acercaba al amor con una coraza alrededor de mi corazón. Debido a que me había roto en pedazos después de mis re-laciones pasadas, nunca había abierto por completo mi corazón por temor a repetir el mismo dolor. En ese entonces, no estaba equipa-da para manejarlo.

Pero ahora era diferente. Si abriera mi corazón por completo y resultara herida, seguiría estando bien: soy resiliente, tengo una base sólida, herramientas para la regulación emocional y habilidades más saludables para relacionarme. Ya no soy esa chica codependiente y ansiosamente apegada que alguna vez basó su identidad y su mun-do en torno a un hombre. Nunca más volverán a moverme el piso, porque nunca cederé a alguien más ese suelo sobre el que me paro.

Podría amar sin miedo.

Tomé la decisión de abrir mi corazón, seguir mi brújula química —que ahora ya estaba funcionando bien— y acercarme al amor con una imprudente osadía, de la misma forma que Hugo. Mi energía había cambiado. Poco después, conocí a Paul.

Al parecer, un amigo había intentado arreglarme una cita con Paul antes, pero me negué. Ni siquiera lo recuerdo, pero demuestra lo cerrada que yo estaba. Coincidí con Paul en una aplicación de ci-tas y nos divertimos bromeando por mensajes de texto. De camino a nuestra primera cita, establecí una intención. Estaría completa-mente abierta, aparecería con una presencia total y con curiosidad, y pasaría un buen rato.

Nos reunimos para tomar una copa y la conversación fue fá-cil. Había una conexión, aunque no estaba segura de qué tipo. Sólo

NUESTRA MAYOR LECCIÓN EN ESTA VIDA ES PRACTICAR LA APERTURA DE NUESTRO CORAZÓN, INCLUSO CUANDO DUELE. SOBRE TODO CUANDO DUELE.

sabía que me estaba divirtiendo. Después de nuestro segundo coctel, me preguntó si quería comer algo. Dije que sí. Terminamos yendo a siete lugares diferentes esa noche. La cita terminó ocho horas después con una pizza y nuestro primer beso.

Después de nuestra primera cita, Paul borró sus aplicaciones de citas. Yo dejé de mirar las mías, pero no las borré. Recuerdo que, después de dos semanas de citas, me vino a la mente la idea de que debería comprobar quién me estaba enviando mensajes en las aplicaciones. Pensé en actuar un poco distante y misteriosa con Paul. Pero entonces me detuve. ¿En qué estaba pensando?, ¿por qué iba a castigar a este tipo siendo evasiva, jugando esos juegos, cuando él se estaba mostrando de manera tan bella? Tanto sus palabras como sus acciones me demostraban que estaba invirtiendo en una relación. Tuve que deshacerme de los restos de los malos hábitos que todavía tenía y que estaban basados en el miedo, no en el amor.

Decidí seguir escuchando a mi corazón, que decía un sonoro SÍ.

A los treinta y siete años conocí al hombre del que no sólo me enamoraría, sino con quien me comprometería a permanecer enamorada. Lo primero es fugaz; lo último es una práctica. No tienes control sobre lo primero, pero eliges sobre lo segundo. El amor es una acción. Es algo que se crea con otra persona.

Si lanzo una mirada hacia atrás, me doy cuenta de que cada relación, cada rechazo, cada dolor de corazón, fue un puente. Claro, tal vez tuve que cruzar el mismo viejo puente varias veces para por fin aprender la lección. Al final, crucé suficientes puentes para llegar a donde estoy hoy: el amor como un estado del ser. Éste es el amor por mí misma que me da la capacidad de compartir el amor con otro. Tal vez ésa sea la mejor lección de todas: nací con ese amor; siempre ha estado dentro de mí. No importa qué giros en la trama pueda experimentar, ese amor ha estado y siempre estará aquí.

Es lunes por la mañana en Renew, y estamos a punto de tener nuestra última sesión juntas. Las mujeres están muy animadas, riendo y charlando antes de que comience mi sesión. Comienzo con un pase de lista y doy una vuelta al círculo con cada una, quien comparte una palabra para describir cómo se siente y una lección clave que aprendió.

—Me siento esperanzada —dice Sheena—, vine aquí pensando que era por mi ex, y ahora pienso: *¿Ehhh, cómo se llamaba?* —se ríe—, me di cuenta de que se trata de mí. Se trata de mis patrones de codependencia. Voy a tomarme un descanso de las citas y me concentraré en mí.

—Me siento agradecida —dice Jenny, llorando—. El apoyo de todas ha sido increíble. Tengo mucho trabajo por hacer. Y estoy un poco ansiosa por el hecho de que debo volver a casa para lidiar con todo eso. Pero me siento bien de contar con herramientas para ayudarme.

—Estoy sintiendo todo tipo de cosas. Empoderada, emocionada, asustada —dice Priya—. Quiero dejar de lado el juicio y el miedo, que creo que han gobernado mi vida. Creo que darme cuenta de que tengo un estilo de apego ansioso, que no es mi culpa, y que puedo ser una persona más segura fue algo muy importante para mí.

Las mujeres en el círculo continúan compartiendo sus experiencias y lecciones clave aprendidas durante el fin de semana. Hay un zumbido en el aire; se sienten vivas, rebosantes de una fuerza de energía positiva. Ser testigo de la transformación de las mujeres en sólo unos días es alucinante. En este momento exacto, cuando veo sus rostros sonrientes y sus ojos iluminados, sintiéndose empoderadas para hacer cambios en su vida, recuerdo que estoy exactamente donde debería estar. Esto es lo que estaba destinada a hacer. Como último ejercicio, las llevo afuera y las animo a caminar descalzas sobre la hierba para que se sientan ancladas en la naturaleza. El sol brilla intensamente y hay una brisa fresca en el aire.

La canción de Jon Hopkins "Immunity" se escucha en el fondo. Aparte de la música, éste es un ejercicio que se hace en silencio, y es el más poderoso. Establezco las pautas para su desarrollo: "Cada una pasará al centro y hará contacto visual con cada persona que esté parada alrededor. Todas las que estén fuera del círculo enviarán energía de apoyo y amor a la persona que está en el centro. Mírenla en su máximo potencial. Véanla por todas las posibilidades y sueños que hay reservados para ella. Cuando sea tu turno, intenta no apresurarte y compenétrate en serio. Pon tu mano en tu corazón si eso te ayuda a anclarte en el momento. Tu único trabajo es recibir el amor".

Cindy es la primera en pararse en el centro. Ella está de pie y sonriendo. Puedes sentir la energía de apoyo de las otras mujeres y cuánto la animan. Cuando atraviesa el círculo, nos miramos a los ojos y puedo sentir su gratitud. Ella asiente con la cabeza, como reconocimiento para mí. Su única mirada expresa un millón de palabras. Asiento en respuesta y sonrío. Sé que ella lo ha entendido.

Una a una, las mujeres pasan al círculo. Algunas se llevan la mano al corazón, anclando el sentimiento de amor. Nadie es capaz de completar el círculo sin lágrimas. Pero éstas son lágrimas diferentes: expresan la experiencia de sentirse profundamente vistas, apoyadas, sostenidas, comprendidas, reconocidas y amadas. Veo a cada mujer y reconozco lo hermosa, poderosa y fuerte que es. Y entonces, es mi turno. Paso al centro y esta vez es mi turno de practicar la recepción del amor. Primero, hago contacto visual con Priya. Puedo sentir su gratitud. Puedo percibir su amor. Respiro hondo y me sumerjo. Qué honor es ser parte de su viaje y ser un personaje de su nueva historia.

Mientras las lágrimas todavía ruedan por mi rostro, con la nariz goteando y todo, comparto mis últimos pensamientos.

"Esto es amor. El amor romántico es sólo una de sus formas. El amor compartido durante este fin de semana, la compasión y la empatía por las demás son amor en acción. Todas lo sienten, todas están conectadas a él; está dentro de ti, está en tus células. Aférrate a este momento y, en los instantes en que necesites un recordatorio, vuelve a aprovechar este sentimiento de amor. Eres amada. Eres amor".

EJERCICIO: Actualiza tu historia

Capítulo por capítulo, este libro ha desafiado algunas de tus viejas perspectivas y te ha llevado a lo largo de diferentes ejercicios para ayudarte a replantear tu vida. Comenzamos el libro con un ejercicio en el que tomaste tu historia de diez puntos y la refinaste para llevarla a cinco puntos, tras eliminar las interpretaciones, suposiciones y distorsiones cognitivas intermedias.

Sabemos cuán poderosas son nuestras historias para dar forma a nuestras vidas. Mi intención era que comenzaras este libro con una historia y lo terminaras con otra, una narración que te sirva ahora y en tu futuro.

En este último ejercicio, repasa la historia de los cinco puntos que escribiste en el primer capítulo. Esta vez puedes añadir cinco puntos. Puedes optar por agregar las lecciones que has aprendido, los cambios de perspectiva, el sentido que has descubierto ahora de la ruptura e incluso las posibilidades para el futuro.

En esta historia actualizada no eres víctima de lo que sucedió. No, en esta versión 2.0 eres la heroína de una aventura épica. Amaste y tu corazón resultó herido, y eso te catapultó a un proceso para aprender sobre ti, sanar tus viejas heridas y cambiar tus creencias limitantes.

Cuando termines esta nueva historia, compárala con la historia original de diez puntos con la que comenzaste. ¿Qué notas? ¿Qué ha cambiado?

Esto nunca se trató de tu ex. Siempre se trató de ti.

ÉSTE ES EL COMIENZO

Felicitaciones por llegar al final de este libro y al comienzo del capítulo de tu próxima vida. Sé que tal vez hubo algunos pasajes que despertaron unas cuantas emociones incómodas. Se necesita coraje para mirar dentro de una misma, asumir la responsabilidad y elegir el cambio.

No puedes cambiar tu destino en un instante, pero puedes escoger cambiar tu dirección ahora mismo.

Sin duda, habrá altibajos a medida que avances. Estar más despierta y ser más consciente no es fácil, pero vale la pena. Cuando abres los ojos, no puedes volver a la vida anterior. El dolor fue tu catalizador para buscar el cambio, y la inspiración será el combustible para mantener ese impulso.

Tu vida es una gran historia (elige-tu-propia-aventura) y tú eres la autora.

Todas las angustias y las dificultades, todos los héroes y los villanos han sido fundamentales para la trama. Desde los que te decepcionaron hasta los que tocaron tu alma; eso te ayudó a desarrollar tu carácter.

Tus cicatrices añaden sabiduría.

Cuando las cosas no estén resultando de acuerdo con lo planeado, cuando te sientas perdida, recuerda que tan sólo se trata de otro giro de la trama. Después de todo, todavía estás escribiendo tu historia. Haz que valga la pena de ser contada.

Aquí está tu nuevo comienzo, renovado.

Agradecimientos

En primer lugar quiero agradecer a mi familia. A mis hermanas, Alice y Anita, que jugaron a la escuela conmigo y me enseñaron a leer y escribir. Alice: tus iniciativas de Salvemos el Océano realmente dieron sus frutos. A mamá, Mee Ping, quien apoyó mi obsesión por los cómics de Archie y me permitió realizar todas las actividades extracurriculares que quería; gracias por tu amor y tu fe en mí. A papá, Kay Mau, quien apoyó mi educación y me transmitió su habilidad empresarial. A mis tías Anna, Laura, Mirian y Rosie, y a mi tío Roberto, quienes me trataron como si fuera una de los suyos y me dieron una infancia de juegos y diversión.

Para mi pareja, Paul: las palabras no pueden describir el agradecimiento y el amor que siento por ti. Gracias por tu apoyo, por animarme y por tomarme de la mano durante los tiempos difíciles. Tu amor me ayuda a subir aún más alto y llegar aún más lejos.

Para mi familia elegida, ustedes saben quiénes son. Gracias por ser mi mejor equipo de porristas.

Una nota de agradecimiento para Arash: gracias por ser parte de este viaje.

Un gran agradecimiento a Carrie Thornton. Fuiste mi brújula mientras escribía este libro y estoy agradecida por tu visión, perspicacia y guía para transformar esto en un manuscrito del que me siento orgullosa. Gracias al equipo de HarperCollins por su entusiasta profesionalismo en la elaboración de este libro; se necesita una aldea y soy afortunada de que ustedes estén en la mía. Un agradecimiento especial a Mandy Stadtmiller y Kimberly Miller por su apoyo en la edición.

Gracias a mi agente, Meredith Miller, por defender mi libro; a Mary Pender por ver el "panorama" completo y al equipo de la agencia United Talent. Me gustaría reconocer y agradecer a Marc Gerald y Kim Koba, quienes fueron los que me contactaron en un inicio con la idea de convertir mi concepto en un libro.

Gracias a Neil Strauss: por tu amistad, por animarme cuando yo estaba cohibida por mi escritura y por invitarme a esa cena que cambió el curso de mi carrera. Adam Robinson, gracias por tus geniales ideas y las inspiradoras charlas. Matt Mullenweg, gracias por tu cariñoso apoyo y por animarme siempre. A los Mupps, ustedes han sido una gran parte de mi crecimiento; la vida es más dulce con ustedes y nuestras aventuras juntos.

Gracias a todas las facilitadoras de Renew, quienes han vertido su pasión, corazón y alma en compartir su sabiduría y ser una parte tan integral del viaje de sanación de tantas mujeres. Un fuerte aplauso para quienes han sido fundamentales para el crecimiento de Renew: Kieran Swanson, Erika Laurion, Taryn Kristal, Jennifer Maloney, Patrycja Slawuta, Gina Marie, Maria Soledad, Alicia Marie y Puneet Grewal. Un agradecimiento especial a las maestras que compartieron su visión en la configuración del plan de estudios y el contenido de este libro: la doctora Naomi Arbit, la doctora Erica Matluck, la doctora Elaina Zendegui, Trish Barillas, Nicole Boyar, Cynthia Dennis, Susan Spiegel Solovay, Lauren Harkness, Amy Jo Goddard y Colette.

Gracias a las mujeres que han participado en Renew por haber confiado en mí con su corazón y por presentarse con tanta valentía y coraje. Un agradecimiento especial a las mujeres que fueron entrevistadas para este libro: su osadía para transmutar su dolor en fuerza y sabiduría es inspiradora; sin duda, sus historias ayudarán a otras personas en su viaje de sanación.

Notas

1. Nunca se trata sólo de tu ex

[1] Alice Boyes, "What Is Psychological Shock? And 5 Tips for Coping", *Psychology Today*, 6 de marzo de 2018, https://www.psychologytoday.com/intl/blog/in-practice/201803/what-is-psychological-shock-and-5-tips-coping

[2] Paul W. Eastwick *et al.*, "Mispredicting Distress Following Romantic Breakup: Revealing the Time Course of the Affective Forecasting Error", *Journal of Experimental Social Psychology*, vol. 44, núm. 3, 2008, pp. 800-807, doi: 10.1016/j.jesp.2007.07.001

[3] Korin Miller, "OK, but Seriously, How Long Does It Take to Get Over a Breakup?", *Glamour*, 28 de mayo de 2019, https://www.glamour.com/story/how-long-should-it-take-to-get-over-my-ex

[4] Gary W. Lewandowski Jr. y Nicole M. Bizzoco, "Addition Through Subtraction: Growth Following the Dissolution of a Low Quality Relationship", *The Journal of Positive Psychology*, vol. 2, núm. 1, 2007, pp. 40-54, doi: 10.1080/17439760601069234

[5] Helen E. Fisher *et al.*, "Reward, Addiction, and Emotion Regulation Systems Associated with Rejection in Love", *Journal of Neurophysiology*, vol. 104, núm. 1, julio de 2010, pp. 51-60, doi: 10.1152/jn.00784.2009

[6] Meghan Laslocky, "This Is Your Brain on Heartbreak", *Greater Good Magazine*, 15 de febrero de 2013, https://greatergood.berkeley.edu/article/item/this_is_your_brain_on_heartbreak

[7] *Ibid.*

[8] Meghan Laslocky, *The Little Book of Heartbreak: Love Gone Wrong Through the Ages*, Nueva York: Plume, 2013, p. 99.

[9] "New Theory of Synapse Formation in the Brain", *ScienceDaily*, 10 de octubre de 2013, https://www.sciencedaily.com/releases/2013/10/131010205325.htm

[10] Jill Bolte Taylor, *My Stroke of Insight*, Londres: Hachette, 2009, p. 153.

[11] Amir Levine y Rachel S. F. Heller, *Attached: The New Science of Adult Attachment and How It Can Help You Find and Keep Love*, Nueva York: TarcherPerigee, 2012, p. 166.

[12] David R. Hamilton, "Does Your Brain Distinguish Real from Imaginary?", *David R. Hamilton* (blog), 30 de octubre de 2014, https:// drdavidhamilton.com/does-your-brain-distinguish-real-from-imaginary/

[13] "Cognitive Distortion", *Wikipedia*, https://en.wikipedia.org/wiki/Cognitive_distortion

[14] Ryan Martin, "What Is Overgeneralizing? How It's Defined and Why You Should Never Do It", *Psychology Today*, 1 de agosto de 2019. https://www.psychologytoday.com/us/blog/all-the-rage/201908/what-is-overgeneralizing

[15] Ayelet Boussi, "Cognitive Strategies for Getting Through a Breakup", *Cognitive Therapy for Women*, 3 de enero de 2019, http:// www.ctwomen.org/blog/2019/1/3/cognitive-strategies-for-getting-through-a-breakup

[16] Collin M. Parkes, "Bereavement in Adult Life", *British Medical Journal*, vol. 316, núm. 7134, marzo de 1998, pp. 856-859.

[17] "Understanding Anger", *Gooey Brains* (blog), http://gooeybrains.com/2016/08/02/understanding-anger/

[18] Sue Johnson y Kenneth Sanderfer, *Created for Connection: The "Hold Me Tight" Guide for Christian Couples*, Boston: Little, Brown, 2016, p. 54.

[19] Lisa A. Phillips, "The Blistering Break-Up", *Psychology Today*, mayo de 2015, https://www.psychologytoday.com/intl/articles/201505/the-blistering-break?collection=1076803

[20] Coco Ballantyne, "Can a Person Be Scared to Death?", *Scientific American*, 30 de enero de 2009, http://www.scientificamerican.com/article/scared-to-death-heart-attack/

[21] David Puder, "Polyvagal Theory Simplified", *Psychiatry & Psychotherapy* (podcast), 9 de julio de 2018, https://psychiatrypodcast.com/psychiatry-psychotherapy-podcast/polyvagal-theory-understanding-emotional-shutdown

[22] Jenn Tomomitsu, "How to Release Trauma: Shake Like a Gazelle", *Medium*, 4 de diciembre de 2019, https://medium.com/@j.tomomitsu/shake-like-a-gazelle-how-to-release-trauma-abebf51eb747

[23] "Video: Breathing Exercises: 4-7-8 Breath", Weil, https://www.drweil.com/videos-features/videos/breathing-exercises-4-7-8-breath/

[24] Mark Hyman Rapaport, Pamela Schettler y Catherine Bresee, "A Preliminary Study of the Effects of a Single Session of Swedish Massage on Hypothalamic-Pituitary-Adrenal and Immune Function in Normal Individuals", *Journal of Alternative and Complementary Medicine*, vol. 16, núm. 10, octubre de 2010, pp. 1079-1088, doi: 10.1089/acm.2009.0634

[25] Mary E. Larimer *et al.*, "Relapse Prevention: An Overview of Marlatt's Cognitive-Behavioral Model", *Alcohol Research & Health*, vol. 23, núm. 2, 1999, pp. 151-160.

[26] Shahram Heshmat, "Why Cravings Occur: Craving and Trigger Factors", *Psychology Today*, 7 de enero de 2015, https://www.psychologytoday.com/us/blog/science-choice/201501/why-cravings-occur

[27] Robert J. Zatorre y Valorie N. Salimpoor, "Why Music Makes Our Brain Sing", *The New York Times*, 7 de junio de 2013, https://www.nytimes.com/2013/06/09/opinion/sunday/why-music-makes-our-brain-sing.html

[28] Linda Graham, *Bouncing Back: Rewiring Your Brain for Maximum Resilience and Well-Being*, Novato, California: New World Library, 2013, p. 174.

[29] Richard J. Davidson *et al.*, "Alterations in Brain and Immune Function Produced by Mindfulness Meditation", *Psychosomatic Medicine*, vol. 65, núm. 4, julio de 2003, pp. 564-570, doi: 10.1097/01.PSY.0000077505.67574.E3

[30] Sue McGreevey, "Eight Weeks to a Better Brain", *Harvard Gazette*, 21 de enero de 2011, https://news.harvard.edu/gazette/story/2011/01/eight-weeks-to-a-better-brain/

[31] "Just a Passing Cloud. A Meditation for Unpleasant Thoughts", William R. Marchand MD, 28 de agosto de 2015, https://williamrmarchandmd.com/just-a-passing-cloud-a-meditation-on-anxiety-provoking-thoughts/

[32] Jonathan Haidt, *The Happiness Hypothesis: Finding Modern Truth in Ancient Wisdom*, Nueva York: Basic Books, 2006, p. 85.

[33] *Ibid.*, p. 94.

[34] Insight Timer y Mindful tienen versión en español. (*N. del T.*)

[35] Jane Weaver, "Puppy Love. It's Better Than You Think", *NBC News*, s. f., http://www.nbcnews.com/id/4625213/ns/health-pet_health/t/puppy-loveits-better-you-think/#.XsdxvGgzaUl

[36] Robert A. Emmons y Michael E. McCullough, "Counting Blessings Versus Burdens: An Experimental Investigation of Gratitude and Subjective Well-Being in Daily Life", *Journal of Personality and Social Psychology*, vol. 84, núm. 2, 2003, pp. 377-389, doi: 10.1037/0022-3514.84.2.377; Sonja Lyubomirsky, Kennon M. Sheldon y David Schkade, "Pursuing Happiness: The Architecture of Sustainable Change", *Review of General Psychology*, vol. 9, núm. 2, 2005, pp. 111-131, doi: 10.1037/1089-2680.9.2.111

[37] Rodlescia S. Sneed y Sheldon Cohen, "A Prospective Study of Volunteerism and Hypertension Risk in Older Adults", *Psychology and Aging*, vol. 28, núm. 2, 2013, pp. 578-586, doi: 10.1037/a0032718

[38] "Study Describes Brain Changes During Learning", *ScienceDaily*, 20 de octubre de 2000, https://www.sciencedaily.com/releases/2000/10/001020092659.htm

[39] Gary Marcus, "Happy New Year: Pick Up a New Skill", *New Yorker*, 20 de diciembre de 2012, https://www.newyorker.com/news/news-desk/happy-new-year-pick-up-a-new-skill

[40] Marcel Schwantes, "Want to Increase Your Happiness This Year? Science Says 1 Rare Habit Truly Stands Out", *Inc.*, 9 de enero de 2018, https://www.inc.com/marcel-schwantes/want-to-be-much-happier-starting-tomorrow-practice-this-1-habit-rarely-found-at-work.html

[41] Ioanna Roumeliotis, "Shawn Achor's 6 Exercises for Happiness", *CBC News*, 22 de abril de 2015, http://www.cbc.ca/news/health/shawn-achor-s-6-exercises-for-happiness-1.3040937

[42] Se trata de una asociación u organización exenta del impuesto federal sobre la renta en Estados Unidos. Existen veintinueve tipos de organizaciones no lucrativas en ese país. (*N. del T.*)

2. Tu estilo de apego es el motivo por el que te desapegas

[1] Bethany Saltman, "Can Attachment Theory Explain All Our Relationships?", *The Cut*, julio de 2016, https://www.thecut.com/2016/06/attachment-theory-motherhood-c-v-r.html

[2] Sue Johnson, *Love Sense: The Revolutionary New Science of Romantic Relationships*, Nueva York: Little, Brown, 2013, p. 86.

[3] *Ibid.*, 88.

[4] Joyce Catlett, "Avoidant Attachment: Understanding Insecure Avoidant Attachment", *PsychAlive*, https://www.psychalive.org/anxious-avoidant-attachment/

[5] *Ibid.*

[6] *Ibid.*

[7] Alexandra Katehakis, "Distorted Love: Adult Attachment Styles and Love Addiction", *The Meadows*, 6 de marzo de 2017, https://www.themeadows.com/blog/distorted-love-adult-attachment-styles-and-love-addiction/

[8] Darlene Lancer, "How to Change Your Attachment Style", *PyschCentral*, 8 de octubre de 2018, https://psychcentral.com/lib/how-to-change-your-attachment-style/

[9] Levine y Heller, *Attached*, p. 119.

[10] Catlett, "Avoidant Attachment".

[11] *Ibid.*

[12] "The Roots of Love Addiction", *Love Addiction Treatment*, https://www.loveaddictiontreatment.com/the-roots-of-love-addiction/

[13] *Ibid.*

[14] Catlett, "Anxious Attachment".

[15] April D. Hussar, "Are You Attracted to Your 'Emotional Opposite'?", *Self*, 3 de abril de 2012, https://www.self.com/story/are-you-attracted-to-your-emot

16 Berit Brogaard, "Attachment Styles Can't Change, Can They?", *Psychology Today*, 12 de febrero de 2015, https://www.psychologytoday.com/blog/the-mysteries-love/201502/attachment-styles-cant-change-can-they

17 Amy Banks, *Wired to Connect: The Surprising Link Between Brain Science and Strong, Healthy Relationships*, Nueva York: Penguin, 2015, p. 157.

18 *Ibid.*

19 Pia Mellody, *Facing Love Addiction: Giving Yourself the Power to Change the Way You Love*, Nueva York: HarperCollins, 1992, p. 92.

20 "Putting Feelings into Words Produces Therapeutic Effects in the Brain", *ScienceDaily*, 22 de junio de 2007, https://www.sciencedaily.com/releases/2007/06/070622090727.htm

21 Ornish Living, "The Science Behind Why Naming Our Feelings Makes Us Happier", *Huff Post*, 15 de mayo de 2015, http://www.huffingtonpost.com/ornish-living/the-science-behind-why-na_b_7174164.html

22 Ken Page, "Recognizing Your Attractions of Deprivation", *Psychology Today*, 3 de abril de 2011, https://www.psychologytoday.com/ie/blog/finding-love/201104/recognizing-your-attractions-deprivation?amp

23 Banks, *Wired to Connect*, p. 97.

3. Cambia tus creencias, cambia tu vida

1 Courtney E. Ackerman, "Learned Helplessness: Seligman's Theory of Depression (+ Cure)", *Positive Psychology*, 12 de mayo de 2020, https://positivepsychology.com/learned-helplessness-seligman-theory-depression-cure/

2 "The Elephant Syndrome: Learned Helplessness", *Performance Management Counseling*, 7 de enero de 2014, https://pmcounseling.wordpress.com/2014/01/07/the-elephant-syndrome-learned-helplessness/

3 Craig Gustafson, "Bruce Lipton, PhD: The Jump From Cell Culture to Consciousness", *Integrative Medicine: A Clinician's Journal*, vol. 16, núm. 6, 2017, pp. 44-50.

4 Sharon Muggivan, *It's Not About You. So Get Over It*, Bloomington: Xlibris Corporation, 2011, p. 10.

5 Maxwell Maltz, *Psycho-Cybernetics: Updated and Expanded*, Nueva York: TarcherPerigee, 2015, p. 4.

6 Maxwell Maltz, *Psycho-Cybernetics: A New Way to Get More Living out of Life*, Englewood Cliffs, Nueva Jersey: Prentice-Hall, 1960, p. 2.

7 Joe Dispenza, *Becoming Supernatural: How Common People Are Doing the Uncommon*, Carlsbad, California: Hay House, 2017, p. 171.

[8] Sanaz Talaifar y William B. Swann Jr., "Self-Verification Theory", en Virgil Zei-gler-Hill y Todd K. Shackelford (eds.), *Encyclopedia of Personality and Individual Differences*, Cham, Suiza: Springer, 2017, doi: 10.1007/978-3-319-28099-8

[9] Maltz, *Psycho-Cybernetics*, p. 37.

[10] Dispenza, *Becoming Supernatural*, p. 37.

[11] Maltz, *Psycho-Cybernetics*, p. 37.

[12] "When You Stop Looking and Start Becoming", *Dr. Joe Dispenza's Blog*, https://drjoedispenza.net/blog/mastery-es/when-you-stop-looking-and-start-beco-ming/

[13] Graham, *Bouncing Back*, p. 94.

[14] *The Market for Self-Improvement Products & Services*, Research and Markets, octubre de 2019, https://www.researchandmarkets.com/reports/4847127/the-us-market-for-self-improvement-products-and?utm_code=fvt93q&utm_medium=BW

[15] Jon Kabat-Zinn, *Coming to Our Senses: Healing Ourselves and the World Through Mindfulness*, Nueva York: Hyperion, 2005, p. 407.

[16] Neil Strauss, "A Big Misconception About Happiness", *Neil Strauss* (blog), 17 de marzo de 2017, https://www.neilstrauss.com/advice/your-happiness/

4. Los sentimientos no son hechos (cuando duele tanto y se siente tan bien)

[1] John Montgomery, "The Shocking Truth", *Psychology Today*, 15 de julio de 2014, https://www.psychologytoday.com/us/blog/the-embodied-mind/201407/the-shocking-truth

[2] Bessel van der Kolk, *The Body Keeps the Score: Brain, Mind, and Body in the Healing of Trauma*, Nueva York: Penguin, 2014, p. 56.

[3] Edición en español: *La codependencia* (Barcelona: Paidós, 2005). (*N. del T.*)

[4] Pia Mellody, *Facing Codependence: What It Is, Where It Comes from, How It Sabotages Our Lives*, Nueva York: Harper & Row, 2003.

[5] Es una terapia en la que se trabajan las heridas emocionales de la infancia y se busca que el paciente aprenda a cuidar a su niño interior para sanar esas heridas. (*N. del T.*)

[6] Nirmala Raniga, "Using Nonviolent Communication to Nurture Your Relationships", *Chopra Center*, 5 de febrero de 2014, https://chopra.com/articles/using-nonviolent-communication-nurture-your-relationships

5. Romper los grilletes de la vergüenza

1   Brené Brown, "Shame v. Guilt", *Brené Brown* (blog), 14 de enero de 2013, https://brenebrown.com/blog/2013/01/14/shame-v-guilt/
2   Rune Moelbak, "Shame: The Hidden Root of Most Psychological Problems", *Insight* (blog), 30 de agosto de 2015, http://www.bettertherapy.com/blog/shame/
3   Holly VanScoy, "Shame: The Quintessential Emotion", *PsychCentral*, 8 de octubre de 2018, https://psychcentral.com/lib/shame-the-quintessential-emotion/
4   Donald Nathanson, *Shame and Pride: Affect, Sex, and the Birth of the Self*, Nueva York: W. W. Norton, 1994, p. 325.
5   Fred Wright, "Men, Shame, and Group Psychotherapy", *Group*, vol. 18, núm. 4, 1994, pp. 212-224, https://www.jstor.org/stable/41718776
6   Robert Weiss, "Guilt = Good, Shame = Bad", *Psychology Today*, 6 de enero de 2014, https://www.psychologytoday.com/us/blog/love-and-sex-in-the-digital-age/201401/guilt-good-shame-bad
7   Tim Desmond, "Five Ways to Put Self-Compassion into Therapy", *Greater Good Magazine*, 27 de enero de 2016, https://greatergood.berkeley.edu/article/item/five_ways_to_put_self_compassion_into_therapy
8   "People with Self-Compassion Make Better Relationship Partners", *UT News*, 8 de octubre de 2012, https://news.utexas.edu/2012/10/08/people-with-self-compassion-make-better-relationship-partners/
9   Kristin Neff, "The Physiology of Self-Compassion", *Self-Compassion*, https://self-compassion.org/the-physiology-of-self-compassion/
10 Jill Suttie, "Does Self-Compassion Make You Compassionate Toward Others?", *Greater Good*, 1 de junio de 2018, https://greatergood.berkeley.edu/article/item/does_self_compassion_make_you_compassionate_toward_others
11 Kristin Neff, "Tips for Practice", *Self-Compassion*, https://self-compassion.org/tips-for-practice/

6. La fantasía te joderá (tu cerebro en el amor)

1   "Romanticism", *Wikipedia*, https://en.wikipedia.org/wiki/Romanticism.
2   Alain de Botton, "How Romanticism Ruined Love", *ABC Religion & Ethics*, 19 de julio de 2016, https://www.abc.net.au/religion/how-romanticism-ruined-love/10096750
3   Emily Lenneville, "What Physiological Changes Can Explain the Honeymoon Phase of a Relationship?", *Scientific American*, 1 de septiembre de 2013, https://www.scientificamerican.com/article/what-physiological-changes-can-explain-honeymoon-phase-relationship/

4   "2/10: 'It's Destiny!' Most Americans Believe in Soul Mates", *Marist Poll*, 10 de febrero de 2011, http://maristpoll.marist.edu/210-its-destiny-most-americans-believe-in-soul-mates/#sthash.BYki309S.rYzOYvz7.dpbs

5   Raymond C. Knee *et al.*, "Implicit Theories of Relationships: Moderators of the Link Between Conflict and Commitment", *Personality and Social Psychology Bulletin*, vol. 30, núm. 5, 2004, pp. 617-628, doi: 10.1177/0146167203262853

6   Albert Wakin y Duyen B. Vo, "Love-Variant: The Wakin-Vo I.D.R. Model of Limerence", ensayo presentado en el Segundo Congreso Mundial: Challenging Intimate Boundaries, Freeland, Reino Unido, 2008.

7   Michael J. Rosenfeld y Reuben J. Thomas, "Searching for a Mate: The Rise of the Internet as a Social Intermediary", *American Sociological Review*, vol. 77, núm. 4, 2012, pp. 523-547, doi: 10.1177/0003122412448050

8   David Sack, "Limerence and the Biochemical Roots of Love Addiction", *Huff Post*, 6 de junio de 2012, https://www.huffpost.com/entry/limerence_b_1627089

9   Alexandra Katehakis, "The Link Between Adult Attachment Styles and Sex and Love Addiction", *Psychology Today*, 6 de septiembre de 2011, https://www.psychologytoday.com/us/blog/sex-lies-trauma/201109/the-link-between-adult-attachment-styles-and-sex-and-love-addiction

10 *Ibid.*

11 "What Are the Most Common Indicators of Love Addiction", *The Ranch*, 5 de febrero de 2013, https://www.recoveryranch.com/articles/what-are-the-most-common-indicators-of-love-addiction/

12 Rob Weiss, "The Neuroscience of Love and Love Addiction", Addiction.com, 4 de enero de 2015, https://www.addiction.com/blogs/expert-blogs/neuroscience-love-love-addiction/

13 "Love Addiction", Robert Weiss PhD, https://www.robertweissmsw.com/about-sex-addiction/love-and-relationship-addiction/

14 Lindsay Mattison, "Researchers Say Craving for Ex Is Similar to an Addict's Craving for Drugs", *Lifehack*, s. f., https://www.lifehack.org/531836/researchers-say-craving-for-similar-addicts-craving-for-drugs

15 Emanuel Jauk *et al.*, "How Alluring Are Dark Personalities? The Dark Triad and Attractiveness in Speed Dating", *European Journal of Personality*, vol. 30, núm. 2, 2016, pp. 125-138, doi: 10.1002/per.2040

16 Drake Baer, "Narcissists Get More Dates", *The Cut*, 23 de junio de 2016, https://www.thecut.com/2016/06/narcissists-get-more-dates.html

17 Megan Beauchamp, "What Is Gaslighting in Relationships? An Expert Explains", *MyDomaine*, 23 de febrero de 2020, https://www.mydomaine.com/gaslighting-in-relationships

18 Helen E. Fisher, Arthur Aron y Lucy L. Brown, "Romantic Love: A Mammalian

Brain System for Mate Choice", *Philosophical Transactions of the Royal Society of London, Serie B, Biological Sciences*, vol. 361, núm. 1476, 2006, pp. 2173-2186, doi: 10.1098/rstb.2006.1938

[19] Alan Booth y James M. Dabbs Jr., "Testosterone and Men's Marriages", *Social Forces*, vol. 72, núm. 2, 1993, pp. 463-477, doi: 10.2307/2579857

[20] Shelley D. Lane, *Interpersonal Communication: Competence and Contexts*, 2ª ed., Nueva York: Routledge, 2010, p. 283.

[21] Helen E. Fisher *et al.*, "Defining the Brain Systems of Lust, Romantic Attraction, and Attachment", *Archives of Sexual Behavior*, vol. 31, núm. 5, 2002, pp. 413-419, doi: 10.1023/A:1019888024255

[22] Helen E. Fisher, "Broken Hearts: The Nature and Risks of Romantic Rejection", en Ann C. Crouter y Alan Booth (eds.), *Romance and Sex in Adolescence and Emerging Adulthood: Risks and Opportunities*, Mahwah, Nueva Jersey: Lawrence Erlbaum Associates, 2006, pp. 3-28.

[23] Helen E. Fisher, "Lust, Attraction, and Attachment in Mammalian Reproduction", *Human Nature*, vol. 9, núm. 1, 1998, pp. 23-52, doi: 10.1007/s12110-998-1010-1015

7. Un nuevo estándar para el amor

[1] "Familiarity Increases Liking", *ScienceDaily*, https://www.sciencedaily.com/terms/exposure_effect.htm

8. Adéntrate en tu dominatrix interior

[1] Se traduce textualmente como esclavitud. Es una práctica erótica basada en la inmovilización del cuerpo de uno de los participantes. (*N. del T.*)

[2] Forma alterna de nombrar a una dominatrix. (*N. del T.*)

[3] Edición en español: *Volver a la niñez. Cómo recobrar y vivir con su niño interior*, México: Selector, 2004. (*N. del T.*)

[4] John Bradshaw, *Homecoming: Reclaiming and Championing Your Inner Child*, Nueva York: Bantam, 1990, p. 18.

[5] "In a Different Voice", *Wikipedia*, https://en.wikipedia.org/wiki/In_a_Different_Voice

[6] Kerry Lusignan, "5 Things Men Can Do to Strengthen Their Relationship", *The Gottman Institute*, 27 de julio de 2016, https://www.gottman.com/blog/five-things-men-can-do-to-strengthen-their-relationship/

7   Nancy K. Dess, "Tend and Befriend", *Psychology Today*, 1 de septiembre de 2000, https://www.psychologytoday.com/us/articles/200009/tend-and-befriend

9. Los secretos

1   Literalmente, la tierra del amor. La autora utiliza un juego de palabras en relación con la película *La-la-land*. (*N. del T.*)
2   Andrew Trees, *Decoding Love: Why It Takes Twelve Frogs to Find a Prince, and Other Revelations from the Science of Attraction*, Nueva York: Avery, 2009, p. 200.
3   Dess, "Tend and Befriend".
4   Elizabeth L. Paul y Kristen A. Hayes, "The Casualties of 'Casual' Sex: A Qualitative Exploration of the Phenomenology of College Students' Hookups", *Journal of Social and Personal Relationships*, vol. 19, núm. 5, 2002, pp. 639-661, doi: 10.1177/0265407502195006
5   Fisher, "Lust, Attraction, and Attachment in Mammalian Reproduction", pp. 23-52.
6   Jena Pincott, *Do Gentlemen Really Prefer Blondes? Bodies, Behavior, and Brains. The Science Behind Sex, Love, and Attraction*, Nueva York: Bantam Dell, 2008, p. 167.
7   *Ibid.*, p. 156.
8   Neil Strauss, *The Game: Penetrating the Secret Society of Pickup Artists*, Nueva York: HarperCollins, 2005, p. 126.
9   David R. Hawkins, *Letting Go: The Pathway of Surrender*, Nueva York: Hay House, 2012, p. 19.

10. Feliz por siempre jamás 2.0

1   Christine Evangelou, *Stardust and Star Jumps: A Motivational Guide to Help You Reach Toward Your Dreams, Goals, and Life Purpose*, edición de autor, en Amazon Digital Services, 2016, Kindle.

Esta obra se imprimió y encuadernó
en el mes de mayo de 2021,
en los talleres de Impregráfica Digital, S.A. de C.V.,
Av. Coyoacán 100-D, Col. Del Valle Norte,
C.P. 03103, Benito Juárez, Ciudad de México.